国家出版基金项目
NATIONAL PUBLICATION FOUNDATION

“中国共产党与中国之治”丛书

# 中国之治与中国式现代化

杨开峰 等 著

中国人民大学出版社
·北京·

**图书在版编目（CIP）数据**

中国之治与中国式现代化 / 杨开峰等著 . -- 北京：中国人民大学出版社，2024.1

（“中国共产党与中国之治”丛书）

ISBN 978-7-300-32315-2

Ⅰ. ①中… Ⅱ. ①杨… Ⅲ. ①现代化建设—研究—中国 Ⅳ. ①D61

中国国家版本馆 CIP 数据核字（2023）第 215486 号

国家出版基金项目

“中国共产党与中国之治”丛书

**中国之治与中国式现代化**

杨开峰 等 著

Zhongguo Zhizhi yu Zhongguoshi Xiandaihua

---

| | | | |
|---|---|---|---|
| **出版发行** | 中国人民大学出版社 | | |
| **社　　址** | 北京中关村大街 31 号 | **邮政编码** | 100080 |
| **电　　话** | 010－62511242（总编室） | | 010－62511770（质管部） |
| | 010－82501766（邮购部） | | 010－62514148（门市部） |
| | 010－62515195（发行公司） | | 010－62515275（盗版举报） |
| **网　　址** | http://www.crup.com.cn | | |
| **经　　销** | 新华书店 | | |
| **印　　刷** | 涿州市星河印刷有限公司 | | |
| **开　　本** | 890 mm×1240 mm　1/32 | **版　　次** | 2024 年 1 月第 1 版 |
| **印　　张** | 12.875 插页 3 | **印　　次** | 2024 年 8 月第 2 次印刷 |
| **字　　数** | 242 000 | **定　　价** | 88.00 元 |

---

# 作者简介

**杨开峰**，中国人民大学公共管理学院原院长，教授、博士生导师，交叉科学研究院院长，*Public Performance and Management Review* 及《公共管理与政策评论》主编。主要研究领域为国家治理、绩效管理、政府改革、公共组织等。

**刘　鹏**，中国人民大学公共管理学院教授、博士生导师，MPA 教育中心主任。主要研究领域为风险治理、政府监管、医疗卫生政策等。

**李文钊**，中国人民大学公共管理学院党委副书记兼纪委书记，教授、博士生导师，中国人民大学首都发展与战略研究院副院长，《公共管理与政策评论》副主编。主要研究领域为政策过程理论、治理理论等。

**张　璋**，中国人民大学公共管理学院副教授。主要研究领域为政府改革和创新、政府绩效管理、政策工具等。

**孙柏瑛**，中国人民大学公共管理学院党委书记兼副院长，教授、博士生导师。主要研究领域为公共管理理论、地方治理、基层社会治理等。

**魏　娜**，中国人民大学公共管理学院教授、博士生导师，地方政府发展战略研究中心主任。主要研究领域为政府改革、城市管理、社区管理、志愿服务等。

**杨宏山**，中国人民大学公共管理学院副院长，教授、博士生导师。主要研究领域为中国政策过程、城市治理、社会治理等。

**何艳玲**，中国人民大学公共管理学院教授、博士生导师，《公共管理与政策评论》常务副主编。主要研究领域为城市与地方治理、社会治理、行政改革及公共行政理论。

**叶裕民**，中国人民大学公共管理学院教授、博士生导师，城乡发展规划与管理研究中心主任。主要研究领域为区域与城市经济学、城市化、城市治理等。

**郐艳丽**，中国人民大学公共管理学院教授、博士生导师。主要研究领域为城市规划管理、城市规划、区域规划等。

**许光建**，中国人民大学公共管理学院原副院长，教授、博士生导师。主要研究领域为宏观经济理论与政策、公共财政理论与政策、价格理论和价格政策等。

**孙玉栋**，中国人民大学公共管理学院教授、博士生导师。主要研究领域为公共财政管理、税收管理与筹划、政府财务与会计等。

**胡宏伟**，中国人民大学公共管理学院教授、博士生导师。

主要研究领域包括健康保障、脆弱人群保护、公共政策分析、老年问题等。

**王虎峰**，中国人民大学公共管理学院教授、博士生导师，医改研究中心主任。主要研究领域为医改政策、卫生事业管理等。

**张占录**，中国人民大学公共管理学院教授、博士生导师。主要研究领域为国土空间规划、国土整治等。

**王宏伟**，中国人民大学公共管理学院副教授，国家安全研究中心主任。主要研究领域为应急管理、国家安全等。

**刘　伟**，中国人民大学公共管理学院教授。主要研究领域为地方政府创新与扩散、非营利组织管理、全球治理等。

# 序　言

杨开峰

党的十九届四中全会通过的《中共中央关于坚持和完善中国特色社会主义制度 推进国家治理体系和治理能力现代化若干重大问题的决定》明确了我国国家治理体系和治理能力现代化的制度密码，或者说中国之治的制度密码。党的十九届五中全会通过的《中共中央关于制定国民经济和社会发展第十四个五年规划和二〇三五年远景目标的建议》和第十三届全国人民代表大会第四次会议通过的《中华人民共和国国民经济和社会发展第十四个五年规划和2035年远景目标纲要》进一步制定了全面建设社会主义现代化国家新征程的时间表和路线图。党的二十大报告则鲜明指出，以中国式现代化全面推进中华民族伟大复兴。这体现了中国共产党在治国理政认识上的与时俱进和不断深化。中国式现代化是在新中国成立特别是改革开放以来长期探索和实践的基础上，经过党的十八大以来在理论和实践上的创新突破，得以推进和拓展的，既是中国特色社会主义建设的历史延续，又有中国特色社会主义建设的时代升华。中国式现代化是中国之治的鲜明特征，中国之治是推进中国式现代化的制度保障。

中国之治与中国式现代化成为哲学社会科学工作者，尤其是公共管理学者，必须关注和研究的重大课题。2022 年 4 月 25 日，习近平总书记在中国人民大学考察时指出："加快构建中国特色哲学社会科学，归根结底是建构中国自主的知识体系。"自主概念和自主知识体系构建需要具备整体性和系统性视野，只有准确把握了中国实践中国道路的实质，才能准确认识实践中的具体案例和个体经验，才能准确理解具体现象的意义、效应和因果关联，否则就容易出现张冠李戴或者盲人摸象的情况。中国式现代化是理解中国实践的"纲"，只有深刻理解中国式现代化，才能在理解中国实践的具体现象时纲举目张。自主概念和自主知识体系构建也需要妥善处理一般概念、西方概念、中国概念的关系，既看到中国实践的特殊性，又看到中国实践的普遍意义。中国式现代化是中国共产党领导的社会主义现代化，既有各国现代化的共同特征，更有基于自己国情的中国特色。理解中国式现代化的过程也是一个理解中国自主公共管理知识体系的过程。

中国式现代化的五大特征对于我们理解中国之治的制度要求有直接指导意义。中国式现代化是人口规模巨大的现代化，是全体人民共同富裕的现代化，是物质文明和精神文明相协调的现代化，是人与自然和谐发展的现代化，是走和平发展道路的现代化。例如，人口规模巨大说明治理规模、治理负荷巨大，这一方面要求用法治来进行治理，坚持全面依法治国，另一方面要求善于利用新兴的技术来创新治理，坚持数字化转型和数字政府建设。再比如，全体人民共同富裕要求在法治的轨道上做大蛋糕、分好蛋糕，用法治来保障公平的竞争环境，营造公平就业制度环境，健全劳动、资本、土地、知识、技术、管理、数据等生产要素由市场评价贡献、按贡献决定报酬的机制，健全以税收、社会保障、转移支付等为主要手段的再分配调节机制，保护合法收入，调节过高收入，清理规范隐性收入，取缔非法收入。在中国这样一个大国实现全体人民共同富裕也同样要求大力发展数字经济，建设数字政府、数字社会、数字中国，用现代信息技术赋能农村和边远地区。实际上，中国式现代化的其他几个特征也都在法治建设和数字政府方面提出了要求。

站在中国式现代化新征程的起点，我和中国人民大学公共管理学院的同事们一直在学习和反思国家治理体系和治理能力现代化的内容和进展。近年来，我国的现代化建设取得显著成效，全面建成小康社会顺利实现，但是国际环境也发生了重大变化，疫情影响深远，逆全球化思潮抬头，单边主义、保护主义明显上升，全球性问题加剧，世界进入新的动荡变革期。同时，世界百年未有之大变局加速演进，新一轮科技革命和产业变革深入发展，国际力量对比深刻调整，我国发展面临新的战略机遇。本书在以往思考的基础上做了补充、调整和完善，结合新形势新要求新挑战进行反思和再创造。在这个过程中，我们深切认识到，只有准确把握了中国之治的历史定位、初心使命、价值追求和本质特征，才能在观察具体的国家治理现象时，准确地把握“事实”，正确地理解事实背后的意义和机制，进而进行科学的概念构建和理论创新，才能真正做好中国自主知识体系的创建工作。从这个意义上来说，我们的工作才刚刚开始。

在此，要感谢我的同事们，他们在百忙之中欣然同意进行相关的研究。也要感谢中国人民大学出版社的朱海燕女士，没有她的支持和帮助，本书难以成文。本书得到了国家社科基金专项项目“国家治理体系和治理能力现代化指标体系研究”（17VZL003）的支持。

# 目　录

在推进政府职责明确和政府职能转变过程中，中国创造性地形成了权力清单制度、责任清单制度、负面清单制度、双随机一公开制度、信用监管制度、政务公开制度、互联网+政务服务制度等一系列制度安排。这些制度安排，使得政府职能得以明确，为政府行使其职能明确了规则。



中国治理工具的创新发展和有效运用，是中国共产党和中国政府自身实践探索的结果。坚持问题导向和目标导向，以对实践中的治理问题反思为起点，以获取治理成效为落脚点，不断学习，不断试错，不断扬弃，不断丰富，最终形成了符合现代治理要求、具有鲜明中国特色的工具体系。

## 第二部分　社会治理



在巨变时代，城市基层治理为防范社会风险建立了社区营造、韧性防御与问题解决的基础，它不仅从制度上界定了城市属地管理的作用以及党政机构嵌入基层的目的、功能、职责和策略选择，而且关注、鼓励以社会资本力量的撬动，实现社区居民成为共同体共同事务的参与者和生产者。



从“上面千条线，下面一根针”到“上面千把锤，下面一根钉”，折射了基层治理面临任务繁多、人力有限、责任刚性的困局。特别是一些地方和部门的形式主义不断向基层延伸，大大增加了种种不合理负担，制约了基层治理的效能。



为破解基层治理面临的条块分割、协同不力的问题，需要进一步协调公共部门间关系，整合多部门的行政资源，提升基层执法的整体性、协同性和精准性。“整合之治”即在政治权威的主导下，在公共部门之间构建跨部门协作机制，提升公共服务的回应性、责任性和协同性。



从改革之初“适应市场”到新时代“以人民为中心”，这是中国治理内在逻辑的迭代，也是治理价值取向的突破。“以人民为中心”的提出，表明了人民的主体性，也为新时代社会治理的价值取向指明了具体方向。“以人民为中心”作为内涵复合体，既包括了“人

解决生产力出发，积极培育乡村的新兴产业，重新认识乡村的功能定位，实现乡村现代化和农业现代化。



## 第三部分　经济与民生治理



在当前和今后一个时期，我们一方面要通过税收优惠等制度安排鼓励企业和个人积极参与第三次分配，推进实现共同富裕；另一方面要为第三次分配创造宽松的友好的社会环境，避免在社会捐赠上出现互相攀比的不良局面。



从总体上看，包干制改革调动了地方积极性，分税

判能力，充分使用大数据、互联网、人工智能等新兴技术，建立全国实时更新的公共卫生信息网，保障信息的安全性、时效性。



## 第四部分 生态、安全与全球治理



当前，我国在探索生态补偿机制的道路上取得了初步经验，同时也存在补偿主体有限、补偿标准过低、补偿方式单一等一系列问题。在新征程中探索和完善生态补偿机制仍需找准发力点，加快建立环境财政、完善税收政策、探索市场化模式。

各类突发事件应对都要落实党政同责、一岗双责、尽职免责、失职追责。但是，追责要建立在科学的调查评估基础上，要致力于产生学习效应，避免情绪化问责。同时，还要避免压实责任过程中“层层加码”，不能“只给渡河的指令，不给渡河的舟船”。



全球治理的共建要关注大国协调、大国合作、大国带头。全球治理要在半政府的体系中建立和维持基本的秩序，要在全球范围内提供公共物品，要建设和完善全球治理机制，这些工作的完成必须依靠强大的政治权威和经济体量。

# 导论　理解新征程中的中国之治

杨开峰

党的十九届五中全会通过的《中共中央关于制定国民经济和社会发展第十四个五年规划和二〇三五年远景目标的建议》（以下简称《建议》）和第十三届全国人民代表大会第四次会议通过的《中华人民共和国国民经济和社会发展第十四个五年规划和 2035 年远景目标纲要》（以下简称《纲要》）开启了全面建设社会主义现代化国家新征程。新征程中的中国之治，在党的十九届四中全会通过的《中共中央关于坚持和完善中国特色社会主义制度 推进国家治理体系和治理能力现代化若干重大问题的决定》（以下简称《决定》）中已经明确了制度密码和建设蓝图，为国家迈入新征程做了理论和政策准备。《决定》指出："坚持和完善中国特色社会主义制度、推进国家治理体系和治理能力现代化的总体目标是，到我们党成立一百年时，在各方面制度更加成熟更加定型上取得明显成效；到二〇三五年，各方面制度更加完善，基本实现国家治理体系和治理能力现代化；到新中国成立一百年时，全面实现国家治理体系和治理能力现代化，使中国特色社会主义制度更加巩固、优越性充分展现。”党的二十大是新时代新征程的重要里程碑，是在迈上全面建设社会主义现代化国家新征程、向第二个百年奋斗目标进军的关键时刻召开的一次十分重要的大会。党的二十大报告是新时代新征程坚持和发展中国特色社会主义的政治宣言和行动纲领，确立了“以中国式现代化全面推进中华民族伟大复兴”的中心任务。学习贯彻党的二十大精神，在新形势下更好地理解中国之治，是一个具有重要意义的话题。特别是，与 2019 年通过《决定》时相比，当前我们面临的环境和挑战有哪些变化，我们的认识有哪些深化？

## 一、全面理解新征程：中国式现代化的新阶段

全面理解新征程，就是要全面把握它是中国式现代化的新阶段。这有两层意思：第一，我们的现代化是中国式现代化，而不是西方国家的现代化，也不是拉美国家的现代化，我们需要更宏观、更深刻、更准确地理解它的本质。第二，新征程是中国式现代化一个全新的阶段，与前面的阶段相比有延续性，但是也有区别。它建立在新中国成立特别是改革开放以来长期探索和实践的基础上，经过党的十八大以来在理论和实践上的创新突破，站在一个新的历史起点。这两层意思缺一不可。理解第一层意思，就能更深刻地领会中国特色社会主义道路的本

质特征，更清晰地认识在新征程中我们应该坚持什么、发展什么，就能从更系统、更全局的角度看待中国之治的建设蓝图。理解第二层意思，就能更清醒地认识到我们面临的新环境、新机遇、新挑战。鉴于行文与篇幅，我们在本节主要阐释第一层意思，而把第二层意思放在下一部分。

从总体来看，中国式现代化既有各国现代化的共同特征，更有基于国情的、历史形成的中国特色。中国式现代化有五个基本特征，即人口规模巨大的现代化、全体人民共同富裕的现代化、物质文明和精神文明相协调的现代化、人与自然和谐共生的现代化、走和平发展道路的现代化。习近平总书记指出："世界上既不存在定于一尊的现代化模式，也不存在放之四海而皆准的现代化标准。我们推进的现代化，是中国共产党领导的社会主义现代化，必须坚持以中国式现代化推进中华民族伟大复兴，既不走封闭僵化的老路，也不走改旗易帜的邪路，坚持把国家和民族发展放在自己力量的基点上、把中国发展进步的命运牢牢掌握在自己手中。"中国式现代化的本质要求是坚持中国共产党领导，坚持中国特色社会主义，实现高质量发展，发展全过程人民民主，丰富人民精神世界，实现全体人民共同富裕，促进人与自然和谐共生，推动构建人类命运共同体，创造人类文明新形态。与西方现代化相比，中国式现代化的特征鲜明，可以从以下几个方面来总结。

第一，在目标愿景上，中国式现代化是社会主义的现代化，是坚定不移推进全体人民共同富裕的现代化。西方国家的现代化是资本主义的现代化，是追求资本扩张和增殖的现代化，是两极分化的现代化。以资本为核心的现代化，建立在生产资料资本主义私有制基础上，是在对劳动剥削和压迫的基础上追求利益最大化的资本主导劳动的过程，是贫富两极分化的社会对抗的现代性模式，其本质是为了维护资产阶级统治。中国式现代化对资本主义现代化进行扬弃，超越了以资本为主导的发展逻辑，坚持以生产资料社会主义公有制为基础，是坚持以劳动者为本、以人为本、以社会为本，实现共同富裕的中国特色社会主义现代化。《纲要》将“满足人民日益增长的美好生活需要”作为“十四五”时期经济社会发展的根本目的，将“人的全面发展、全体人民共同富裕取得更为明显的实质性进展”列入 2035 年基本实现社会主义现代化的远景目标。党的二十大报告强调“共同富裕是中国特色社会主义的本质要求，也是一个长期的历史过程”，提出要“着力维护和促进社会公平正义”，“坚决防止两极分化”。

第二，在指导思想上，中国式现代化是马克思主义指导下的现代化，是马克思主义中国化的产物，中国式现代化的过程就是马克思主义中国化的过程。西方国家的现代化受形形色色的意识形态和政治哲学指导或影响，比如 20 世纪 70 年代以来的新自由主义。西方现代化理论往往受到冷战意识形态、殖民主义“文明开化使命”论、“西方优越”论、“西方中心主义”等观念的影响。习近平总书记强调:“中国共产党为什么能,中国特色社会主义为什么好,归根到底是因为马克思主义行!”中国共产党运用辩证唯物主义和历史唯物主义对20世纪以来人类现代化的发展历程和伟大成果进行了总结和发展,深刻揭示了现代化与资本主义、社会主义、市场经济的关系,准确把握了中国式现代化在不同阶段面临的社会主要矛盾。马克思主义为中国共产党的现代化理论提供了政治立场、根本观点和科学方法,保证了中国式现代化是一场由先进思想指导的社会革命。习近平总书记指出:“从世界社会主义500年的大视野来看,我们依然处在马克思主义所指明的历史时代。”在新征程中推进中国式现代化,要把握好新时代中国特色社会主义思想的世界观和方法论,坚持好、运用好贯穿其中的立场观点方法,包括人民至上、自信自立、守正创新、问题导向、系统观念、胸怀天下。

第三,在领导力量上,中国式现代化是中国共产党领导下的现代化,党在现代化过程中发挥了总揽全局、协调各方的领导核心作用。西方国家基本上是多党制轮流执政,缺乏具有无产阶级先进性的、马克思主义指导的、没有任何自己特殊利益的政党。西方的政党在现代化过程中没有发挥领导核心作用,在执政地位、执政能力、领导水平、组织体系、组织能力等方面都不能支撑长期地、科学地、成功地制定现代化的正确路线方针政策。中国特色社会主义最本质的特征是中国共产党领导,中国特色社会主义制度的最大优势是中国共产党领导。党的十九届六中全会在总结中国共产党百年奋斗的十条宝贵历史经验时，将“坚持党的领导”放在首位，指出“中国人民和中华民族之所以能够扭转近代以后的历史命运、取得今天的伟大成就，最根本的是有中国共产党的坚强领导”。中国式现代化建立在中国共产党百余年的奋斗实践和七十多年的执政兴国经验基础上，是党坚强的政治领导力、思想引导力、群众组织力、社会号召力带领人民取得的伟大成就，也是党不断推进和拓展中国式现代化道路过程中的必然结果。坚持中国共产党领导是中国式现代化首要的、本质的要求。

第四，在民主形式上，中国式现代化是尊重人民群众主体地位的现代化，是以“人”为中心的现代化，是体现全过程人民民主的现代化。全过程人民民主是中国特色社会主义民主的特色和优势，表现在中国特色社会主义民主概念统领下的一系列现代化制度创新，这与西方现代化过程中形成的选举民主和代议民主截然不同。人民群众是历史的创造者，中国式现代化坚持以人民为中心的发展思想，是坚持群众路线的现代化。党的二十大报告指出，“全过程人民民主是社会主义民主政治的本质属性，是最广泛、最真实、最管用的民主”。习近平总书记强调：“前进道路上，全党要坚持全心全意为人民服务的根本宗旨，树牢群众观点，贯彻群众路线，尊重人民首创精神，坚持一切为了人民、一切依靠人民，从群众中来、到群众中去，始终保持同人民群众的血肉联系，始终接受人民批评和监督，始终同人民同呼吸、共命运、心连心。”中国式现代化坚持发展为了人民、发展依靠人民、发展成果由人民共享，把人民拥护不拥护、赞成不赞成、高兴不高兴、答应不答应作为衡量一切工作得失的根本标准；坚持尊重群众首创精神，尊重人民群众在实践活动中所表达的意愿、所创造的经验、所拥有的权利、所发挥的作用，充分激发人民群众的积极性主动性创造性。

第五，在发展路径上，中国式现代化是自主的现代化，是马克思主义基本原理同中国具体实际相结合、同中华优秀传统文化相结合的现代化，是在借鉴西方经验基础上不断推动中华优秀传统文化创造性转化、创新性发展的现代化。习近平总书记指出：“治理一个国家，推动一个国家实现现代化，并不只有西方制度模式这一条道，各国完全可以走出自己的道路来。”党的二十大报告强调，“中国的问题必须从中国国情出发，由中国人自己来解答”，“既不能刻舟求剑、封闭僵化，也不能照抄照搬、食洋不化”。走自己的路，探索和建设适合中国国情、具有中国特色的现代化国家，是中国共产党现代化理论和实践的立足点。现代化是随着西方列强的坚船利炮来到中国的，但是从新民主主义革命一直到中国特色社会主义新时代，中国式现代化始终坚持独立自主，不断破除“现代化就是西方化”的迷思。它不是对其他国家社会主义实践的再版，超越了计划经济的苏联模式；不是对西方现代化的翻版，超越了对外殖民掠夺、对内残酷剥削的欧美模式；也不是对拉美现代化的重版，超越了盲信欧美、依附欧美的弱政府模式，始终保持鲜明的独立国家意识，保证了经济、政治、国防安全等多方面的独立自主。由于没有现成的经验可循，中国式现代化是创新的现代化。在计划与市场的关系上，在公有制和私有制的关系上，中国共产党解放思想、实事求是，持续深化和发展对社会主义基本经济制度的认识，成功实现了社会主义与市场经济的有效结合。

第六，在对外关系上，中国式现代化是主张和平共处、共同推动建设人类命运共同体的现代化，是坚持“各美其美，美人之美”的现代化。以资本为主导的西方现代化道路，其“品性”是暴力的、反和平的，不仅表现为对工人阶级的剥削与压迫，还表现为对落后国家（地区）的掠夺和殖民以及与其他国家的冲突和斗争。中国式现代化的“品性”是和平与发展，始终坚持永远不称霸、不搞扩张的庄严承诺，而非依靠霸权主义和强权政治。新中国成立以来，中国从没有主动挑起过任何一场战争和冲突。20 世纪 70 年代末以来，中国把握和平与发展这一时代主题，开启改革开放的伟大进程，对内一心一意谋发展，对外高举和平、发展、合作、共赢的旗帜，积极参与并推动经济全球化。党的十八大后，习近平总书记提出推动构建人类命运共同体，构建新型国际关系和共建“一带一路”等，指向的是中国式现代化与全球现代化同步发展。正如习近平总书记所强调的，“我们将坚持以中国式现代化实现中华民族伟大复兴，继续积极推动构建人类命运共同体，以中国新发展给世界带来新机遇，为世界和平与发展和人类文明进步贡献智慧和力量”。党的二十大报告指出，中国式现代化“在坚定维护世界和平与发展中谋求自身发展，又以自身发展更好维护世界和平与发展”。

第七，在内容广度上，中国式现代化是全面的现代化。一方面，中国式现代化是物质文明和精神文明相协调发展、物质富裕与精神富裕协同并进的现代化。“十四五”时期经济社会发展主要目标和 2035 年远景目标，体现了统筹推进“五位一体”总体布局、协调推进“四个全面”战略布局的顶层设计，彰显了“两个文明”协调发展的科学理念。党的二十大报告指出，“物质富足、精神富有是社会主义现代化的根本要求。物质贫困不是社会主义，精神贫乏也不是社会主义”。中国式现代化要同时促进物的全面丰富和人的全面发展。另一方面，中国式现代化是人与自然和谐共生的现代化。《纲要》提出“十四五”时期生态文明建设实现新进步、2035 年美丽中国建设目标基本实现，明确了人与自然和谐共生的近期目标和远景目标。党的二十大报告强调“像保护眼睛一样保护自然和生态环境，坚定不移走生产发展、生活富裕、生态良好的文明发展道路，实现中华民族永续发展”。总体来看，中国式现代化是“五个文明”协调发展的现代化，物质文明、政治文明、精神文明、社会文明、生态文明全面推进，各自独立又相互联系，相辅相成、相互促进，进而实现人的全面发展和社会的全面进步，创造人类文明新形态。习近平总书记指出：“要在坚持以经济建设为中心的同时，全面推进经济建设、政治建设、文化建设、社会建设、生态文明建设，促进现代化建设各个环节、各个方面协调发展，不能长的很长、短的很短。”

第八，在发展位势上，中国式现代化是后发现代化，是跨越式发展的现代化，是实现高质量发展的现代化，是发展中国家推进现代化的成功范例。中国式现代化是一个后发国家在几十年时间对发达国家几百年现代化历程的赶超，中国是世界上第一个未遵循资本主义现代化道路而是成功走向社会主义现代化道路的大国。习近平总书记指出：“我们要后来居上，把‘失去的二百年’找回来，决定了我国发展必然是一个‘并联式’的过程，工业化、信息化、城镇化、农业现代化是叠加发展的。”不同于西方发达国家“串联式”实现工业化、城市化、农业现代化、信息化，中国采用了追赶-赶超的并联战略。从“一五”计划到“十四五”规划，从20世纪80年代解决基本温饱问题的基本现代化，到当前全面建成小康社会并迈向全面建成社会主义现代化强国的新征程，这一过程发挥后发优势，在虚心借鉴国外有益经验的同时，通过推进理论创新、制度创新、方法创新、实践创新，提出更符合中国式现代化发展的新路。党的二十大报告强调，“高质量发展是全面建设社会主义现代化国家的首要任务”，要坚持社会主义市场经济改革方向，坚持高水平对外开放，加快构建以国内大循环为主体，国内国际双循环相互促进的新发展格局。在建设现代化产业体系方面，特别强调要加快发展数字经济，促进数字经济和实体经济深度融合。

第九，在影响范围上，中国式现代化是人口规模巨大的现代化，是以一己之力影响全球的现代化。中国 14 亿人口规模超过发达国家人口总和，借助人口规模的影响将彻底改写现代化的世界版图，为超大规模国家如何实现现代化这一世界性难题提供中国答卷。在中国之前，世界上没有人口规模如此之大、国内发展环境如此复杂的发展中国家成功实现现代化。人口规模巨大意味着现代化进程中困难重重，相较发达国家面临更多挑战，包括如何在经济基础薄弱的情况下实现工业化，如何在农村人口占八成以上的情况下推进城镇化，如何解决数亿人口贫困问题和地区发展不平衡问题，等等。人口规模巨大也表明应对挑战的关键在人民，中国在推进社会主义现代化进程中，始终坚持以人民为中心的发展思想，不仅历史性地解决了绝对贫困问题，大大缩减了世界贫困人口版图，还实现了人民生活从温饱不足到总体小康，人民生活水平大幅提高，交出了让人民满意、让世界惊叹的亮丽答卷。这同时也意味着巨大的市场潜力和影响力，为推进全球现代化注入不竭动力，引领人类文明走向新进程。人口规模巨大也意味着国家治理的艰巨性和复杂性前所未有，因此现代化的发展途径和推进方式也必然有自己的特点。党的二十大报告强调要“保持历史耐心，坚持稳中求进、循序渐进、持续推进”。

总起来看，新征程中的中国式现代化是走向人类文明新形态的现代化。党的十九届六中全会强调:“党领导人民成功走出中国式现代化道路,创造了人类文明新形态,拓展了发展中国家走向现代化的途径,给世界上那些既希望加快发展又希望保持自身独立性的国家和民族提供了全新选择。”中国式现代化弘扬和平、发展、公平、正义、民主、自由的全人类共同价值,继承和发展了中华文明的优秀传统,借鉴了人类文明特别是发展中国家、后起国家文明复兴的普遍经验,在文明的交融互鉴中创造了人类文明新形态。习近平总书记指出,“文明因多样而交流,因交流而互鉴,因互鉴而发展”。

## 二、新征程的国家治理:全面建成小康社会后的新环境

在新征程中,我们在中国式现代化道路上阔步前行。与2019年党的十九届四中全会通过《决定》时相比,当前我们的国家治理有了新的基础,同时也面临着新的问题。一方面,在新征程的起点上,我们决胜全面建成小康社会取得了决定性成就,经济总量高速增长,社会财富源泉充分涌流,中国特色社会主义政治制度优越性得到更好发挥,社会建设水平得到极大提升,国民素质和社会文明程度达到新高度,为进行现代化建设积累了从未有过的雄厚的物质基础和制度保障。《纲要》提出:“我国已转向高质量发展阶段,制度优势显著,治理效能提

升，经济长期向好，物质基础雄厚，人力资源丰富，市场空间广阔，发展韧性强劲，社会大局稳定，继续发展具有多方面优势和条件。”党的二十大报告指出，自十八大以来，我国“采取一系列战略性举措，推进一系列变革性实践，实现一系列突破性进展，取得一系列标志性成果”，“党和国家事业取得历史性成就、发生历史性变革”。

另一方面，我们必须认识到，我国国家治理在不同方面延续了一些重大的挑战和问题。首先要深刻认识到我们仍处于社会主义初级阶段。对社会主义初级阶段的认识，不能仅仅从经济发展水平一个因素来看，而应从社会主义事业发展全局来看，我国经济、政治、文化、社会和生态各方面还存在着种种问题和矛盾。党的十九大报告强调：“我国社会主要矛盾的变化，没有改变我们对我国社会主义所处历史阶段的判断，我国仍处于并将长期处于社会主义初级阶段的基本国情没有变，我国是世界最大发展中国家的国际地位没有变。”《纲要》指出“发展不平衡不充分问题仍然突出，重点领域关键环节改革任务仍然艰巨”。党的二十大报告指出，“我国是一个发展中大国，仍处于社会主义初级阶段，正在经历广泛而深刻的社会变革”，强调“我国改革发展稳定面临不少深层次矛盾躲不开、绕不过”。新时代社会主要矛盾转化是在社会主义初级阶段内的变化，而不是超越这个历史阶段的变化，要求我们坚持发展为第一要务，不断解放和发展社会生产力。

我们在很多现代化的指标上，包括国家治理现代化的指标上，仍然存在差距。根据何传启的研究[①]，从 1960 年到 2018 年，在 88 个可比现代化水平指标中，中国与高收入国家平均值之间的差距总体上看是缩小的，其中绝对差距缩小的指标约占 61%，相对差距缩小的约占 77%。不过，2015—2018 年，在统计数据比较齐全的 64 个现代化水平指标中，中国只有 12 个达到中等发达水平。敬乂嘉和任媛媛选取了在国际上有一定影响力的 20 项治理指数，对 2000—2020 年中国的评分和排名进行了分析，发现在这个时期，国际治理指数对中国治理的整体评价总体上处在中间水平，略有上升，并存在显著的结构性差异[②]。

在经济领域，我们仍然面临一系列风险挑战。比如在经济发展上，需求结构失衡，发展增速下降。产业结构存在矛盾，供给效率相对较低。在农业现代化上面临挑战，县域城镇化存在困境，《纲要》指出，农业基础还不稳固，科技创新水平不高，重点行业“缺芯少核”，“创新能力不适应高质量发展要求”。2020 年中国在全球创新指数榜单上排名第 14 位；研发经费投入在基础研究领域基本保持在 5%左右，大幅低于发达国家；科技成果转化率低，仅为 10%左右，远低于发达国家的 40%；目前用于集成电路制造的光刻机、刻蚀机、光栅刻画机、

① 何传启．中国现代化报告 2020．北京：北京大学出版社，2020．

② 敬乂嘉，任媛媛．比较视野下的中国治理：分析与反思．治理研究，2022，38（4）．

晶圆级封装设备、沉积设备、晶圆切割设备、离子注入设备以及 3D 打印设备、高端工业机器人、超高精度机床等基本依赖进口。此外，区域发展不平衡，南北差距持续增大等问题也显著存在。

在社会领域，我们面临的一些长期性问题仍然存在。比如，在收入分配上，分配结构亟待优化，收入差距仍居世界高位。《纲要》指出，城乡区域发展和收入分配差距较大，民生保障存在短板，社会治理还有弱项。在公共服务上，不平衡不充分特征明显，供给数量和质量难以匹配社会需求；重点领域改革面临困境，特别是农村的教育和医疗服务资源供给水平远低于城镇。在人口问题上，人口增长速度进一步减缓，人口结构失衡，老龄化问题突出，生育水平处于超低水平，人口危机成为渐行渐近的“灰犀牛”。在城镇化问题上，城镇发展不平衡，大城市“城市病”凸显，中小城市和小城镇产业支撑不足；城乡二元结构突出，农民工市民化任务依然繁重。在社会分层方面，存在社会流动迟缓问题，存在固化风险。

在文化领域，主流价值观念仍然受到前所未有的冲击。西方国家在意识形态领域对我国的攻击仍然普遍，各种不良思潮对社会主义核心价值体系的建设与发展形成干扰，而我国自身的文化生产力相对落后，文化创新有待加强。中国人民大学中国地方治理综合调查数据表明，城市居民对文化环境感到满意的比例仅为 54.1%。

在生态文明领域，结构性、根源性、趋势性压力总体上尚未根本缓解，仍面临诸多矛盾和挑战。《纲要》指出，生态环保任重道远。农村生态文明建设滞后，农村生活垃圾污染问题尚待解决，粗放的农业生产过程仍然存在。水环境治理任务依然繁重，水利部数据表明，河流水质不能用于灌溉的约占 46.5%，地表饮用水源地不合格的约占 25%，全国尚有 3 亿多人面临饮用水安全问题。大气污染问题也将长期持续存在，复合型大气污染问题仍然突出，大气污染治理机制尚不完善，中国人民大学中国地方治理综合调查数据表明，城市居民对生态环境感到满意的比例仅为 43.86%。

2019 年以来，国家治理外部环境出现了一些新的变化，不但对我们直接提出了挑战，而且使延续下来的矛盾和问题更为严峻和复杂。党的十九大报告指出，我国发展仍处于重要战略机遇期，《纲要》沿袭了这个说法，但是加上了“但机遇和挑战都有新的发展变化”，党的二十大报告则指出我国发展进入“战略机遇和风险挑战并存、不确定难预料因素增多的时期”。从党的十九大报告到《纲要》，虽然“和平与发展仍然是时代主题”的判断没有变，但是世界从“大发展大变革大调整时期”进入“动荡变革期”，从经济全球化仍然“深入发展”到“经济全球化遭遇逆流”，国际力量对比从“更趋平衡”到“深刻调整”。国际政治经济格局已经并正在发生深刻变化，特别是中美贸易战硝烟未尽，全球贸易冲突日益升级，领土争端不断，地区安全危机重重，俄乌战争改变了地缘政治格局和国际关系。与党的十九大报告相比，《纲要》增加了这样一个判断："单边主义、保护主义、霸权主义对世界和平与发展构成威胁。"党的二十大报告则指出世界进入"新的动荡变革期"，表现在"逆全球化思潮抬头，单边主义、保护主义明显上升，世界经济复苏乏力，局部冲突和动荡频发，全球性问题加剧"。报告特别指出，"来自外部的打压遏制随时可能升级"。

新冠疫情与动荡变化的国际环境交织在一起，影响广泛深远。党的十九大报告提到重大传染性疾病作为一种非传统安全威胁"持续蔓延"，而这个威胁在2020年伊始变为现实。党的十九大报告指出"世界经济增长动能不足"，但是在新冠疫情影响下，《纲要》明确指出"世界经济陷入低迷期"，党的二十大报告则指出"世界经济复苏乏力"。在新冠疫情防控中，各国公共卫生体系和财政体系面临严峻挑战，引发全球经济衰退和贫富分化态势，部分国家保守主义和民族主义浪潮加剧，给全球治理敲响了系统性风险的警钟。疫情对我国国家治理能力和水平提出重大考验，公共卫生应急管理等方面暴露出不少薄弱环节。

总之，面对加速演进的世界百年未有之大变局、深入发展的新一轮科技革命和产业革命，以及随时可能发生的各种"黑天鹅""灰犀牛"事件，党的二十大报告强调在中国式现代化新征程上，必须"增强忧患意识，坚持底线思维，做到居安思危、未雨绸缪，准备经受风高浪急甚至惊涛骇浪的重大考验"。有鉴于此，报告强调了在中国式现代化新征程中必须牢牢把握五项原则，即坚持和加强党的全面领导、坚持中国特色社会主义道路、坚持以人民为中心的发展思想、坚持深化改革开放、坚持发扬斗争精神。

## 三、新征程的发展任务与本书内容

党的二十大报告为新征程中的中国之治绘制了更清晰的蓝图，在总结过去五年工作和新时代十年伟大变革的基础上强调要开辟马克思主义中国化时代化新境界，进而提出新时代新征程中国共产党的使命任务。报告进一步用十二篇内容提出了在各个方面的发展任务，这些方面包括：加快构建新发展格局与高质量发展；实施科教兴国战略；全过程人民民主；全面依法治国与法治中国建设；文化自信自强与社会主义文化新辉煌；民生福祉与人民生活品质；绿色发展；国家安全体系和能力现代化；国防和军队现代化；“一国两制”与祖国统一；推动构建人类命运共同体；全面从严治党。

显然，如此之多的内容，本书不可能全部涵盖，否则就变成了对报告的全面解读。鉴于作者团队研究领域为公共管理学科，特别关注报告与公共管理学科最为相关的一些方面。当然，在很多人眼中，公共管理似乎是一个无所不包的学科，只要是政府干的事都是公共管理。我们从公共管理一级学科下属的二级学科出发，特别是从中国人民大学公共管理学院的学科设置出发，选择我们认为特别相关的议题，并给予不同篇幅的讨论。

本书的第一部分包括第一、二、三、四章。从“五位一体”总体布局的角度来看，这部分主要是围绕政治建设问题，更确切地说是政府治理问题展开，聚焦行政体制改革。政府治理体系和治理能力现代化水平是衡量国家治理水平高低的重要指标。从学科性质来看，政府治理现代化相关问题是公共管理学科的基础性问题、共性问题，是行政管理和公共政策两个二级学科重点关注的问题，但是跟其他二级学科也都有关系。无论是在生态文明、卫生健康，还是在社会保障等方面，新征程中的改革都离不开体制机制问题，都离不开对相关国家部委和各级政府机构的改革。

在这一部分，第一章从总体上阐述了中国特色社会主义国家治理的制度逻辑，从制度学和制度主义的角度，把《决定》《建议》《纲要》及党的二十大报告等相关内容与公共管理中的研究问题联系起来，回答新征程中的制度建设应该怎么组织、怎么设计、怎么创新。第二和第三章从不同角度讨论新征程中的中国特色行政体制改革，其中在第二章中刘鹏教授把它总结为“一核四化”：以建设人民满意的服务型政府为核心，推进行政组织一体化、行政流程简约化、行政方式效能化、行政关系分权化。在第三章中，李文钊教授则把它总结为“五个判断”：职责明确是政府治理的前提，行政体制是政府治理的主体，依法行政是政府治理的要求，共同行动是政府治理的方向，人民满意是政府治理的目标。第四章是关于国家治理的工具组织问题，张璋副教授认为治理工具是制度优势转化为治理效能的关键，介绍了中国式现代化过程中常用的治理工具，包括组织的、法律的、经济的等等。如果将这四章内容结合起来，新征程中的政府治理现代化就是要在党的领导下，在马克思主义指引下，沿着中国特色社会主义道路，按照系统、科学、有效的要求，实事求是推进制度创新，采用多样化的、适配的治理工具，建设服务型政府、法治政府、协同政府、效能政府和简约政府。

本书的第二部分包括第五、六、七、八、九、十章。从广义来看，这一部分是围绕社会治理问题展开的。社会治理是国家治理的重要方面，党的十九大报告提出打造共建共治共享的社会治理格局。党的二十大报告强调“健全共建共治共享的社会治理制度，提升社会治理效能”。一方面，改革开放以来，围绕政府和市场关系的市场化改革逐步深入，改革向社会领域深化，更大范围向社会和公众赋权增能；另一方面，我国社会主要矛盾已经转化为人民日益增长的美好生活需要和不平衡不充分的发展之间的矛盾，新环境新问题对推进社会治理创新提出了新要求。分别来看，第五至十章围绕基层治理，探讨了城市、社区、乡村治理现代化的挑战、价值和能力。

在第五章中，孙柏瑛教授提出了新征程中城市基层治理的四大价值基石，即人民性、公共性、开放性、公正性，并讨论了社会治理建设的制度设计与能力问题，聚焦党建引领、协商议事、技术治理三个维度。她强调，必须重塑社会治理的观念，突破国家与社会二元对立的逻辑，在宏观结构性分析的基础上转向中层理论，观察社会治理主体的集体行动及其因果链条，自下而上地挖掘社会治理的内生机制。在第六章中，魏娜教授总结了新征程中基层社会治理的三大问题，即基层工作负担过重与有责无权形成治理的困局、城乡二元结构和社会转型催生复杂多元的矛盾诉求、政府与社会的责任边界不清及民众参与动力不足，并在此基础上从领导、制度、组织、平台、理念出发，强调要加强党的领导，尊重社区自治权力，积极培育基层社会组织，构造新型自治共治平台，树立“和而不同”治理理念，最终打造社会治理共同体。在第七章中，杨宏山教授也总结了城市基层治理面临的挑战，即街道工作的“有限资源、全面责任”、公共部门的“条块分割、协同不力”、居民权利意识的增强，并在此基础上提出要推进公共部门的整合之治、政社互动的协商之治、社区共同体建设的规则之治。在第八章中，何艳玲教授提出了市域社会治理的五大方法论，包括党建引领、以人民为中心、协同共治、社区行动、重新联结居民，强调要用城市思维推进市域社会治理现代化。

在第九章中，叶裕民教授探讨了新征程中城市治理的历史方位与研究范式。她指出，国家治理体系是一个“五位一体”的“五经五纬”的立体网络系统，“五经”是经济、政治、文化、社会、生态文明五大领域，“五纬”是国家、省、市、县和乡镇五个行政层级，其中城市治理占据中心位置。面对新征程中的新形势，叶裕民教授认为传统的实践研究范式和理论研究范式各有局限，必须将它们整合起来，重新构建城市治理的分析框架，系统回答治理目标（Why）、治理主体（Who）、治理对象（What）和治理手段（How）问题。在第十章中，郤艳丽教授把视野转向乡村治理，在分析了乡村治理的时空逻辑和理论逻辑的基础上，总结了当前乡村治理失效的显性特征和四大原因，提出乡村治理面临共同富裕和乡村振兴两个任务，因此必须系统性解决乡村发展问题，并创新性建构乡村治理体系。

本书的第三部分是经济与民生治理，包括四章内容，前两章写经济，后两章写民生。在第十一章中，许光建教授讨论了新征程中国家经济治理现代化三个方面的重要问题。在夯实国家经济治理体系基础方面，他分析了所有制结构、收入分配制度和社会主义市场经济体制问题；在提高国家经济治理能力方面，他分析了国家发展规划与战略、现代财政制度和现代中央银行制度问题；在参与国际经济治理体系建设方面，他简要介绍了建设更高水平开放型经济新体制和国家经济安全问题。由于财政体制改革在中国的改革开放过程中具有关键地位，本书专门用第十二章单独进行讨论。在第十二章中，孙玉栋教授回顾了新中国成立以来我国财税体制变迁的三个阶段，从而更好理解新时代的财政体制改革，特别是三个重要的改革内容，包括事权的划分与支出责任的匹配、税收制度的改革与完善、建立现代预算制度。

在民生治理方面，胡宏伟教授在第十三章中讨论了新征程中的社会保障治理现代化。他回顾了新中国成立以来中国社会保障治理的成就与不足，分析了新征程中社会保障面临的五大宏观挑战，包括经济下行压力增大、人口形势加速转变、发展不均衡不充分、历史遗留问题较多、数字时代的新挑战。在此基础上，他提出要确立新的治理理念，加快社会保障治理体系和治理能力双提升。王虎峰教授在第十四章中讨论了新征程中的健康中国高质量发展问题。他回顾了中国特色民生体系的思想渊源与形成，介绍了健康中国建设战略的目标与地位，阐释了党的十八大以来，特别是十九届四中全会后，党的重要决议和报告特别是二十大报告，对健康中国建设提出的系统要求。在此基础上，王虎峰教授提出健康系统治理是健康高质量发展的基本策略目标，织牢国家公共卫生防护网是健康高质量发展的基础保障，合理配置卫生资源是健康高质量发展的必备条件，更好地处理健康同医改的关系，统筹规划是健康中国建设战略实施的重要内容，全周期服务与全社会参与相结合。

本书的第四部分是生态、安全与全球治理，包括三章内容。在第十五章中，张占录教授讨论了新征程中的生态文明制度建设，指出在双碳目标和生态补偿机制上面临制度化挑战，提出了未来的四大任务，包括实行最严格的生态环境保护制度、全面建立资源高效利用制度、健全生态保护和修复制度、严明生态环境保护责任制度。在第十六章中，王宏伟副教授聚焦应急管理问题，分析了新发展阶段对应急管理体制调整带来的新要求与新挑战，提出在新征程中要坚持加强党的领导，坚持人民至上，坚持全国一盘棋，坚持党对军队的绝对领导，坚持国际合作。在第十七章中，刘伟教授讨论了迈向人类命运共同体的全球治理问题。在阐述全球治理困境的基础上，她强调了人类命运共同体建设，并从共商、共建、共享三个方面讨论了我国应该如何参与全球治理体系改革，提升全球治理能力。

# 第一部分

# 政府治理

# 第一章　国家治理现代化的制度逻辑

杨开峰

党的十九届五中全会通过的《中共中央关于制定国民经济和社会发展第十四个五年规划和二〇三五年远景目标的建议》（以下简称《建议》）和第十三届全国人民代表大会第四次会议通过的《中华人民共和国国民经济和社会发展第十四个五年规划和2035年远景目标纲要》（以下简称《纲要》）一致指出，我国迈入了走向全面建设社会主义现代化国家的新征程。党的二十大则指出，新时代新征程的中心任务就是全面建设社会主义现代化强国、实现第二个百年奋斗目标，以中国式现代化全面推进中华民族伟大复兴。新征程中的中国式现代化仍然需要把制度建设放在突出位置，坚持党的十九届四中全会在《中共中央关于坚持和完善中国特色社会主义制度 推进国家治理体系和治理能力现代化若干重大问题的决定》（以下简称《决定》）中强调的中国特色社会主义治理的制度密码，坚持党的十九届六中全会在《中共中央关于党的百年奋斗重大成就和历史经验的决议》（以下简称《决议》）中总结的“十个明确”和“十大经验”，坚持党的二十大报告中提出的世界观方法论上的“六个必须坚持”和发展道路上的“五个重大原则”，坚持中国式现代化的基本特征和本质要求。

## 一、坚持中国特色社会主义国家治理的制度逻辑

### （一）把制度建设放在国家治理突出位置

国家治理是处理治理主体之间责权利关系的系统性制度安排，国家治理活动就是治理主体在这套制度安排下进行的活动。现代国家治理的首要任务就是要建立一套符合现代化发展需要的、行之有效的制度体系。把制度建设放在首位，是法治的要求，也就是治理要基于治理主体共同承认的制度安排，而不是基于神权、皇权，或者全能的领导者。这是由现代社会的特点所决定的，与前现代社会相比，现代社会具有高度的复杂性、不确定性、多样性、动态性，有限理性的治理主体要想达致稳定、有效、可持续的合作，必须依靠制度而不是个人、英雄。制度问题带有根本性、全局性、稳定性和长期性。

把制度建设放在突出位置是中国共产党领导革命和国家建设的重要经验。从新民主主义革命时期、社会主义革命和建设时期、改革开放和社会主义现代化建设新时期，到中国特色社

会主义新时代，中国共产党都高度重视制度建设。党的历史就是以制度建设推动自身建设，进而推动中国发展的历史。比如，在土地革命战争时期，三湾改编确立的“党指挥枪”“支部建在连上”的人民军队制度，以及农村革命根据地制度、中华苏维埃制度等等，在严峻的革命形势下发挥了巨大作用。1980 年 8 月 18 日，邓小平同志在中央政治局扩大会议上发表《党和国家领导制度的改革》的讲话，强调：“我们过去发生的各种错误，固然与某些领导人的思想、作风有关，但是组织制度、工作制度方面的问题更重要。”他把组织制度、工作制度放在异常重要的位置，明确指出：“这些方面的制度好可以使坏人无法任意横行，制度不好可以使好人无法充分做好事，甚至会走向反面。”

党的十八大特别是十九大以来，以习近平同志为核心的党中央把制度建设摆到更加突出的位置，提出更高要求。习近平总书记在 2013 年《切实把思想统一到党的十八届三中全会精神上来》的讲话中提出，“国家治理体系是在党领导下管理国家的制度体系，包括经济、政治、文化、社会、生态文明和党的建设等各领域体制机制、法律法规安排，也就是一整套紧密相连、相互协调的国家制度”。这个论述表明，国家治理体系的本质是一套制度体系，国家治理的逻辑必然体现在这套制度体系的制度逻辑中。这个逻辑和体系在党的十九届四中全会首次得到全面总结，《决定》清晰描绘了中国特色社会主义的制度图谱，为推动各方面制度更加成熟更加定型明确了思路，要求：到 2035

年，各方面制度更加完善，基本实现国家治理体系和治理能力现代化；到新中国成立一百年时，全面实现国家治理体系和治理能力现代化，使中国特色社会主义制度更加巩固、优越性充分展现。党的二十大报告延续了这一提法。

把制度建设放在突出位置对于我们在新征程中推进国家治理现代化尤为重要，中国式现代化必然是中国式制度现代化。虽然我们在全面建成小康社会方面取得伟大历史性成就，经济实力、科技实力、综合国力和人民生活水平跃上新的大台阶，但是我们仍然处在社会主义初级阶段，面临的发展不平衡不充分问题仍然突出，重点领域关键环节改革任务仍然艰巨，在技术上和创新能力上总体而言还落后于西方发达国家；同时，我们面临着日趋复杂的国际竞争环境，包括日趋严峻的单边主义、保护主义和霸权主义。在这样的背景下弯道超车，只有靠中国特色社会主义制度优势才能实现后发优势。比如，只有靠经济制度创新才能加速新经济新业态发展，只有靠科研制度创新才能加速“卡脖子”问题解决，只有靠社会治理创新才能更好释放社会活力。另外，新征程中的治理现代化是在改革的深水区、核心区进行的，是一个刀刃更加向内的过程，“刮骨疗毒”不能单纯依靠公共管理者的个体自觉性，而要发挥制度的激励作用、杠杆作用和约束作用，更多用制度治党、管权、治吏，更多靠制度推进改革。

### （二）坚持新时代中国特色社会主义制度建设总体逻辑

制度逻辑指在特定历史条件下社会建构出来的一套自洽的

规则、假设、价值和信念，通过它们，个体得以组织时间和空间，理解社会现实的意义，实现和再造自己的存在。它是一个制度的“硬核”，是最核心、最本质的线索，是区分此制度与其他制度的决定性特征。一个制度强不强，制度要素之间是否适配，行动者是否感觉到制度的凝聚力，要看这个硬核是否突显。不同国家有不同的国家治理制度安排，体现了不同的治理逻辑和制度逻辑，根植于一个国家的历史传承、文化传统和经济社会发展水平。

与其他国家相比，我们国家建设和深化改革的总目标就是完善和发展中国特色社会主义制度，既不走封闭僵化的老路，也不走改旗易帜的邪路，这是我们进行制度建设的总体坚守。中国式现代化与西方现代化的根本区别就是这个特色社会主义道路；新征程中的现代化，其根本特征和总体制度逻辑就是新时代中国特色社会主义。这个总体制度逻辑是理解新征程中国家治理现代化的钥匙。这个逻辑是基于党的百年奋斗历史经验而来的：坚持党的领导、坚持人民至上、坚持理论创新、坚持独立自主、坚持中国道路、坚持胸怀天下、坚持开拓创新、坚持敢于斗争、坚持统一战线、坚持自我革命。新时代中国特色社会主义这个总体制度逻辑决定了我国国家治理的本质特征、总任务、主要矛盾界定、总体布局、总目标、总要求等，也就是《决议》中的“十个明确”。这个总体制度逻辑也体现在党的二十大报告对中国式现代化的界定上：是中国共产党领导的社会主义现代化，既有各国现代化的共同特征，更有基于自己国情的中国特色。

坚持和完善中国特色社会主义制度，意味着我们既要清楚坚持和巩固什么，又要清楚发展和完善什么，做到持续与变革的辩证统一。持续与变革的矛盾是制度建设的一个基本矛盾。一方面，制度的特点和优势在于其提供的稳定性和持续性；另一方面，制度要保持生命力就必须与时俱进、不断变革。行动者面临的挑战是，当我们回过头去看历史的时候，什么要变、什么要不变可以看得清楚，但是在当下面向不确定的未来，什么要变、什么要不变可能不是那么清楚。《决定》和党的二十大报告给了我们答案，我们要坚持国家治理的根本制度、基本制度、重要制度，但是要不断完善其实现形式和机制措施。

### （三）坚持党领导制度建设的组织逻辑

在新时代中国特色社会主义这个总体制度逻辑之下，制度建设的组织逻辑就是党的领导。党的二十大报告再次强调，中国特色社会主义最本质的特征是中国共产党领导，中国特色社会主义制度的最大优势是中国共产党领导，中国共产党是最高政治领导力量。党领导制度建设的组织逻辑体现在两方面。

一方面，党政军民学，东西南北中，党是领导一切的，要依靠党的领导来进行制度建设，因此要健全总揽全局、协调各方的党的领导制度体系。党的二十大报告指出，要“健全总揽全局、协调各方的党的领导制度体系，完善党中央重大决策部署落实机制，确保全党在政治立场、政治方向、政治原则、政治道路上同党中央保持高度一致”。党的十九届三中全会通过的《中共中央关于深化党和国家机构改革的决定》，把完善坚持党的全面领导的制度作为深化党和国家机构改革的首要制度安排，通过强化党组织在同级组织中的领导地位、更好发挥党的职能部门作用、统筹设置党政机构、推进党的纪律检查体制和国家监察体制改革等，从而为更有效地进行国家治理提供坚实的组织基础和有效的工作体系。此外，要在党的领导下把各类治理主体有效组织起来，就必须有配套的组织原则和组织体系。党的二十大报告提出要发展全过程人民民主，“健全人民当家作主制度体系，扩大人民有序政治参与”。该制度体系包括人民代表大会制度、中国共产党领导的多党合作和政治协商制度、民族区域自治制度、基层群众自治制度等。

另一方面，党在组织国家制度建设的过程中要坚持民主集中制。民主集中制是我们党最大的制度优势，是党的根本组织制度和领导制度，是党内各种制度中最根本的、带有贯穿性和纲领性的制度。邓小平同志始终把健全民主集中制作为党的制度建设的重要任务，指出：“民主集中制执行得不好，党是可以变质的，国家也是可以变质的，社会主义也是可以变质的。”党的十八届六中全会通过的《关于新形势下党内政治生活的若干准则》，强调“坚持集体领导制度，实行集体领导和个人分工负责相结合，是民主集中制的重要组成部分，必须始终坚持，任何组织和个人在任何情况下都不允许以任何理由违反这项制度”。《决定》强调：“坚持民主集中制，完善发展党内民主和实行正确集中的相关制度。”党的二十大报告要求“贯彻民主集中制，创新和改进领导方式，提高党把方向、谋大局、定政策、促改革能力，调动各方面积极性”。

#### （四）坚持马克思主义指导下人民中心的制度建设评价逻辑

制度建设活动的成效如何？是否促进了新征程中的中国式现代化？这需要我们坚持马克思主义指导下人民中心的制度建设评价逻辑。制度建设是否符合社会发展规律，要注重理论逻辑，也就是要运用马克思主义国家学说及其相关的理论和方法。中国特色社会主义制度之所以具有显著优势，是我们党在历史探索中坚持马克思主义中国化的结果。把马克思主义基本原理同中国具体实际相结合，把开拓正确道路、发展科学理论、建设有效制度相结合，用发展着的马克思主义指导国家制度建设，不断深化对党的执政规律、社会主义建设规律、人类社会发展规律的认识，使我国国家制度既体现了民族特色和时代特色，又体现了科学社会主义的基本原则。要坚持马克思主义的辩证唯物主义和历史唯物主义，用矛盾分析的方法评价制度建设，即是否建立在对主要矛盾的准确分析上，是否抓住了事物的主要矛盾。从总体上看，制度建设必须有助于解决我国新时代社会主要矛盾，即人民日益增长的美好生活需要和不平衡不充分的发展之间的矛盾。

制度建设是否符合社会发展规律，也要注重实践逻辑。制度建设的理论逻辑是“发展着”的马克思主义，不是教条的马克思主义，是在实践中不断丰富的结果。实践是检验真理的唯一标准。邓小平同志 1980 年在《党和国家领导制度的改革》中说，“我们进行社会主义现代化建设，是要在经济上赶上发达的资本主义国家，在政治上创造比资本主义国家的民主更高更切实的民主，并且造就比这些国家更多更优秀的人才”，“党和国家的各种制度究竟好不好，完善不完善，必须用是否有利于实现这三条来检验”。这三条标准属于实践中的结果标准。同时，实践逻辑也可以包含制度属性标准，即看制度是否满足一定的条件，它是结果标准在过程上的保障和要求，比如制度建设也要体现“三个代表”：要代表中国先进生产力的发展要求、代表中国先进文化的前进方向、代表中国最广大人民的根本利益。《决定》指出，我国国家制度体系的总体标准是“系统完备、科学规范、运行有效”，要求“系统治理、依法治理、综合治理、源头治理”。

制度评价的实践逻辑也可以理解为人民逻辑。党的二十大报告重申了坚持人民至上的立场观点方法，重申了坚持以人民为中心的发展思想。实践是广大人民群众的实践，人民群众是历史的创造者。党的历史和马克思主义基本原理，都要求制度建设始终代表最广大人民的根本利益，保证人民当家作主，体现人民共同意志，维护人民合法权益。人民性也是我国国家制度的本质属性。我国国家制度建设要以人民为中心，始终着眼于实现好、维护好、发展好最广大人民根本利益，着力保障和改善民生，使改革发展成果更多更公平惠及全体人民，避免出现利益集团偏私和政治“精英”操弄等现象，必须建立促进人的全面发展、实现全体人民共同富裕的制度。邓小平同志说：“社会主义与资本主义不同的特点就是共同富裕”，“社会主义最大的优越性就是共同富裕，这是体现社会主义本质的一个东西”。

在总体的评价逻辑下，《决定》《建议》《纲要》及党的二十大报告等提出了当前在一些具体领域进行制度建设的标准。比如，社会主义法治体系包括“完备的法律规范体系、高效的法治实施体系、严密的法治监督体系、有力的法治保障体系”。行政体制建设的标准是“构建职责明确、依法行政的政府治理体系，以推进国家机构职能优化协同高效为着力点”。预算制度的标准是“标准科学、规范透明、约束有力”。央地关系的标准是“权责清晰、运行顺畅、充满活力”。社会治理的标准是“共建共治共享，党委领导、政府负责、民主协商、社会协同、公众参与、法治保障、科技支撑”。在某些领域，制度建设的标准还需要在实践中进一步探索。

制度建设还要讲究简单实用，也就是言简意赅、易知易行。官僚制的一个倾向就是，当一个旧的制度出了问题，就再制定一个新的制度来进行应对，导致制度越来越多，形成繁文缛节。习近平总书记指出，“制度不在多，而在于精，在于务实管用”。

他强调："不管建立和完善什么制度，都要本着于法周延、于事简便的原则，注重实体性规范和保障性规范的结合和配套，确保针对性、操作性、指导性强。"于法周延，就是要减少制度漏洞，力求做到周到、周密、周全。于事简便，就是要易用、好用，不烦琐、不深奥，简便易行。

## 二、坚持系统、科学、有效的制度设计逻辑

新征程中的制度建设要注重顶层设计。马克思主义告诉我们，制度与行动者之间是矛盾的辩证统一关系，制度影响主体的行为选择，而主体行为反过来又影响制度。延伸来看，制度既有相对独立性和演进性，又受到行动者主观设计的影响。

### （一）坚持系统完备的制度设计逻辑

中国特色社会主义制度是一个严密完整的科学制度体系。《决定》总结了我国国家制度和国家治理体系的 13 个显著优势，这是坚定制度自信的基本依据。制度体系应该是系统完备、层次丰富、上下协调的。中国特色社会主义是一个制度体系，应该从系统论的角度来理解它。这个制度体系明确了"五位一体"总体布局和"四个全面"战略布局，包括在政治、经济、社会、文化、生态等各个领域的制度建设，包括全面建成小康社会、全面深化改革、全面依法治国、全面从严治党的相关制度。习近平总书记在 2013 年十八届三中全会第二次全体会议上讲话，

强调“不是推进一个领域改革，也不是推进几个领域改革，而是推进所有领域改革，就是从国家治理体系和治理能力的总体角度考虑的”。他在2014年省部级主要领导干部学习贯彻十八届三中全会精神全面深化改革专题研讨班上指出，“这项工程极为宏大，必须是全面的系统的改革和改进，是各领域改革和改进的联动和集成，在国家治理体系和治理能力现代化上形成总体效应、取得总体效果”。坚持和完善中国特色社会主义制度是一项复杂的系统工程，零敲碎打调整不行，碎片化修补也不行，必须进行全面的系统的改革和改进。

同时，中国特色社会主义制度体系具有丰富的层次性。制度层次性的第一个意思是要做好分层对接，通过根本制度、基本制度、重要制度的衔接和各领域具体制度的配套，使顶层设计精准落地，使制度效能充分发挥。制度层次性的第二个意思就是制度具有嵌入性，低一层的制度嵌入上一层的制度中，国家治理制度嵌入更广泛的作为制度的文化传统与社会结构中，地方层面的制度嵌入国家层面的制度中，等等，要求不同层次制度之间具有适配性。制度层次性的第三个意思是指制度的正式性与强制性程度不同，国家法律、政府规章、管理程序、非正式安排等，各有特点，各有其用，要统筹考虑。制度层次性的第四个意思是指制度涉及国家治理的目标、价值、结构、过程、工具、技术等等，包含各种要素。习近平总书记指出，“要弄清楚整体政策安排与某一具体政策的关系、系统政策链条与某一政策环节的关系、政策顶层设计与政策分层对接的关系、政策统一性与政策差异性的关系、长期性政策与阶段性政策的关系，既不能以局部代替整体、又不能以整体代替局部”。

制度有不同类型，其中一种用以处理不同制度或者制度要素之间的冲突，是一种元规则。虽然我们说要做好分层对接，但是制度与环境之间的冲突、制度与制度之间的冲突、制度要素之间的冲突，都是必然存在的，需要有规则来进行应对。比如，在上下制度之间，在央地职责同构的大制度背景下，如何进行地方创新，探索综合行政执法和行政审批？当国家法律在某些领域的更新滞后于实践发展的时候，地方如何在坚持法治原则的前提下进行创新？在新旧制度交替的过程中，如何处理复杂的职责要求和责任关系？如何处理不同地方制度创新的多样性与中央统一要求之间的关系？等等。对于这些问题，最终还是要在制度的轨道上用制度的方法来解决。

### （二）坚持科学规范的制度设计逻辑

制度体系需要具有科学性和规范性。制度设计既是科学，也是艺术，其科学性建立在对主体的全面准确了解上，对制度效能生成机制的全面准确了解上，对制度与主体互动规律的全面准确了解上。制度优势转化为制度效能和治理效能的前提是制度能够影响治理主体的行为。主体的行为逻辑大体上分为两种：一种是“后果”逻辑，行动者遵守制度是基于在资源配置、法律法规等方面的考虑，希望能够避责或者获利，在很多时候，后果逻辑具有一定的强制性；另一种是“身份”或者“正当性”逻辑，即行动者遵守制度是因为那么做是“对”的，符合行动者身份或者信仰。以反腐败制度为例，后果逻辑更多体现为推进不敢腐与不能腐的体制机制，而正当性逻辑则更多体现为推进不想腐的体制机制。《决定》及党的二十大报告在各个方面都体现了这两种逻辑的统一。

在基于后果逻辑的制度设计方面，主要是强化监督、制约与考核。《决定》第十四部分“坚持和完善党和国家监督体系，强化对权力运行的制约和监督”，提出“必须健全党统一领导、全面覆盖、权威高效的监督体系，增强监督严肃性、协同性、有效性，形成决策科学、执行坚决、监督有力的权力运行机制”。这首先包括健全党和国家监督制度，“推进纪律监督、监察监督、派驻监督、巡视监督统筹衔接，健全人大监督、民主监督、行政监督、司法监督、群众监督、舆论监督制度，发挥审计监督、统计监督职能作用。以党内监督为主导，推动各类监督有机贯通、相互协调”。这也包括完善权力配置和运行制约机制，其中涉及“分事行权、分岗设权、分级授权、定期轮岗”制度、办事公开制度、权力运行反馈制度、精准问责制度等。这还包括构建一体推进不敢腐、不能腐、不想腐体制机制，涉及审批监管、执法司法、工程建设、资源开发、金融信贷、公共资源交易、公共财政支出等重点领域监督机制改革和制度建设。最后，强化考核与督察也体现在具体的政策领域。比如在生态领域，《决定》强调要落实中央生态环境保护督察制度，完善生态环境公益诉讼制度，实行生态环境损害责任终身追究制，等等。党的二十大报告中关于完善党的自我革命制度规范体系、坚持以严的基调强化正风肃纪、坚决打赢反腐败斗争攻坚战持久战等方面，提出了一系列基于后果逻辑的要求。

在基于正当性逻辑的制度设计方面，主要是强化党员干部党员意识的制度。通过建立不忘初心、牢记使命的制度，“确保全党遵守党章，恪守党的性质和宗旨，坚持用共产主义远大理想和中国特色社会主义共同理想凝聚全党”，“用习近平新时代中国特色社会主义思想武装全党”。同时，推动全党增强“四个意识”、坚定“四个自信”、做到“两个维护”，强调党员要“始终做到为了群众、相信群众、依靠群众、引领群众，深入群众、深入基层”。强化党员干部的身份逻辑，有利于在各方面攻坚克难中实现党建引领。只要党员干部都有全心全意为人民服务的身份意识，那么不管具体的政策条文是否清晰，他们都会在行为上负责任，摒弃官僚主义、形式主义、本本主义。党的二十大报告强调“坚持不懈用新时代中国特色社会主义思想凝心铸魂”，要“解决好世界观、人生观、价值观这个总开关问题”。

基于正当性逻辑的制度设计也包括在核心价值观和道德规范上的制度建设。比如《决定》第七部分强调要“坚持和完善繁荣发展社会主义先进文化的制度，巩固全体人民团结奋斗的共同思想基础”，指出“发展社会主义先进文化、广泛凝聚人民精神力量，是国家治理体系和治理能力现代化的深厚支撑”，要求“坚持以社会主义核心价值观引领文化建设制度”。党的十九大报告也提出要“牢固树立共产主义远大理想和中国特色社会主义共同理想，培育和践行社会主义核心价值观，不断增强意识形态领域主导权和话语权，推动中华优秀传统文化创造性转化、创新性发展，继承革命文化，发展社会主义先进文化，不忘本来、吸收外来、面向未来，更好构筑中国精神、中国价值、中国力量，为人民提供精神指引”。党的二十大报告强调要“广泛践行社会主义核心价值观”，要求“把社会主义核心价值观融入法治建设、融入社会发展、融入日常生活”，“推动明大德、守公德、严私德”。在这里特别要明确的是，“德治”也要靠制度保障，没有制度支撑的“德治”只能是海市蜃楼。

基于正当性逻辑的制度设计还包括保障马克思主义在意识形态领域指导地位的根本制度，坚持正确导向的舆论引导工作机制。《决定》提出，要“全面贯彻落实习近平新时代中国特色社会主义思想，健全用党的创新理论武装全党、教育人民工作体系，完善党委（党组）理论学习中心组等各层级学习制度”，要“加强和改进学校思想政治教育，建立全员、全程、全方位育人体制机制”，要“落实意识形态工作责任制”。《决定》第十五部分强调“加强制度理论研究和宣传教育，引导全党全社会充分认识中国特色社会主义制度的本质特征和优越性，坚定制度自信”。党的二十大报告强调“建设具有强大凝聚力和引领力的社会主义意识形态”。

基于正当性逻辑的制度设计亦包括更具体的一些规范。比如在依法治国上，《决定》强调“加大全民普法工作力度，增强全民法治观念”，要求“领导干部要带头尊法学法守法用法”。在经济和社会发展上，强调全面贯彻创新、协调、绿色、开放、共享的新发展理念。党的二十大报告强调坚持全面依法治国，推进法治中国建设，并特别强调扎实推进依法行政。实际上，对于《决定》和党的二十大报告等的全面宣传与学习，也是在全党和人民群众中树立以中国特色社会主义为核心的正当性逻辑，树立坚持党对一切工作的领导、坚持以人民为中心、坚持全面深化改革、坚持全面依法治国的行为逻辑。

### （三）坚持运行有效的制度设计逻辑

制度的生命力在于执行，在于能否在执行中实现运行有效。制度怎样才能有效运转？怎样才能实现其治理效能？这取决于两方面的因素，一是制度的质量，二是制度的执行力，但是执行力本身也往往要靠有效的制度保障。

制度设计的时候要考虑制度质量，其中的一个重要质量标准就是简便易行，也就是可执行度要高。有些制度是象征性的，只是对一些治理问题的象征性反应，并没有考虑实际执行。有些制度不是象征性的，但是对实际问题把握不准，对制度对象的博弈预见不足，对制度的连锁反应判断不够，其运行也会不畅。同时，制度不可能预见所有的情况，要求我们在制度运行的过程中不断进行调试和完善，这也说明制度制定和制度执行不是绝对的阶段性的过程，而需要同步考虑。

另外一个质量标准是制度的环境适配性。制度演进往往具有路径依赖性，一端制度进入某一路径，就受到报酬递增和自我强化的正反馈影响。路径依赖性有两方面的意蕴。一方面，中国特色社会主义制度是历史选择的产物，是中国社会长期历史演进和深层结构变革的结果。它根植于中国大地，符合中国深厚的传统文化。它也根植于我们党长期奋斗的历史经验，特别是改革开放 40 多年的经验。习近平在 2014 年省部级主要领导干部学习贯彻十八届三中全会精神全面深化改革专题研讨班上指出，“我国今天的国家治理体系，是在我国历史传承、文化传统、经济社会发展的基础上长期发展、渐进改进、内生性演化的结果”。历史选择的结果是未来发展的起点，也深刻影响着未来发展的方向和路径。不知道我们从哪里来，就不能正确地理解我们应该往何处去。因此，路径依赖意味着制度设计要考虑制度的历史发展路径，要符合宏观制度演进的总体规律。另一方面，历史选择不一定是最有效率的，历史的选择受到权力、资源、认知、偶然因素等的影响，路径依赖可能带来稳定性，但是也可能带来“锁定”和僵化。因此，制度创新往往要打破旧传统，拥抱新安排。但是，即便如此，也要考虑制度创新与社会文化传统的适配性。

制度的可行性也取决于执行者能力的高低。制度设计的时候要考虑执行者的能力素质，当他们的能力素质不够的时候要考虑如何进行提升。《决定》特别强调了制度执行力。提升制度执行力，是推进国家治理体系和治理能力现代化的必然要求。制度执行力要求制度执行的主体要有制度意识和执行能力。在制度意识方面，《决定》提出："各级党委和政府以及各级领导干部要切实强化制度意识，带头维护制度权威，做制度执行的表率，带动全党全社会自觉尊崇制度、严格执行制度、坚决维护制度"。制度意识的重要方面是制度面前人人平等，这是制度有效执行的内在要求。习近平总书记强调，"制度一经形成，就要严格遵守，坚持制度面前人人平等、执行制度没有例外，坚决维护制度的严肃性和权威性"。在制度执行力方面，《决定》也提出了具体的要求。一是把提高治理能力作为新时代干部队伍建设的重大任务，把制度执行力和治理能力作为干部选拔任用、考核评价的重要依据。二是要抓住领导干部这个关键少数。习近平总书记要求，越是领导干部，越是主要领导干部，越要自觉维护法规制度的严肃性和权威性。领导干部要以身作则、以上率下，带头遵守制度，严格执行制度。三是促进各级领导干部增强9个本领：学习本领、政治领导本领、改革创新本领、科学发展本领、依法执政本领、群众工作本领、狠抓落实本领、驾驭风险本领、斗争本领。提高这些本领的路径包括加强思想淬炼、政治历练、实践锻炼和专业训练。党的二十大报告特别强调"增强干部推动高质量发展本领、服务群众本领、防范化解风险本领”，提出“把到基层和艰苦地区锻炼成长作为年轻干部培养的重要途径”。

要用制度来保障制度执行力。制度执行力不仅仅是执行主体个人的意识和能力问题，国家治理的制度逻辑意味着要靠制度来保障制度的执行。首先，要靠制度来为制度执行提供必要的资源，包括预算、编制、信息、权威等等。比如，2019 年中共中央印发了《中国共产党机构编制工作条例》，提出机构编制资源是重要政治资源、执政资源，机构编制工作在加强党和国家机构职能体系建设、深化机构改革、优化党的执政资源配置方面发挥着至关重要的作用。《决定》强调要“严格机构编制管理，统筹利用行政管理资源”。其次，要靠监督机制来保障执行水平。《决定》提出：“健全权威高效的制度执行机制，加强对制度执行的监督，坚决杜绝做选择、搞变通、打折扣的现象。”同时，《决定》对加强各项制度的执行提出了具体要求，如“严格执行向党中央请示报告制度”“强化决策执行、评估、监督”“健全强有力的行政执行系统，提高政府执行力和公信力”等。党的二十大报告强调要坚持制度治党、依规治党，“形成坚持真理、修正错误、发现问题、纠正偏差的机制”。要靠运行制约机制来保障制度执行的规范性。比如在权力公开的制度方面，《决定》强调“坚持权责透明，推动用权公开，完善党务、政务、司法和各领域办事公开制度，建立权力运行可查询、可追溯的反馈机制”。党的二十大报告强调“让权力在阳光下运行”。在问责制度方面，《决定》强调“坚持权责统一，盯紧权力运行各个环节，完善发现问题、纠正偏差、精准问责有效机制”。党的二十大报告强调“落实全面从严治党政治责任，用好问责利器”。在依法行政方面，党的二十大报告强调“严格落实行政执法责任制和责任追究制度”。

## 三、坚持稳中求进、实事求是的制度创新逻辑

制度建设的创新逻辑是稳中求进、实事求是。制度不是死的文本，而是鲜活的实践，其生命力在于不断发展与完善，从而适应新的环境，解决新的问题，处理新的矛盾。制度更加成熟更加定型是一个动态过程，不可能一蹴而就，也不可能一劳永逸，必须秉持“改革永远在路上”的态度。《决定》指出，“既要保持中国特色社会主义制度和国家治理体系的稳定性和延续性，又要抓紧制定国家治理体系和治理能力现代化急需的制度、满足人民对美好生活新期待必备的制度，推动中国特色社会主义制度不断自我完善和发展、永葆生机活力”。

在新征程中，改革的总体制度密码已经明确，改革的总体蓝图已经画定，因此改革具有一定的顶层设计的色彩，具有一定的目标导向的特征，这意味着很多时候，制度创新是要把相对抽象的目标落实为具体的制度安排和规范，来保障宏观制度的细化落实。例如，《决定》第五章中提到“推进数字政府建

设，加强数据有序共享，依法保护个人信息”，《纲要》则将其扩展成第十七章，包含“加强公共数据开放共享”“推动政务信息化共建共用”“提高数字化政务服务效能”三个部分共500多字。而2022年国务院印发的《关于加强数字政府建设的指导意见》则形成了八个部分共一万多字的部署，后续还将有具体的实施细则。再比如，《决定》第六章提出建设高标准市场体系的要求，2021年1月，中共中央办公厅、国务院办公厅印发《建设高标准市场体系行动方案》，从基础制度、要素市场、环境质量、市场开放、市场监管五个方面，提出51条具体举措，为“十四五”时期推进高标准市场体系建设明确了行动指南。这些细化的条款不可能在改革伊始就一清二楚，而是需要在改革过程中摸索，在创新过程中提炼。

逐渐细化的制度建设体现了改革稳中求进的总基调。《纲要》在指导思想中强调要“坚持稳中求进工作总基调”，这明确了新征程中的制度创新和治理改革是渐进式的。党的二十大报告也指出建设中国式现代化要“坚持稳中求进、循序渐进、持续推进”。习近平总书记指出：“稳中求进工作总基调是我们治国理政的重要原则，也是做好经济工作的方法论。”稳中求进就是既要做到“稳”和“进”的辩证统一，不稳无法进，不进难以稳，两者相辅相成、相互促进。“稳”是前提和基础，“进”是方向和目标，“稳”“进”协调才能构建新发展格局。我国改革开放的成功经验之一就是坚持渐进式改革、增量改革，而没有采用“休克疗法”、激进式改革。改革开放40多年来，我们一直比较好地处理了改革发展稳定的关系。特别是党的十八大以来，坚持稳中求进是对社会主义现代化建设取得历史性成就原因的深刻总结，也是对以习近平同志为核心的党中央谋划和领导经济工作乃至改革开放和社会主义现代化建设成功经验的深刻揭示。在新征程中，坚持稳中求进是高质量发展的需要，是经济发展到一定阶段的必然要求，也是统筹考虑国际国内形势的需要，是适应世界百年未有之大变局的需要。在实践中，稳中求进的一个表现是考虑改革与创新的系统性、协同性，不能单兵突进。

制度创新要坚持目标导向和问题导向相结合。坚持目标导向和问题导向相结合是新时代制度创新的重要方法论，既基于对马克思主义基本原理的深刻把握，又汲取了党百年奋斗的历史经验。目标导向和问题导向在实践中是辩证统一的关系。党的二十大报告提出的目标和任务，很多都是我国国家制度建设中的空白点和薄弱点，具有鲜明的问题导向。党的二十大报告特别指出，坚持问题导向要聚焦实践遇到的新问题、改革发展稳定存在的深层次问题、人民群众急难愁盼问题、国际变局中的重大问题、党的建设面临的突出问题。问题是时代的声音，是发展的必然。有些问题是制度不适应环境变化而导致的，新时代带来了新机遇、新动力、新变化，也带来了新情况、新问题、新矛盾。对于百姓的痛点难点、工作的差距不足、发展的障碍症结，都要坚持具体问题具体分析，主动回应，靶向治疗，持续发力。还有些问题是不同制度或制度要素之间不匹配不协调而导致的，这要求我们强弱项、补短板，做好各项改革的协同配合。习近平 2012 年在主持十八届中央政治局第二次集体学习时指出，“改革开放是一场深刻而全面的社会变革，每一项改革都会对其他改革产生重要影响，每一项改革又都需要其他改革协同配合。要更加注重各项改革的相互促进、良性互动，整体推进，重点突破，形成推进改革开放的强大合力”。

制度创新要上下结合，既要做好顶层设计，又要鼓励基层创新。一方面，改革要加强整体谋划，加强各项改革的关联性、系统性、整体性、协同性、可行性研究，统筹考虑、全面论证、科学决策。习近平指出，“新时代改革开放具有许多新的内涵和特点，其中很重要的一点就是制度建设分量更重，改革更多面对的是深层次体制机制问题，对改革顶层设计的要求更高”。顶层设计要特别注意协同性，习近平 2017 年在中央全面深化改革领导小组第三十六次会议上指出：“改革越深入，越要注意协同，既抓改革方案协同，也抓改革落实协同，更抓改革效果协同，促进各项改革举措在政策取向上相互配合、在实施过程中相互促进、在改革成效上相得益彰”。另一方面，要鼓励基层大胆探索，及时对基层行之有效的制度创新进行总结和提炼，推动各方面制度完善和发展。习近平 2012 年在主持十八届中共中央政治局第二次集体学习时指出：“摸着石头过河，是富有中国特色、符合中国国情的改革方法。摸着石头过河就是摸规律，从实践中获得真知。摸着石头过河和加强顶层设计是辩证统一的，推进局部的阶段性改革开放要在加强顶层设计的前提下进行，加强顶层设计要在推进局部的阶段性改革开放的基础上来谋划。”

制度创新要实事求是。习近平总书记指出：“实事求是，是马克思主义的根本观点，是中国共产党人认识世界、改造世界的根本要求，是我们党的基本思想方法、工作方法、领导方法。”坚持实事求是，“就要深入实际了解事物的本来面貌”，“就要清醒认识和正确把握我国仍处于并将长期处于社会主义初级阶段这个基本国情”，“就要坚持为了人民利益坚持真理、修正错误”，“就要不断推进实践基础上的理论创新”。《决定》第十五部分指出，“必须坚持从国情出发、从实际出发，既把握长期形成的历史传承，又把握党和人民在我国国家制度建设和国家治理方面走过的道路、积累的经验、形成的原则”。党的二十大报告要求“坚持解放思想、实事求是、与时俱进、求真务实，一切从实际出发”。实事求是要求我们把中央要求、群众期盼、实际需要、新鲜经验结合起来，努力形成系统完备的制度体系。

以营商环境建设为例，《决定》提出“改善营商环境，激发各类市场主体活力”。《纲要》在第二十二章专用一节来强调“构建一流营商环境”。2021 年 11 月，国务院印发《关于开展营商环境创新试点工作的意见》（以下简称《意见》），部署在北京、上海、重庆、杭州、广州、深圳6个城市开展营商环境创新试点，通过3～5年时间，推动试点城市营商环境国际竞争力跃居全球前列，率先建成市场化法治化国际化的一流营商环境，并形成一系列可复制可推广的制度创新成果。《意见》体现了稳中求进中的协同化改革。一是体现了试点城市和中央部门及单位的协同，改革措施都不是地方政府所能独立决定的，都需要央地协同。二是体现了区域协同，第一方面的6项措施，都是为了进一步破除区域分割和地方保护等不合理限制，破除妨碍生产要素市场化配置和商品服务流通的体制机制障碍。三是体现了业务协同，包括相关业务事项的整合合并、并联办理、集中统一办理、兼容互认、共享互通、处置协调等，要求全链条审批、全过程监管、全周期服务。四是体现了部门协同，在101项改革事项中，涉及中央层面主管部门和单位超过1个的有67项，占比66%。国务院26个组成部门中，101项改革事项直接涉及的有20个，占比77%。

《意见》体现了问题导向与目标导向相结合。坚持问题导向，就是要直面现实中的各种问题，奔着问题去、扭住问题改，把真正解决问题作为工作目标。《意见》聚焦了一批市场主体反映强烈的问题，比如“一照多址”、“一证多址”、“多报合一”、“用地清单制”、完善市场主体退出机制、建立健全企业破产重整信用修复机制、打破信息孤岛等等。坚持目标导向，就是要紧紧围绕目标蓝图开展工作，严格执行总的工作路线图、时间表和任务书。《意见》明确了要瞄准最高标准、最高水平先行先试，构建与国际通行规则相衔接的营商环境制度体系，实现营商环境的市场化法治化国际化，也指出了营商环境的最终目标是要服务高质量发展，更大激发市场活力和社会创造力。《意见》着眼新发展阶段和新发展格局要求，从高质量发展角度出发提出了一些重要的探索方向。

《意见》体现了顶层设计与基层创新相结合。《意见》是一个关于地方创新试点工作的文件，本身就具有顶层设计与基层创新相结合的特点。这个特点在具体内容上也得到了很好的体现。一方面，《意见》对持续优化营商环境建设的指导思想、主要目标、重点任务、组织保障等提出了明确要求，勾画了整体蓝图，指引了总体方向。101 项措施涉及方方面面，各个领域、各个层次，体现了在所有试点城市乃至全国层面整体推进的态势。附件涉及暂时调整适用有关行政法规规定，授权打通国务院部门专网，授权共享国务院部门电子证照，授权共享中央部门和单位数据等相关内容，这些都是地方政府或者单个部门难以协调的工作，这次都在《意见》中明文规定，体现了顶层设计和高位推动的特点。另一方面，《意见》也鼓励有条件的地方先行先试，依法依规赋予试点城市更大改革自主权，并提出试点城市辖区内开发区如果具有较好改革基础，还可以进一步加大改革力度。在很多改革事项中，《意见》使用的语言都是“探索”，比如探索建立破产预重整制度、探索建立市场监管和税务等领域行政执法人员尽职免责制度、探索在民用建筑工程领域推进和完善建筑师负责制等，这些都需要试点城市结合自身特点，在国家主管部门和单位指导下自主创新，而不是千部一腔、千人一面。

# 第二章　中国特色行政体制建设

刘　鹏

“民之治乱在于吏，国之安危在于政。”行政体制是现代国家治理体系中最重要的组成部分，行政体系与行政能力的现代化水平，是衡量国家治理水平高低的重要指标；国家治理体系和治理能力现代化，首先是行政体系与行政能力的现代化。党的十九届四中全会通过的《中共中央关于坚持和完善中国特色社会主义制度 推进国家治理体系和治理能力现代化若干重大问题的决定》（以下简称《决定》）将“坚持和完善中国特色社会主义行政体制，构建职责明确、依法行政的政府治理体系”作为重要任务提出来，并从完善国家行政体制、优化政府职责体系、优化政府组织结构以及健全充分发挥中央和地方两个积极性体制机制等方面，对中国特色社会主义行政体制的内涵和要求进行了全面界定。这是我们党首次从中国特色社会主义制度、从国家治理体系和治理能力现代化的角度，对行政体制改革做出系统阐述，反映出新时代中国特色社会主义事业对行政体制建设的新要求。

党的十九届五中全会通过的《中共中央关于制定国民经济和社会发展第十四个五年规划和二〇三五年远景目标的建议》（以下简称《建议》）明确提出“国家行政体系更加完善，政府作用更好发挥，行政效率和公信力显著提升”，同时要“建设职责明确、依法行政的政府治理体系”，这些论述都明确了在迈向第二个百年奋斗目标的新征程中，我国建设具有中国特色行政体制的主要内容和目标。党的二十大报告则继续强调要“转变政府职能，优化政府职责体系和组织结构，推进机构、职能、权限、程序、责任法定化，提高行政效率和公信力”，这为新征程的行政体制改革指明了方向。从现代行政科学的角度来分析，结合各国行政体制改革的经验教训，基于国家治理体系和治理能力现代化背景下提出的中国特色行政体制建设，可以用“一核四化”来归纳，即以建设人民满意的服务型政府为核心，以推进行政组织一体化、行政流程简约化、行政方式效能化、行政关系分权化为四维支撑，从而建设高效、法治、透明、廉洁的中国之治体系，全面有效提升中国行政治理体系和行政治理能力的现代化水平，为实现国家治理体系和治理能力现代化奠定坚实的行政基础。

## 一、建设人民满意的服务型政府

党的十九大报告明确提出我国行政体制改革目标就是要建

设人民满意的服务型政府，党的十九届四中全会《决定》进一步强调“创新行政方式，提高行政效能，建设人民满意的服务型政府”，党的十九届五中全会《建议》在“十四五”时期经济社会发展必须坚持的原则中开宗明义地提出了“坚持以人民为中心，坚持人民主体地位，坚持共同富裕方向，始终做到发展为了人民、发展依靠人民、发展成果由人民共享，维护人民根本利益，激发全体人民积极性、主动性、创造性”。由此可见，建设人民满意的服务型政府已经成为中国特色社会主义进入新时代后以及迈向第二个百年奋斗目标的新征程中行政体制改革的中心目标。要深入理解这一中心目标的内涵意蕴，必须从“人民满意”和“服务型政府”两个角度来进行分析。

人民满意，就是指将人民群众的满意作为行政体制建设的最终目标和最高标准，并以此来指导行政体制建设的过程，衡量行政体制建设的效果。作为政治概念的“人民”一词，在中国共产党的革命和执政历史上，具有至关重要的地位和意义。将对社会发展起推动作用的大多数中国人的根本利益作为一切工作的出发点，是中国共产党区别于其他任何政党的最根本特质，也是推动各项工作不断取得成就的根本。人民满意，既不是西方代议制民主体制下的选民满意，仅仅着眼于克服西方代议制民主长期存在的弊端，也不是西方新公共管理运动所倡导的顾客满意，仅仅着眼于支付能力不同的顾客。人民满意，意味着政府的改革不能仅仅为少数社会精英服务，而应当以包含广大普通群众在内的全体中国人民的满意度为依归。和倡导把公民当作顾客的西方新公共管理运动截然不同的是，人民满意意味着中国的行政改革在提升行政效能的同时，更加注重政府提供公共服务的公平性、普惠性和均等性，行政效能应当是建立在公平公正、普惠均等价值之上的效能，而非简单地割裂两者之间的关系。此外，强调人民满意，更多地体现出以人民群众的主观满意度为评价政府工作的标准，而非简单地用冷冰冰的客观数据和标准来进行政绩考核，这也反映出行政体制建设更强的人文关怀和以民为本的特征。例如，自 2020 年 11 月以来，一场以反垄断、强监管和防止资本无序扩张为主题的深刻变革在互联网金融、电商、娱乐、房地产和教育等领域推进，目的是对过度的以资本为中心的行政和政策体系进行改革，其深层次目标在于将评价政策绩效的标准回归到以人民满意为核心指标的评价体系上。

服务型政府虽然是我们党在 2004 年前后就开始提出的建设目标，但主要还是作为行政体制改革的重要组成部分来论述的。多年来，我们虽然在政务服务、公共服务质量提升方面取得了一定的成就，但距离人民群众对政府的期望仍然有一定的差距。党的十九大提出中国特色社会主义新时代背景下，我国社会主要矛盾已经转化为人民日益增长的美好生活需要和不平衡不充分的发展之间的矛盾，同时将服务型政府的目标从行政体制改革的重要组成部分上升为中心目标。党的二十大报告则继续明确“健全基本公共服务体系，提高公共服务水平，增强均衡性和可及性，扎实推进共同富裕”。这表明服务型政府在中国特色社会主义新时代背景下具有了新的内涵，即服务型政府建设的主要目标就是要满足人民日益增长的美好生活需要，具体体现为政府应当致力于为人民群众提供更加高效透明的政务服务、更加公平普惠的公共服务、更加高质便捷的生活服务，同时将以前完全以经济发展为导向的行政职能体系逐步转为以生活满意为导向，即从发展行政转向生活行政，同时还包括给市场和社会主体提供更加便捷、高效、优质的政务和商事服务，这些在党的十九届五中全会《建议》中得到了再次强调。例如，《建议》中提出要“深化简政放权、放管结合、优化服务改革”，“推进政务服务标准化、规范化、便利化”，“逐步实现基本公共服务均等化”，“强化基本公共服务保障”等。在现阶段，我们一些政府部门的服务供给体系还存在明显的不平衡不充分问题，一些领域还存在明显的服务缺失、服务不足、服务低效等现象。例如：企业办证办照程序繁琐，多头和重复执法依然存在，老百姓办证办事低效难办，教育医疗社保养老等基本公共服务质量有待提升，残疾人、老年人和儿童等特殊群体的福利保障服务供给明显不足，环境和食品药品安全问题依然令群众担忧等。另外，如何科学、有效、准确地评价人民群众对政府公共服务供给的满意程度，有待进一步探索。这些都是新征程中服务型政府建设需要努力推进的重点方向。

## 二、发展一体化的行政组织

现代国家行政组织建立在韦伯科层体制原则的基础上，最突出的特征就是强调科层制的专业化分工体系，其优势是专业分工程度高，但往往也会带来组织间协调难度较大的问题，在行政管理实践中经常会导致推诿扯皮、权责不清、文山会海等弊端，这也是老百姓对于官僚主义综合征的最直接感受。为了让行政组织在保持专业分工优势的同时进一步提升组织协调能力，从 2008 年开始，我们党就提出通过大部制改革来推动不同行政机构间的融合与重组，在加强组织间协调能力方面取得了一定的成效。《决定》虽然没有明确重申大部制改革的提法，但很多举措都是在推进深度的行政组织一体化。

例如，在行政组织一体化目标上提出“健全部门协调配合机制，防止政出多门、政策效应相互抵消”。相对于此前的文件，这种表述更加明确具体，特别是将行政协调不力的具体现象明确提出来，将改革利剑直指行政协调缺失所带来的政策负面效应。同时，《决定》将跟群众和企业利益最直接相关、反映最为强烈的行政执法体制作为行政组织一体化改革的突破口，明确提出“深化行政执法体制改革，最大限度减少不必要的行政执法事项。进一步整合行政执法队伍，继续探索实行跨领域跨部门综合执法”，这也是对行政执法领域长期存在的多头执法、随意执法、重复执法等问题的一次明确亮剑，与推进“放管服”改革、优化营商环境的改革总体方向也高度吻合。党的二十大报告则进一步强调要继续“完善基层综合执法体制机制”。

行政综合执法体制改革最早于2002年提出，当时中编办发布了《关于清理整顿行政执法队伍实行综合行政执法试点工作意见的通知》，这是中央政府文件第一次提到综合行政执法改革。2014年，党的十八届四中全会通过《中共中央关于全面推进依法治国若干重大问题的决定》，明确提出要“推进综合执法，大幅减少市县两级政府执法队伍种类，重点在食品药品安全、工商质检、公共卫生、安全生产、文化旅游、资源环境、农林水利、交通运输、城乡建设、海洋渔业等领域内推行综合执法，有条件的领域可以推行跨部门综合执法”。基于此，从2015年开始，中编办确定在全国22个省（区、市）的138个城市开展行政综合执法体制改革试点。由此可见，对行政综合执法体制一体化的强调，既继承了多年来我国行政体制改革的传统，也是在新形势下推行“放管服”改革、优化营商环境的必然要求。此外，习近平总书记明确强调，“完成组织架构重建、实现机构职能调整，只是解决了‘面’上的问题，真正要发生‘化学反应’，还有大量工作要做”，这表明跟以往改革更多强调组织机构一体化不同，改革将更加重视执法队伍整合之后在执法文书、信息、理念以及文化上的一体化，真正做到“聚是一团火”的有机整合。

2021年3月，全国人大通过了《中华人民共和国国民经济和社会发展第十四个五年规划和2035年远景目标纲要》（以下简称《纲要》），明确在市场监管、文化、生态环境保护等领域要继续完善综合行政执法体制。以市场监管领域为例，“十三五”时期，我国市场监管综合行政执法的推行面临一定的困难和问题：首先在体制机制方面，部分地方法律及配套制度有待完善，监管与执法的协调配合存在困难，基层执法队伍的职责多、任务重、多头管理，执法人员身份稍显混乱；其次在执法能力方面，部分地方存在基层执法人员数量不足、年龄断层、老龄化明显、执法能力和相关专业能力欠缺等问题；最后在执法过程方面，部分地方存在执法程序繁琐、跨层级跨区域分工协作急需加强、技术创新对基层的实用性不强、执法对象不配合、职业打假者分散有限的执法资源等问题。为了继续深化改革，“十四五”时期，需要完善综合执法的体制机制，做好顶层设计，开展统筹协调，优化事权划分和推进执法合作；优化执法过程，即细化执法标准、明确执法争议、统一执法风格和探索智慧执法；强化执法能力，包括开展执法标准化建设、提升执法专业性水平、统一执法资格认定、优化人员队伍组成和保障执法设备投入；提升执法效能，如开展执法效能评估、提升执法办案水平和提升执法满意度；塑造执法文化，包括转变执法理念、建设局队文化和改善执法环境；等等。

跨部门跨领域等横向层面的一体化改革，还特别关注跨地区等纵向层面行政组织一体化建设，只不过这种跨地区的行政一体化并非像行政综合执法体制改革那样的机构融合，而是更多地通过互联网技术来创新行政管理和服务方式，加快推进全国一体化政务服务平台建设。改革开放以来，我国经济社会的快速发展推动了人口的大规模跨区域流动，而原来建立在地方政府统筹基础上的政务服务供给体系，已经无法有效满足跨区域人口流动所带来的政务服务区域一体化办理的新需求，建设全国一体化政务服务平台势在必行。2018 年底，国家政务服务平台主体功能建设基本完成，通过试点示范实现了部分省（区、市）和国务院部门政务服务平台与国家政务服务平台的对接，但整体作用发挥仍须进一步优化。《决定》公布之后的第二个月，2019 年 11 月，全国一体化政务服务平台整体上线试运行，已联通 31 个省（区、市）及新疆生产建设兵团、40 余个国务院部门政务服务平台，接入地方部门 300 余万项政务服务事项和一大批高频热点公共服务，具体服务内容模块涵盖了统一身份认证服务、统一证照服务、统一事项服务、统一投诉建议、统一好差评、统一用户服务和统一搜索服务。截至 2021 年 1 月 31 日，国家政务服务平台总浏览量达 133 亿次，注册总数为 2.02 亿人，支撑市场主体注册用户 484.21 万人，访问用户数超过 10 亿。平台累计提供证照服务 5.5 亿次。这表明跨区域的全国一体化政务服务平台建设已基本成型，未来这种依靠信息技术打造一体化平台的举措将会成为行政组织一体化战略的重要实现路径。

## 三、再造简约化的行政流程

与私人部门组织不同，作为公共部门最具代表性的组织——政府机构在运行过程中受到很多外界因素的限制，包括政治、法律、社会、文化以及其他组织因素等，其行政流程设计上必须遵照法定程序，注重正式文本的有效性，同时强调不同机构的权责对称。这些原则在行政实践过程中很容易带来行政流程的繁杂，最后导致行政成本的激增和行政效率的低下。在我国行政管理实践中，政府部门长期依靠复杂的行政审批程序来提高市场准入门槛、减小政府监管难度。这种依靠审批和发证来进行事前监管的方式削弱了市场经济主体的创新能力，限制了市场经济业态发展的活力，从长远来看不利于市场在资源配置中发挥决定性作用，因此必须对原有行政流程进行简约化改革。

党的十八大以来，我国在政府层面开展了一轮新的，以简政放权、“放管服”为鲜明特征的，以市场为取向的行政权力改革，包括在公司、个人独资企业、合伙企业、各类分支机构和个体工商户中推行“多证合一、一照一码”的全流程网上登记方式，办理流程与全流程无纸化网上商事登记相一致，简化了企业登记注册手续，降低了企业市场准入门槛和成本，提高了服务效率。一些地方政府纷纷结合自己本区域的特点，先后推出了“最多跑一次”“一次都不跑”“不见面审批”等深受市场主体和人民群众欢迎的改革举措，在一定程度上有助于降低行政成本，提升市场活力，推动市场创新。然而，由于各地各部门对“放管服”改革存在一些理解上的偏差，导致改革的实际效果存在差异，一些地方还明显存在改革部门合力不够、配套政策不到位、技术支撑条件不具备、事中事后监管改革亟待创新等问题，而这些问题需要通过进一步深化改革来解决。

为此，《决定》再次强调“深入推进简政放权、放管结合、优化服务，深化行政审批制度改革，改善营商环境，激发各类市场主体活力”，这并非简单的老生常谈。一方面，“深入”和“深化”两词反映出党中央对于下一步继续深化“放管服”改革的决心与魄力，力求在行政审批流程上简上加简，以群众满意来倒逼政府部门进一步形成改革合力，推进配套政策建设，加大技术支撑条件的建设力度等，这可以视为“放管服”改革 2.0 版本的开始；另一方面，突出强调“放管服”改革的目标是要改善营商环境，激发各类市场主体活力，由此体现出简约化改革的最终目标是在走向高质量发展的阶段，进一步释放出制度红利，降低不必要的制度交易成本和行政成本，在政府对市场资源的调控、政府对市场活动的监督和发挥市场在资源配置中的决定性作用之间找到平衡点，让市场主体获得一个更加稳定、公平、透明、可预期的营商环境。此后的《建议》再次重申了要“深化简政放权、放管结合、优化服务改革，全面实行政府权责清单制度”，“对新产业新业态实行包容审慎监管”。《纲要》

进一步明确要继续“精简行政许可事项，减少归并资质资格许可，取消不必要的备案登记和年检认定，规范涉企检查。全面推行‘证照分离’、‘照后减证’改革，全面开展工程建设项目审批制度改革。改革生产许可制度，简化工业产品审批程序，实施涉企经营许可事项清单管理。建立便利、高效、有序的市场主体退出制度，简化普通注销程序，建立健全企业破产和自然人破产制度。创新政务服务方式，推进审批服务便民化”。党的二十大报告进一步强调要“深化简政放权、放管结合、优化服务改革”。

无论是从新古典范式公共物品理论出发，还是从公共选择范式公共物品理论探讨，简约、优质的政府监管都是整个经济发展所不可或缺的重要公共物品，也是实现经济高质量发展和建设高标准市场经济体系的重要保障。下一步应当从理论层面探讨市场监管作为公共物品的特征属性，明确政府监管部门在提供优质市场监管方面的责任与义务，推动市场监管体系的优化与改善。应当进一步解放思想，坚定不移深化市场化改革，通过改革创新促进新型市场监管体系的建立，加快建设统一开放、竞争有序的市场体系，完善公平开放透明的市场规则，推动高标准市场体系的建设。在实践层面，下一阶段需要全面建立基于风险的分级分类行政审批制度，制定风险等级分类标准，根据不同风险程度，提出审批事项分级分类清单，采取与风险等级相适应的审批服务方式。同时，完善新业态新模式包容审慎监管，加强对新生事物发展规律研究，及时出台引导性、前瞻性监管规则和标准，并根据发展情况动态调整，合理引导企业发展；对具有不确定性的新业态和新模式，设置一定的“观察期”，探索应用“沙盒监管”、触发式监管等机制。

## 四、创新高效能的行政方式

《决定》在系统总结我国制度优势之后，进一步提出要“把我国制度优势更好转化为国家治理效能”。党的二十大报告则再次重申“不断增强社会主义现代化建设的动力和活力，把我国制度优势更好转化为国家治理效能”。也就是说，要将静态的制度结构优势转变为动态的治理效能优势，这说明提升治理效能已经成为下一阶段推进我国国家治理体系和治理能力现代化的重要目标。在坚持和完善中国特色社会主义行政体制部分，《决定》再次强调“创新行政方式，提高行政效能”。由此可见，提升行政方式的效能化程度，是《决定》提出的重要要求。行政效能，跟西方国家新公共管理运动提出来的政府绩效，既有联系也有区别。相比之下，效能更加强调组织活动是否达到组织发展的预期目标，更加关注组织行为的效率和能力，具有较强的自上而下的色彩；而绩效考核的内容更加全面多元，更加关注组织和个人的产出，评估的维度也相对多元。因此，提高行政效能，并不能简单等同于西方新公共管理运动中所说的绩效管理。

从公共管理学原理分析，影响行政组织效能的因素很多，包括组织的人力资源、组织架构、团队文化以及技术条件等。《决定》重点从三个方面强调通过创新行政方式来提升行政组织效能。第一大举措是“严格机构编制管理，统筹利用行政管理资源，节约行政成本”。机构编制管理是一项具有中国特色的行政制度，通过科学、专业、高效的编制体系来有效控制政府规模，推进行政体制改革的科学化，多年来为保障我国行政体制改革的科学性发挥了重要作用。编制是国之公器，其分配权应当属于代表政府控制政府总体规模的编制部门，但现实情况是一些职能部门会有意识地将空缺和富余的编制视为部门的私有财产，一旦分配给这些部门就很难再调整出来，导致有的部门缺编现象严重，有的部门却有空编富余的奇怪现象，致使有些部门不得不因工作而引入编外人员。对于这种“有编不用，编外用人”的奇怪现象，许多地方的编制部门虽然掌握情况，但因为担心触动相关部门的核心利益，不愿意主动监察督促，长此以往，就会带来政府编制规模过大、行政成本过高等问题，最后影响行政组织效能的提升。基于此，2019 年 8 月，中共中央印发了《中国共产党机构编制工作条例》，强调机构编制资源是重要政治资源、执政资源，而《决定》提出的编制资源统筹使用，就是要实现政府编制管理的动态优化配置，需要各部门针对编制的存量和增量进一步优化，由此，编制资源才能更好发挥其提升行政组织效能的作用。

提升行政组织效能的第二大举措是“实行扁平化管理，形成高效率组织体系”。从管理学原理来看，扁平化管理主要是通过减少管理层级，适度提升管理幅度来提升行政组织效能，减少信息沟通的不必要损耗，并展开适度的授权管理。作为一个人口和土地面积大国，我国从中央到地方一共分为五级政府，如果把副省级城市以及带有较强行政色彩的村也算进去，实际上的政府层级会达到六级半，与世界其他国家相比也是较多的。过多的政府层级设置在一定程度上导致了地方政府规模较大，政策执行成本高、落实不到位，以及信息沟通不畅等弊端。为此，近年来，我国开始试点推行省直管县、撤镇设市，甚至市直管镇等改革，其目的就是在保持现有行政体制基本不变的情况下，通过减少管理层级来推行扁平化管理，从而保障行政效能的实现。可以展望，未来这方面的改革将会继续推进。

第三大举措在于，借助信息技术手段来提升行政组织效能，《决定》明确要求“推进数字政府建设，加强数据有序共享”。信息技术革命对各国政府的行政组织效能提升提供了巨大的机遇。数字政府以信息技术为支撑，对政府的内部管理以及对外服务进行全面重塑与优化，从而使政府能够把数据作为决策、执行、服务、监测和评估的基础和依据，最终有效提升政府的行政组织效能。长期以来，我国在数字政府建设方面取得了一定成就，但也存在部门信息数据难以共享而导致信息孤岛的问题，进而使数字技术在行政服务中的应用只停留在表面，难以真正成为提升行政效能的利器。《决定》把数字政府建设和加强数据有序共享作为重点提出来，可以预期，未来同级政府不同机构以及不同层级政府间的数据共享和数字化建设将会进一步增强，数字政府将成为提升政府行政组织效能的新途径。

如果说《决定》只是提出了提升行政组织效能的方向和要求，那么《建议》则进一步提出了实现行政效能提升的主要内涵和目标，具体包括“国家行政体系更加完善，政府作用更好发挥，行政效率和公信力显著提升，社会治理特别是基层治理水平明显提高，防范化解重大风险体制机制不断健全，突发公共事件应急能力显著增强，自然灾害防御水平明显提升，发展安全保障更加有力”等。政府治理水平和治理能力的高低，直接关系到治理效能能否提升。进入新发展阶段，构建高水平社会主义市场经济体制、保障和改善民生等，都需要更好发挥政府作用。因此，需要进一步加快转变政府职能，建设职责明确、依法行政的政府治理体系。要进一步深化简政放权、放管结合、优化服务改革，全面提高行政效能，提高政府部门办事服务效率，有效节约和降低行政成本，建设法治政府，增强政府执行力和公信力。而《纲要》则从完善宏观经济治理、构建一流营商环境和推进监管能力现代化三个方面明确了提高政府经济治理效能的内容，并且用专章的形式，从加强公共数据开放共享、推动政务信息化共建共用、提高数字化政务服务效能三个方面，对如何提高数字政府建设水平提出了明确要求，这些都是未来我国提升行政组织效能的重大领域。

## 五、塑造分权化的行政关系

我国是一个由中国共产党领导的单一制国家，如何充分调动中央和地方两个积极性是央地关系始终面临的问题，也是国家行政关系调整的重大课题。《决定》在第五部分“坚持和完善中国特色社会主义行政体制，构建职责明确、依法行政的政府治理体系”中，专门就如何发挥两个积极性的体制机制问题深入论述。

《决定》在发挥中央和地方两个积极性的体制机制方面，除了再次从原则上重申继续维持中央的集中统一权威之外，把更多篇幅放在了如何规范中央地方的事权财权责任的划分上。该部分的核心观点可以简要归纳为以上收部分事权、下放部分财权、明确权责对等为核心内容的新一轮行政分权改革，其背景在于已经实施了 20 多年的分税制改革。分税制改革大大提高了中央政府的财政汲取能力，有效缩小了地方省区的贫富差距，打击了地方保护主义，然而新的问题又开始出现：部分欠发达地区财政收入增长困难，基层政府债务突显，地方对中央的财政转移支付依赖程度较大，甚至为腐败提供了空间。2000 年以后，中央政府部门越来越多地进行垂直化管理，这虽有利于上下政令统一，但也限制了各级政府自主权，同时在同一层级的不同部门之间形成了边界，增加了跨部门合作与协同治理的难度。由于中国地方发展的差异依然很大，面临的形势也非常复杂，因此需要进一步加强对地方政府的分权，以便让地方政府施政具有更强的针对性。为此，党的十九大报告明确提出要“赋予省级及以下政府更多自主权”，这意味中央政府希望在加强统一领导的框架内赋予省级及以下政府更多行政自主权，重新激活地方政府积极性和自主性。

那么，如何更好发挥地方政府的积极性呢?《决定》旗帜鲜明地提出要“赋予地方更多自主权，支持地方创造性开展工作”，具体的措施在于：首先是上收部分事权，即“适当加强中央在知识产权保护、养老保险、跨区域生态环境保护等方面事权，减少并规范中央和地方共同事权”，通过增强中央政府在部分区域溢出性较强的公共服务的支出责任，有效减轻地方政府在公共服务方面的支出压力，从而让地方政府能够腾出更多资源和精力来做一些因地制宜的创造性工作。其次是下放部分财权，即将部分税种收入以及留成比例更多地向地方政府倾斜，“建立权责清晰、财力协调、区域均衡的中央和地方财政关系”，从而让地方政府有更多的财政资源开展创造性工作。最后是在事权与财权调整的基础上，进一步强调权力与责任的对等，通过对一些比较模糊的央地共同事权的减少和明确，并“规范垂直管理体制和地方分级管理体制”，将垂直管理体制和分级管理体制下的责任进一步明确，避免地方政府特别是基层政府成为过度问责的对象，从而“构建从中央到地方权责清晰、运行顺畅、充满活力的工作体系”，为实现行政体系与行政能力现代化奠定坚实的央地关系基础。

在《决定》和《建议》的指导下，《纲要》对“十四五”时期发挥地方政府积极性做出了进一步清晰的规划，包括“健全地方税体系，逐步扩大地方税政管理权”、“减少并规范中央和地方共同事权”、“鼓励地方政府提供更多基本公共服务和办事便利”和“明确中央和地方在公共服务领域事权和支出责任，加大中央和省级财政对基层政府提供基本公共服务的财力支持”等，这些表述相对而言更加细化和具有政策指导意义。例如在税制改革方面，财政部将健全地方税体系，培育地方税源，完善地方税税制，合理配置地方税权，理顺税费关系，后移消费税征收环节并稳步下划地方，结合消费税立法统筹研究推进改革。在中央统一立法和税种开征权的前提下，通过立法授权，适当扩大省级税收管理权限。在基本公共服务供给方面，2021年3月底颁布的《国家基本公共服务标准（2021年版）》中，原来一些单纯由地方政府负责的基本公共服务项目调整为中央与地方共同负责，原来中央与地方共同负责的一些基本服务项目中，中央承担的比例也有所提升，这意味着进一步为地方减轻支出压力，让地方政府能够把更多的资源和精力投入因地制宜的改革创新方面。当然，在迈向新征程的过程中，行政关系的自主化也需要注重如何明确地方政府自主性的底线和原则，在涉及国家根本利益和发展方向的重大原则方向问题上，仍然需要强化中央的集中统一领导，同时需要加强中央政府对地方政府权力的日常监督与规范，避免新问题。

# 第三章　政府治理体系现代化

李文钊

2020年10月29日通过的《中共中央关于制定国民经济和社会发展第十四个五年规划和二〇三五年远景目标的建议》提出："建设职责明确、依法行政的政府治理体系。深化简政放权、放管结合、优化服务改革，全面实行政府权责清单制度。"2021年11月11日通过的《中共中央关于党的百年奋斗重大成就和历史经验的决议》指出，"按照坚持党的全面领导、坚持以人民为中心、坚持优化协同高效、坚持全面依法治国的原则，全面深化党和国家机构改革，党和国家机构职能实现系统性、整体性重构"。

政府治理体系是国家治理体系的重要组成部分，其重要性不言而喻。推进政府治理体系现代化既是国家治理体系现代化的应有之义，更是国家治理体系现代化的关键环节。政府治理实践呼唤新的政府治理理论，理论可以进一步指导实践。政府治理体系的核心和关键是将治理理论与政府改革实践相结合，探索治理视域下的政府改革路径。为了更好地理解中国政府治理改革实践，从理论上总结和思考其包含的逻辑，我们提出一种政府治理的新科学，认为需要从根本性问题的认识论视角出发思考政府治理，结合框架性思维厘清政府治理的问题与解决方案，这样既可以回溯性总结中国政府治理改革的历史，又可以前瞻性探索中国政府治理改革的未来之路。

## 一、政府治理的新科学：根本性问题、框架性思维与解决方案

政府治理的提出意味着政府管理公共事务，解决公共问题，提供公共物品的理念发生了变化，实现了从行政和管理到治理的转变①。行政是政府对社会进行管理的最早传统和理念，它强调利用官僚制组织结构对社会进行管控，从而实现行政效率的目标。此后，官僚制的困境和弊端，开启了公共行政研究的系列反思和批判，并先后形成了民主行政、公共选择、新公共行政、新公共管理等一系列理论，其中新公共管理理论在实践中影响较大，直接成为 20 世纪 80 年代和 90 年代初的政府改革的指导思想②。20 世纪 90 年代开始，世界银行针对危机开始倡导

① RHODES R A W. Understanding governance：policy networks，governance，reflexivity and accountability. Open University，1997.

② FREDERICKSON H G，SMITH K B，LARIMER C，et al. The public administration theory primer. Routledge，2018.

治理，主张通过多主体的参与和合作来提升政府管理水平，从统治到治理成为“时髦”，“治理转向”进一步成为指导各国政府改革的主流思想。对于治理理论而言，一个重要的挑战是理论与实践和情景的相关性。在治理成为“流行语”和“修辞术”之后，不同学者为了对治理内涵和外延进行界定，以使得治理理论更有指导性，形成了多样性的治理理论[①]。应该说，治理理论所倡导的民主、法治、公平、责任、透明、廉洁、高效等价值诉求正成为治理改革的目标和标准，为实践提供了指引。

为了更进一步将治理理论与实践有机结合，让治理理论能够解释、诊断和规范实践，本章将提出一个“问题解决的治理新科学”的分析范式，将治理与问题解决联系在一起，认为治理的本质是实现问题的有效解决[②]。从问题解决的视角理解治理，要避免陷入一个个具体问题情境中，就需要从问题空间中进行概括，关注其中的根本性问题，这些根本性问题不会随时间推移而转变。例如，孔飞力在《中国现代国家的起源》一书中指出，所谓根本性问题，指的是当时人们关于为公共生活带来合法性秩序的种种考虑，他将中国现代国家的根本性问题总

---

① 李文钊．理解治理多样性：一种国家治理的新科学．北京行政学院学报，2016(6).

② 将治理科学与“问题解决”联系在一起，主要是受到政策科学的影响，在政策科学的传统中，问题解决是一个重要的理论流派，它强调政策分析是问题解决的过程。我们认为，治理科学也应该是一种问题解决过程，任何治理的尝试都是为了解决问题，这也使得治理研究需要与情景相结合，表现为不同领域的治理和问题解决，如公共卫生治理解决公共卫生难题。

结为政治参与、政治竞争和政治控制①。一旦认识到根本性问题，解决方案的提出便成为下一步需要考虑的重点。而无论是根本性问题还是解决方案，都是一种认知现象，它是我们对现实的认知，其中根本性问题意味着现状与我们自身的价值存在偏差，解决方案则是一种能够促使问题解决的假设。通过引入认知的视角，我们就需要框架性思维来建立根本性问题与解决方案之间的联系，这样就可以形成根本性问题、框架性思维和解决方案的治理科学分析框架。由于该框架将问题解决作为核心，我们可以称之为问题解决的治理新科学（见图 4-1）。

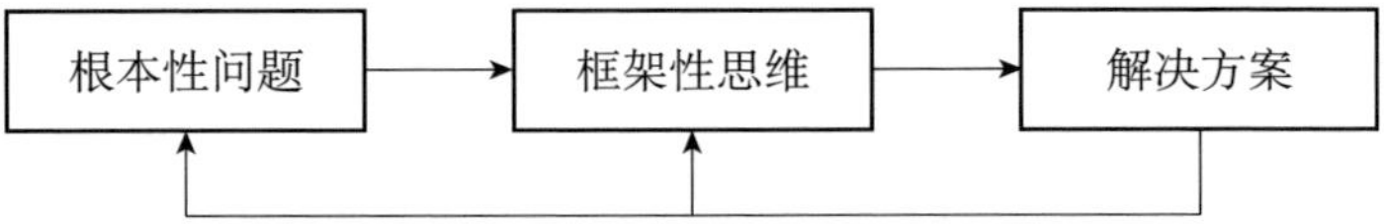


**图 4-1　问题解决的治理新科学**

从图 4-1 可以看出，问题解决的治理新科学可以分别从根本性问题、框架性思维和解决方案出发来讨论治理，理想状态是三者的融合。从根本性问题出发来讨论治理，则是对治理面临的问题进行概述。例如，埃莉诺·奥斯特罗姆在《公共事务的治理之道》中提出的根本性问题：一群相互依赖的委托人如何才能把自己组织起来，进行自主治理，从而能够在所有人都面对搭便车、规避责任或其他机会主义行为诱惑的情况下，取

① 陈兼，陈之宏．孔飞力与《中国现代国家的起源》．开放时代，2012（7）．

得持久的共同受益[①]。从框架性思维出发来讨论治理，则是对治理的一些根本性要素及其内在逻辑的总结。例如，爱默生等学者根据合作治理实践，提出了合作治理框架（collaborative governance regime）[②]。从解决方案的视角讨论治理，一般会形成政府工具和治理工具研究的路径。例如，胡德等学者从控制论的视角出发，根据获取信息和影响社会，以及中心、财富、权威和组织等维度，提出了政府工具的分类方法[③]。

为此，本章将从根本性问题出发来思考政府治理，并以此为基础对中国政府治理改革实践进行总结和描述。我们认为，政府治理面临的根本性问题有五个：一是政府职能，政府治理首先需要界定政府自身的边界，对其职责和职权进行定义，规定哪些是政府自身职能，哪些是社会自治范畴；二是政府组织，政府治理在完成职能界定之后，需要规定什么样的职能由哪些政府组织来完成，以及这些不同组织之间的关系；三是政府行为，即政府对社会的治理，政府通过行政行为来完成职能，政府行为是政府作用于社会的过程；四是政府与社会的共同行动，这是从单方行为向互动行为的转变，政府通过与社会的合作生产、合作治理来共

① OSTROM E. Governing the commons：the evolution of institutions for collective action. Cambridge University Press，1990.

② EMERSON K，NABATCHI T. Collaborative governance regimes. Georgetown University Press，2015.

③ HOOD C，MARGETTS H Z. The tools of government in the digital age. Macmillan International Higher Education，2007.

同实现对公共事务的有效治理；五是治理目标，它需要考虑政府治理的最终目标和价值诉求，在这里涉及政府治理改革的方向。

这五个根本性问题涉及三类问题：政府、政府与社会、目标。第一类是政府自身的问题，其核心是政府如何组织起来，以及政府为何存在，第一个和第二个根本性问题就是为了回答政府存在的理由和组织方式。第二类是政府与社会之间互动的问题，任何政府的内部行为和结构都需要通过作用于社会来实现自身价值，第三个和第四个根本性问题都涉及政府与社会之间的关系，其中第三个问题强调政府单方面行为，第四个问题强调政府与社会的合作行为。第三类是目标问题，任何治理作为一种人类的主观活动都有其目的性，这涉及目标设定和价值诉求。事实上，这五个根本性问题之间存在内在联系，第一类问题会受到第二类和第三类问题的影响，而第二类问题也会受到第一类和第三类问题的影响，同样，第三类问题也会受到第一类和第二类问题的影响。

中国政府治理改革，也与这五个根本性问题分不开。中国特色社会主义行政体制是中国特色社会主义制度体系的重要组成部分，它肩负着按照党和国家决策部署推动经济社会发展、管理社会事务、服务人民群众的重大职责和使命。科学的行政体制离不开成型和完善的行政制度体系，通过制度来规范行政活动，激发各方力量来提升行政效率，建设人民满意的服务型政府。《中共中央关于坚持和完善中国特色社会主义制度 推进国家治理体系和治理能力现代化若干重大问题的决定》（以下简称《决定》）第五部分专门讨论了中国特色的行政体制问题，提出“坚持和完善中国特色社会主义行政体制，构建职责明确、依法行政的政府治理体系”，并提出了完善国家行政体制、优化政府职责体系、优化政府组织结构、健全充分发挥中央与地方两个积极性体制机制等四个方面内容。简言之，在这一探索中，我们正在建构职责明确、依法行政和人民满意的政府治理体系。接下来，将按照这五个根本性问题，分别讨论中国政府治理改革的实践与探索。

## 二、职责明确是政府治理的前提

职责明确是中国政府改革的重要经验，也是推进国家治理体系和治理能力现代化的重要举措。职责有很多类似的词汇，如政府职能、功能、角色和作用等，它是对政府应该做什么和不做什么的规定。不同国家、不同时代、不同理论对于政府职责会有不同的看法，形成了不同的职能体系，对经济社会产生了不同影响。由于环境、技术等不断变化，政府职责需要不断调整以适应社会发展需求。1981 年以来，国务院部门已经先后进行了 8 次改革，党的部门进行了 5 次改革，这些改革最初围绕机构调整展开，随后主要是着眼于职能调整，这成为政府改革的主线。其中，最重要的一次改革就是十九届三中全会推动的党和国家机构改革，这次改革最大特点是系统全面推动党的部门、全国人大、国务院、全国政协、公检法、军队、地方政府部门、事业单位等不同部门、不同层级、不同领域之间的职责清晰化，形成机构体系的合力。因此，将职能改革与机构改革、体制改革有机结合，根据职能重构来推进行政改革，成为中国政府改革的重要经验。

在职责明确方面的重要制度举措就是有中国特色的“三定”制度，通过定机构、定职责、定编制来厘清机构之间、部门之间和中央与地方之间权责关系。一个国家和一个民族要长治久安，必须形成系统完备、科学规范、运行有效的制度体系。这套制度体系应该成为规范和约束各类行为的准则，内化为民众自觉遵守的习惯和规范，上升为能够自觉传承的文化，并且能够针对环境进行适应性调整。著名哲学家塞尔（Searle）曾经给制度下了一个十分简洁的定义，他指出：“一个制度是任何被集体接受的规则系统（程序、实践），这套规则系统能够创造制度事实。”[①] 这意味着制度既是一套规则体系，更是一个创造事实的机制，它包含着被制度所规范对象遵循规则的道义性权力。中国在职责明确方面的改革，就是需要通过制度来规范职责。

当前，所有的政府部门都有“三定”规定来界定其职责。例如，2019 年 3 月发布的《财政部职能配置、内设机构和人员

---

① SEARLE J R. What is an institution?. Journal of Institutional Economics，2005，1（1）.

编制规定》，就提出“财政部贯彻落实党中央关于财经工作的方针政策和决策部署，在履行职责过程中坚持和加强党对财政工作的集中统一领导”，并将主要职责界定为拟订财税发展战略、规划、政策和改革方案并组织实施等 17 项。除了界定某一个机构的职能之外，当前中国的一个重要改革是对中央与地方的财权与事权之间职责关系的调整，通过完善制度来实现。2016 年，国务院发布《关于推进中央与地方财政事权和支出责任划分改革的指导意见》，就是对中央与地方财政关系的制度化。

在职责明确方面，首先需要明确政府的基本职责，其核心是厘清政府和市场、政府和社会之间关系。《决定》将政府的职责体系概括为：“完善政府经济调节、市场监管、社会管理、公共服务、生态环境保护等职能，实行政府权责清单制度，厘清政府和市场、政府和社会关系。”对于政府的职责，中国也经历了一个不断探索和不断完善的过程，最初中国只重视经济发展，随后关注市场监管，随着民生短板的突出，社会管理和公共服务的职能被提上日程。而随着人与自然环境之间关系成为突出问题，环境保护和可持续发展成为经济社会发展的关键问题。因此，当前各级政府的职能是经济调节、市场监管、社会管理、公共服务和生态环境保护等五项，而所有政府机构都围绕着这五项展开工作，都需要根据这五项职能来进行调整。

对于这五项职能中的重点内容，《决定》提出了具体的改革重点。在经济调节方面，《决定》指出“健全以国家发展规划为战略导向，以财政政策和货币政策为主要手段，就业、产业、投资、消费、区域等政策协同发力的宏观调控制度体系。完善国家重大发展战略和中长期经济社会发展规划制度。完善标准科学、规范透明、约束有力的预算制度。建设现代中央银行制度，完善基础货币投放机制，健全基准利率和市场化利率体系”。这说明，规划、财政和货币政策、产业政策等都成为主要手段。在市场监管方面，《决定》提出，“严格市场监管、质量监管、安全监管，加强违法惩戒”，将监管的重点放在市场、质量和安全等方面。在公共服务方面，《决定》提出“完善公共服务体系，推进基本公共服务均等化、可及性”，这为公共服务改革指明了方向。此外，《决定》还非常重视应用技术来推进政府改革，提出“建立健全运用互联网、大数据、人工智能等技术手段进行行政管理的制度规则。推进数字政府建设，加强数据有序共享，依法保护个人信息”。

除了界定基本职责之外，还需要找到与经济社会相匹配的职能模式。在职责改革方面，政府推行的“放管服”改革，本质上也是政府部门的职责重构。《决定》提出：“深入推进简政放权、放管结合、优化服务，深化行政审批制度改革，改善营商环境，激发各类市场主体活力。”这意味着政府职能改革和转变的重点主要是通过下放行政审批权力、加强政府监管和提高政务服务水平，来正确处理政府与市场之间关系、政府与社会之间关系，优化营商环境，提升人民群众的安全感、获得感和幸福感。因此，政府对于经济调节、市场监管、社会管理、公共服务、生态环境保护等方面的职能，都需要结合“放管服”改革来进行重新定位。例如，政府在经济调节方面的职能，哪些行政审批权需要下放，哪些需要加强监管，哪些需要做好服务，“放管服”改革成为政府职能精细化的具体举措。

在推进政府职责明确和政府职能转变过程中，中国创造性地形成了权力清单制度、责任清单制度、负面清单制度、双随机一公开制度、信用监管制度、政务公开制度、互联网＋政务服务制度等一系列制度安排。这些制度安排，使得政府职能得以明确，为政府行使其职能明确了规则。这也体现了党的十九届四中全会的精神，强调通过制度改革来为职能界定提供基础和保障。政府职责重构和明晰取得了一系列成效，中国在世界银行发布的营商环境排名中不断提升名次，2019 年上升 15 位，排到第 31 位。

## 三、行政体制是政府治理的主体

在“三定”方案中，定职能、定机构和定编制三者紧密联系，职能需要体制和机构来支撑，这也是职能的组织保障。这使得在政府治理中，我们需要关注治理主体，讨论职能由哪一个部门来实施，探索政府组织结构和关系模式在职能实现中的角色。这意味着，政府作为最重要的治理主体之一，其自身的组织结构和关系模式也是最重要的问题之一。事实上，对于治理主体而言，当前面临的一个主要挑战是公共事务和职能越来越复杂、多样和动态，而组织结构是固定的，如何让固定的组织结构来适应动态职能变化的挑战，成为政府治理的难题。以环境保护为例，它涉及不同政府部门，多个政府部门需要协调各自职能共同应对环境挑战。对于政府治理的主体以及改革，《决定》提出了三个方面的内容，即完善国家行政体制、优化政府组织结构、健全充分发挥中央和地方两个积极性体制机制，这三个方面的内容都是明确职责的实施主体以及主体之间关系。

完善国家行政体制，其核心是解决政府内部的职能分工，让不同政府部门各司其职，通过分工、协调、专业化和整合形成合力。在行政体制的具体构成中，《决定》指出："以推进国家机构职能优化协同高效为着力点，优化行政决策、行政执行、行政组织、行政监督体制。健全部门协调配合机制，防止政出多门、政策效应相互抵消。"由此可见，行政体制是行政职能与行政主体相结合的制度化模式，它重点讨论什么样的职能应该由哪些部门来承担，不同行政主体应该如何实现有效协同和配合，什么样的行政体制最有利于行政职责的完成和实施。不同的分工和合作模式，会形成不同的行政体制。例如，当政府职能很简单时，行政体制就不需要各个部门之间配合，而当政府职能越来越复杂时，就需要处理部门之间关系，此时，就需要新的行政体制来应对问题。

根据这一陈述，中国行政体制主要是由行政决策、行政执行、行政组织、行政监督、行政协作等五个部分内容构成。行政决策体制是对决策职能的行使，它是对战略重点、政策方向、资源配置等问题的选择。以一个城市的行政决策为例，城市的发展战略就成为重要的行政决策问题。行政执行体制则是对决策的实施，它强调将决策和战略转化为行动，没有执行任何决策就没有意义。因此，中国古人很早就认识到徒法不足以自行，需要通过执行来保证法律的实施。行政执行集中表现为行政执法问题，这也是党的十九届四中全会改革的重点。《决定》指出："深化行政执法体制改革，最大限度减少不必要的行政执法事项。进一步整合行政执法队伍，继续探索实行跨领域跨部门综合执法，推动执法重心下移，提高行政执法能力水平。落实行政执法责任制和责任追究制度。创新行政管理和服务方式，加快推进全国一体化政务服务平台建设，健全强有力的行政执行系统，提高政府执行力和公信力。"行政组织体制是行政体制的另外一个重要内容，它涉及由哪些部门来承担具体职责，并且按照什么样的模式来运行。在中国，目前形成了纵向和横向的条块分立组织体系，纵向是由各级政府构成，横向是由各类职能部门构成，条块关系成为政府治理的重要难题。行政监督体制主要起到监督和反馈作用，它既是对行政执行的监测，也是行政决策发挥作用的有效保障。2018 年设立的国家监察委员会成为最高监察机关。行政协作体制在现代社会的重要性越来越突出，它要求不同政府部门之间合作行动，以共同应对复杂社会的挑战。

组织结构的改革，成为《决定》关注的重要内容，它也是行政体制的一部分。由于组织是行政体制的载体，这使得它在行政体制中具有突出重要的位置。任何行政决策、行政执行、行政监督都需要依靠组织载体来完成，而组织自身也需要运转。这使得行政组织需要处理两个核心问题，一是自身的有效运行，二是实现决策、执行和监督等功能。如何对组织结构进行改革，《决定》指出，“推进机构、职能、权限、程序、责任法定化，使政府机构设置更加科学、职能更加优化、权责更加协同。严格机构编制管理，统筹利用行政管理资源，节约行政成本。优化行政区划设置，提高中心城市和城市群综合承载和资源优化配置能力，实行扁平化管理，形成高效率组织体系”。由此可见，机构、职能、权限、程序和责任法定化是组织结构改革的重点，也是对“三定”方案的扩展。当前的“权力清单”“责任清单”主要是针对组织结构的规范，更是组织结构需要改革的方向。此外，组织结构改革需要与城市相结合，讨论城市的组织结构问题，这是由于城市化成为当前中国的一个主要现实。

中央与地方关系，既是行政体制的重要内容，又是组织结构的另一个重要话题，它涉及处理不同层级政府部门之间关系。对于大国而言，中央与地方关系是一个重要问题，其核心是纵向层次治理。为此，《决定》针对健全充分发挥中央和地方两个积极性的体制机制进行了专门论述，指出："理顺中央和地方权责关系，加强中央宏观事务管理，维护国家法制统一、政令统一、市场统一。适当加强中央在知识产权保护、养老保险、跨区域生态环境保护等方面事权，减少并规范中央和地方共同事权。赋予地方更多自主权，支持地方创造性开展工作。按照权责一致原则，规范垂直管理体制和地方分级管理体制。优化政府间事权和财权划分，建立权责清晰、财力协调、区域均衡的中央和地方财政关系，形成稳定的各级政府事权、支出责任和财力相适应的制度。构建从中央到地方权责清晰、运行顺畅、充满活力的工作体系。"从这一论述看，《决定》对中央与地方的事权、财权和责任进行了划分，明确了一些中央政府处理的事项，给予地方政府自主性的事项，以及中央与地方需要共同处理事项的权责分配，其核心是让中央与地方各司其职，共同实现政府治理。

## 四、依法行政是政府治理的要求

上面讨论的职责明确、行政体制、组织结构和中央与地方关系都是关于政府自身系统的，政府治理还涉及政府与社会之间互动，在政府与社会互动中实现政府职责。简而言之，政府需要与社会互动来实现自身职能，政府与社会互动既是政府职能的实现，又是政府实现其使命的舞台。政府与社会互动，有很多方式，如政府购买服务、政府与公民合作生产、政府与社会组织合作治理等，这些互动最终落实为政府行为。政府行为成为政府与社会互动的方式，规范政府行为成为政府职能实现的内在要求。政府行为是广泛而多样的，不同政府职能会有不同政府行为要求，而政府行为最重要的要求是依法行政，即政府需要在法律的准绳之下行事。

职责明确和依法行政构成了当前政府治理改革的两项重要内容，两者相互加强，成为一个统一体。职责明确和法定是依法行政的前提，依法行政最终是为了实现政府职责，没有职责法定，就不可能依法行政。依法行政包含两个层面的内容：一是政府自身运行要按照法治逻辑，这也是前面“推进机构、职能、权限、程序、责任法定化”的核心内容；二是政府行为方式要按照法治逻辑，这是政府与社会互动方式法治化，也是政府职能实现方式法定化。这两个方面的法治化也是一个有机统一体，政府自身法治化是政府行为法治化的保障，政府行为法治化会推动政府职能法治化。当前中国正在推行依宪治国、依法治国和依法行政，依法行政是法治国家的重要组成部分，通过法治政府建设来推进法治国家建设进程。

依法行政是中国政府行使职责的主要方式，也是廉洁行政的重要保障。政府的经济调节、市场监管、社会管理、公共服务和生态保护等职能，都需要依法实施，根据法律行使这些方面的职能，使得所有职能都有法可依、执法必严和违法必究。

法律成为政府获得职能的依据，所有职能都需要建立在法律、规范和规章基础之上。因此，政府在进行依法行政时，需要“推进机构、职能、权限、程序、责任法定化”，让法治成为政府运行的“护身符”。当所有政府行为都依法进行时，民众也可以很好地监督政府行为，使政府更好地为民众负责。依法行政也会树立公务员和公民的守法意识，公务员在行使其职权时会考虑法律依据，公民在与政府打交道时，也会根据法律的精神和准则，公民和公务员的互动会进一步推进政府法治化进程。

法治是最好的营商环境，阳光是最好的防腐剂。依法行政是中国特色社会主义法治体系和法治国家的重要组成部分，依法治国、依法执政和依法行政是有机统一体。依法行政意味着中国政府需要在法律边界之下行使权力，按照法律规定的权力运行的范围、标准、程序和依据来行使权力。权力清单制度代表了中国政府依法行政的最新探索，它要求政府的所有权力都以清单的方式呈现，没有在清单中的权力则不能够行使，而政务公平是依法行政的重要保障性制度安排，它要求对政府所有行为进行公开，通过公开让民众来监督，促进政府依法行政。在当前的营商环境改善中，一个非常重要的方法是促进政府行为法治化，让政府的职能、监管和服务在法治的轨道之上，这样会使企业有更好的预期。

与此同时，中国政府行使职能的各个领域的法律制度不断完善，法律赋予职责成为很多政府部门“合法性”的依据。

2019 年 1 月，《国务院办公厅关于全面推行行政执法公示制度执法全过程记录制度重大执法决定法制审核制度的指导意见》发布，行政执法的公示制度、记录制度和审核制度等“三项制度”成为政府下决心推行依法行政的重要制度保障。与此同时，各种失信惩戒制度、行政复议制度、行政诉讼制度等相继完善，使得依法行政的制度体系更加健全。有法必依、执法必严、违法必究成为一种自觉和常态，法治思维和法律观念成为公务员思考和解决问题的必要组成部分。

## 五、共同行动是政府治理的方向

依法行政是规范政府对社会的单方行使职能方式，让政府行为在法治轨道之上运行。共同行动是政府与社会双向互动的重要方式，这也是治理的最初含义，强调多主体参与公共事务，实现公共事务从垄断向开放转变。有很多治理学者甚至强调没有政府的治理，主张治理的精髓是“挖空政府”（hollow out government），让社会组织发挥更多作用，促进社会自治①。不过，政府治理更多是从工具意义上来讨论治理，强调通过治理来改进政府效能。这意味着，政府治理接近政府主导的治理，

① MILWARD H B，PROVAN K G. Governing the hollow state. Journal of Public Administration Research and Theory，2000，10（2）.

政府会根据公共事务的属性综合应用管制、市场、社会、自治等工具来进行治理。其中，政府与公民、社会组织、企业等共同行动是政府治理的重要方向，也是多元治理主体合作的表现形式。

共同行动的前提是信息开放和共享，推进政务公开和信息公开是核心内容。2007 年，国务院发布《政府信息公开条例》，主要是为了保障公民、法人和其他组织依法获取政府信息，提高政府工作的透明度。为了促进信息公开，中国各级政府开始重视网站建设，网站成为公民获取信息的主要渠道。随着新媒体的崛起，政府也开始使用“两微一端”（微信、微博和客户端）来促进信息发布和信息公开，与民众在信息方面实现全方位沟通。与此同时，政府还十分重视预算公开，提升政府财政的透明度。当前，随着人工智能、大数据和信息技术发展，政府大数据的公开和共享成为信息公开的新内容。

政府与公民的合作生产是共同行动的一种重要方式，它强调很多公共事物治理以及公共问题的解决，需要政府和公民的共同投入才能够实现。埃莉诺·奥斯特罗姆早在 20 世纪 70 年代就提出了合作生产的概念，20 多年后这一思想重新被公共管理学者发掘，成为理解政府治理的重要思想[①]。对于政府与公民的

---

① OSTROM E. Crossing the great divide: coproduction, synergy, and development. World Development, 1996, 24 (6).

合作，有许多不同的概念，如公民参与、协商治理等，其核心含义都是政府与公民共同投入的一种合作生产过程。中国政府在比较专业的领域，如城市规划开始引入合作生产思想，很多规划已经从设计师主导转向设计师与公民一起进行。政府在推行重大项目时，开始推进环境影响评估和社会稳定风险评估，这些评估都会引入公众的意见，公众意见成为项目选址的重要依据。此外，很多地方在重大决策中专门征求公众意见，很多公众意见直接转化为政府的折子工程。这些改革，使得政府的开放性加大，也使得政府能够更好地引入地方知识来改进治理。

政府与社会组织、企业等主体的合作治理是共同行动的另一种重要方式，它要求政府引入市场力量和社会力量来改善公共治理水平。当前，政府与市场合作的一种重要形式是公私伙伴关系（PPP），政府通过引入社会资本参与基础设施、公用设施建设，来实现政府优势和资本优势的有效整合，提升公共项目的运营水平和质量。针对政府和社会资本合作，国家有关部委先后出台了一系列文件，例如：2014 年，国家发展和改革委员会印发了《关于开展政府和社会资本合作的指导意见》；2019 年，财政部印发了《关于推进政府和社会资本合作规范发展的实施意见》；等等。除了与社会资本合作之外，政府还通过购买服务实现与社会组织合作。对于政府购买社会组织服务，政府也发布了一系列文件，如 2013 年，国务院办公厅以国办发〔2013〕96 号印发《关于政府向社会力量购买服务的指导意见》，明确要求在公共服务领域更多利用社会力量，加大政府购买服务力度。

## 六、人民满意是政府治理的目标

人民满意是我们党一切工作的出发点和落脚点，建设人民满意的服务型政府成为中国特色社会主义行政体制的核心目标。群众路线是我们党的重要工作方法，强调一切为了群众，一切依靠群众，从群众中来，到群众中去。浙江省的枫桥经验就是依靠人民群众来解决自身矛盾的重要机制，强调矛盾不上交就地解决。人民满意的服务型政府是群众路线的应有之义，要求为人民服务、对人民负责和受人民监督。尽管对于政府工作的评价还有很多其他标准，如科学、规范、系统、完备、高效等，但是人民满意是对政府工作评估的首要标准。人民是否满意，人民是否有获得感，人民是否有安全感，应该成为政府各项工作最终检验准则。

人民满意不是抽象的，而是具体的，直接体现为民生工作。党的十九大报告提出："幼有所育、学有所教、劳有所得、病有所医、老有所养、住有所居、弱有所扶"，这些既是为人民服务的具体内容，也是人民获得感、满意感和幸福感的直接影响因素。民生工作做不好，人民不可能对政府工作满意。这就使得公共服务成为当前政府职能的重要模块，公共服务都与民生工作联系在一起。公共服务成为政府工作的重点，也是从以前的经济发展型政府向公共服务型政府转变的重要举措。

为了让民生工作和公共服务工作法治化、规范化和标准化，中国进行了一系列的探索。在这些努力中，最重要是的国务院制定通过《“十三五”推进基本公共服务均等化规划》。该规划提出公共服务均等化、标准化等制度安排，来为民生工作建立制度保障体系。公共服务的法治化、均等化、标准化、精细化等成为中国政府民生工作的重要改革目标，通过建立科学合理的公共服务标准，来提升公共服务的水平和质量，让人民真正有获得感。目前，各个地方正在学习英国等国家的公共服务宪章制度，大力推行公共服务清单制度，让政府为民众提供的服务以清单方式加以呈现，使民众更好地了解获取公共服务的途径与方式。

人民满意不仅是被动接受服务，而且是主动参与到行政事务之中，人民成为治理的重要主体，这既是人民满意的实现方式，也是政府治理的要义。建立以人民为中心的政府治理体系，突出人民在治理的各个领域、环节和阶段的参与，突出政府与人民的共同治理，应该是未来政府治理改革的方向。当前，政府通过征求意见制度、公示制度、互动制度、合作生产制度、合作治理制度等一系列制度安排，将公民融入政府治理的各种场景之中，使得人民在参与政府治理中提升满意率。以首都为例，通过重新激活 12345 市民服务热线，来探索人民参与超大城市治理的制度举措。2019 年以来，共办理 205 万件群众的烦心事，实现群众诉求响应率100%，诉求的解决率由1月的53.09%提升至10月的74.36%，诉求的满意率由64.61%提升至85.39%，出现了满意率超过解决率的现象。

人民满意还需要把评估权还给人民，让人民成为政府各项工作的最终评价者。各级政府为了突出人民满意和以人民为中心，通常会在政府绩效评估中引入民众满意度的主观评价，以获得人民对政府工作的直接感受。有些地方为了使得满意度调查更加科学，甚至通过抽样调查、电话调查等科学方式以获得民众对政府工作的真实评价，并通过这些评价来改进政府工作。这样，人民对政府工作评价既是对政府施政效果的评判，也是促进政府进一步改进其工作的方式和方法，实现闭环运行。

职责明确、依法行政和人民满意是一个有机统一体，它也是建构科学、规范和高效政府治理体系的构成要件。职责明确主要是规定政府做什么、不做什么，不同层级的政府和部门管理什么，属于职能界定和职责转变的范畴。依法行政主要是规定政府在行使权力时所依据的准绳，它是将权力关进制度笼子里的重要保障。人民满意是所有政府工作好与坏的最终衡量标准，也是我们党和国家一切工作的出发点，它是政府治理的最终价值诉求。我们相信，通过建立中国特色社会主义行政体制，完善行政制度体系，政府治理的科学化、民主化和法治化水平会越来越高，最终建成人民满意的服务型政府。

# 第四章　中国之治的治理工具

张　璋

2022年10月召开的中国共产党第二十次全国代表大会提出并阐述了中国式现代化理论。中国式现代化是中国共产党领导全国各族人民在长期探索和实践中历经千辛万苦、付出巨大代价取得的重大成果，反映了各国现代化的共同特征，充分考虑了中国国情，既遵循了现代化一般规律，又具有鲜明的中国特色。中国式现代化理论是党的又一个重大理论创新。它不仅总结了百年来中国共产党领导中国人民探索和推进现代化的成功经验，也为未来全面建成社会主义现代化强国、实现中华民族伟大复兴指明了方向和道路，对于我们了解和研究中国共产党领导下的中国治理具有重要的启示和指导作用。

中国式现代化是一个系统工程，国家治理体系和治理能力现代化是其重要内容，也是其重要的实现途径。从历史上看，新中国成立特别是改革开放以来，中国之所以用几十年时间就能走完西方发达国家几百年走过的工业化历程，创造出经济快速发展和社会长期稳定的奇迹，原因之一就在于杰出的治理能力。中国式现代化成就的取得，不仅取决于党的决策正确，也在于执行正确，以科学有效的方式实现了决策目标。因而，想要深入了解中国之治，就要深入中国的革命、建设、改革和创新的伟大历史实践中，看看中国共产党领导中国人民是如何孜孜以求、励精图治，不断推进中国现代化进程的。为此，我们要深入了解和研究中国治理的工具问题，包括治理的方式、方法和手段等。

中国共产党一向注重工作的方法论问题。早在 1934 年，中共第一代领导人毛泽东就曾说过："我们不但要提出任务，而且要解决完成任务的方法问题。我们的任务是过河，但是没有桥或没有船就不能过。不解决桥或船的问题，过河就是一句空话。不解决方法问题，任务也只是瞎说一顿。"[①] 新中国成立后的历届领导集体都很重视国家治理的方式方法问题，并在追求国家善治的过程中不断地开发和应用新的治理工具，形成了鲜明特色，积累了丰富经验。所有这些，构成了中国特色国家治理体系的一部分，同时也为国家制度优势转化为治理效能提供了工具和途径。

## 一、治理工具：制度优势转化为治理效能的关键

任何国家治理，都包含思想、制度和行动三个层面的内容。

---

① 毛泽东．关心群众生活，注意工作方法//毛泽东．毛泽东选集：第 1 卷．2 版．北京：人民出版社，1991：139.

在20世纪上半期的艰苦斗争中，中国人民选择了马克思主义，将其作为打破旧制度、建设新社会的思想指南。新中国成立后，中国人民选择了社会主义制度，将其作为新中国的根本制度。几十年来，在马克思主义的指导下，中国共产党领导中国人民在社会主义制度的康庄大道上昂首阔步、砥砺前行，取得了一个又一个胜利。这首先得益于正确的指导思想和制度基础。但是，仅仅有好的指导思想和制度还远远不够。思想的效力来自对实践的指导，制度的优势则要依靠正确的执行。

“制度的生命力在于执行。”一项制度是否优越，主要看其能否被有效执行，看有效执行后能否取得好的社会效果。这本是一个朴素的道理，然而在学界没有得到应有的重视。长期以来，一些学者钟情于制度的类型学研究，并争论所划分的各种制度的优劣。这些争论，最早集中于社会主义制度和资本主义制度，而后扩展到更为一般的政府机制与市场机制，以及更为具体的福利主义和自由主义。在西方经济学界，长期以来，认同社会主义制度、政府机制和福利主义的一方，与鼓吹资本主义、市场机制和自由主义的一方，两派观点相互角力，此消彼长，像钟摆一样来回摆动。很多人相信，只要坚守最小政府原则，采取不干预主义，让市场机制发挥最大作用，经济和社会就一定能发展得更好。经济学界的这种观点在很大程度上影响了其他学科（如公共行政），并直接引导了人们的社会实践。最近40多年在全球政府改革方面的新公共管理运动，采取的就是这种“远政府，亲市场”的策略。

学界对制度执行的忽视，其影响在一定程度上已经超越了学术研究领域，而对实践产生了消极的后果。正如一些学者所指出的，长期以来，受学界的影响，人们将注意力集中在确定（准确地讲，是缩小）国家职能或作用的范围，而忽视了制度执行能力，结果造成了从拉美到非洲和中东一些国家的发展受挫。实际上，国家职能和作用的范围大一些还是小一些，或者说究竟是市场更多一些还是政府更多一些，在理论上并未形成定论，在实践上各个国家也不尽相同。但是，国家的制度执行力弱了，其经济和社会发展就不能尽如人意。无论是那些市场机制占主导地位、国家职能范围较窄的国家（如塞拉利昂），还是政府机制作用增大、国家职能范围更大的国家（如巴西），都是如此[①]。

按照福山的观点，中国显然是一个“强国家”。得益于中国共产党的强力领导，中国国家的组织、动员和控制能力都十分强大。正是如此，中国政府制定的雄心勃勃的经济社会发展目标，都能顺利甚至超额实现[②]。也正是这个原因，让中国能在与巴西、阿根廷、印度这些在20世纪中叶发展基础类似甚至更好的国家的竞赛中脱颖而出。

---

① 福山．国家建构：21世纪的国家治理与世界格局．北京：中国社会科学出版社，2007.

② 胡鞍钢，刘珉，赵海兰，中国治国理政的重要方式：五年规划实践（1953—2020年）．北京工业大学学报（社会科学版），2022（5）：1－22.

“工欲善其事，必先利其器。”中国国家治理制度执行的有效性，得益于其治理工具的有效性。这些工具，并不仅仅体现在发展规划上，而是广泛地体现在国家、经济、社会和人们生活的方方面面。

所谓治理工具，有时也称为政策工具，指的是实现政策目标的手段①，或者说是公共部门为解决公共问题、实现公共目标所采取的行动方式。当社会出现一个问题（如大气污染、草原退化、假货盛行、就医困难），或者国家想实现一个目标（如经济发展、社会和谐、充分就业），国家就需要设定一定的规则体系，并用一整套的办法来实施这个规则体系。这个规则体系，就是前面所说的制度；而实施规则的整套办法，就是我们所说的治理工具。

治理工具涉及制度的实际执行方式。其科学合理与否，直接影响到制度宗旨和目标能否实现。例如，不少国家都将反贫困作为自己的职能目标，但并非任何国家都能实现这个目标，其中起决定作用的是用何种治理工具，即以何种方式来反贫困。同理，充分就业是现代国家面临的共同任务，但不同国家促进就业的治理工具不同，其治理目标的实现程度就不同。

治理工具是一个包含着很多层次和内容的复杂体系。前面

---

① SHAFRITZ J M. International encyclopedia of public policy and administration. Colorado：Westview Press，1998：997－998.

所提的经济和社会发展规划，就是一个治理工具。通过发展规划，国家不仅可以集中公共部门的资源，也可以为市场和社会提供一个发展愿景，从而引导社会和市场资源的集中，发挥资源的聚集效应。除了规划，权威当局还可以利用强制、补贴、税收、宣传等一系列工具来调节人们的行为，导引社会资源的流向。

有些学者试图开发出一系列概念框架，帮助我们理解治理工具的复杂类型和体系①。总结这些研究成果，本书根据权威当局资源耗费的大小和强制性的程度，将治理工具分为组织工具、强制工具、经济工具、信息工具和其他（市场、社会和自我服务）工具五大类型，每一类型又包含若干层次和内容的小类。按照这个清单，当面对一个社会问题（如草原退化）时，我们可以组建公共部门直接来处理，可以采用强制性的手段迫使个人或企业来处理，也可以通过经济诱导或信息宣传的方式引导个人或企业采取行动，还可以直接利用市场机制和社会自愿机制来解决问题，或者综合使用这些工具。

## 二、中国式治理：中国之治的工具特色

中国是文明古国，受儒家、法家和道家文化的影响，长期

① CHRISTOPHER C. The tools of government. London Basingstoke，1983；萨拉蒙．政府工具：新治理指南．北京：北京大学出版社，2016；彼得斯，冯尼斯潘．公共政策工具：对公共管理工具的评价．北京：中国人民大学出版社，2007.

以来在国家治理上形成了道德教化与法制规范补充结合、积极干预和自然无为交替运用的治理特色。正是这些工具的运用，使得中国封建制度长期保持强韧的发展劲头，生命力维持了2 000余年。

新中国成立后，中国国家治理一方面继承和发扬了古代国家治理的某些传统，一方面又吸收和借鉴西方工业化国家的治理工具运用经验，同时也创造了很多新型治理工具。主要体现在以下几个方面：

一是积极建构和利用组织工具。国家治理虽然属于专业领域，为权威当局所执掌，然而毕竟涉及全民之公益，需要全民的共同努力。组织工具涉及的就是如何将全民组织起来，更好地服务于国家治理。

在此方面，古代中国一方面发展和规范了官员选录制度，尽可能将社会拔尖的精英人才选拔到官员队伍中来；另一方面也充分利用家族、士绅和行会等社会力量来辅助国家治理。新中国成立后，中国共产党及其领导的中国政府成为国家治理的领导、发动、组织和示范者。此外，在农村地区建立了人民公社制度，在城市国有和集体所有制组织中实行了单位制度。依靠这两种制度，将绝大多数国民组织起来，成为国家治理的基本力量。

20世纪70年代末中国在农村实行的联产承包责任制和城市经济改革，终结了人民公社和单位体制，让农民和市民成为社会主体，让党委和政府回归政权组织，政府及其附属公有组织所能控制的成员数量减少、控制力度减弱，即组织工具的力度大为减弱。

改革开放后，为了弥补组织工具弱化带来的治理问题，从20世纪80年代中期以来，中国共产党和政府致力于加强组织工具的建设。主要有以下几个方面：

（1）深化党和国家机构改革，提升治理组织体系效力。新中国成立后，在解放区经验的基础上，学习和借鉴苏联的管理体制，根据国家实际需要，建立了中国特色的党政机构体系。改革开放以来，为适应社会主义市场经济体制改革、发展社会主义民主政治的需要，党中央部门先后6次集中进行了改革，国务院机构也先后进行了9次较大规模的改革。特别是2018年至2019年进行的党和国家机构改革，以加强党的全面领导为统领，优化党的组织机构，建立健全党对重大工作的领导体制机制，组建了国家监察委员会、中央全面依法治国委员会、中央审计委员会、中央全面深化改革委员会、中央网络安全和信息化委员会、中央财经委员会、中央外事工作委员会、中央教育工作领导小组、中央和国家机关工作委员会。为更好发挥党的职能部门作用，较大规模地调整了部分政府机构和党的职能部门之间的关系，推进职责相近的党政机关合并设立或合署办公，充实了党的部门机构的权限；整合了较为分散的政府职责，完善了市场执法体制，将国家工商行政管理总局的职责，国家质量监督检验检疫总局的职责，国家食品药品监督管理总局的职责，国家发展和改革委员会的价格监督检查与反垄断执法职责，商务部的经营者集中反垄断执法以及国务院反垄断委员会办公室等职责整合，组建国家市场监督管理总局；加强了政府的环境保护部门，在环境保护部的基础上，将国家发展和改革委员会的应对气候变化和减排职责，国土资源部的监督防止地下水污染职责，水利部的编制水功能区划、排污口设置管理、流域水环境保护职责，农业部的监督指导农业面源污染治理职责，国家海洋局的海洋环境保护职责，国务院南水北调工程建设委员会办公室的南水北调工程项目区环境保护职责整合，组建新的生态环境部；向地方和基层下放了部分权力，赋予省级及以下机构更多自主权，突出不同层级职责特点，允许地方根据本地区经济社会发展实际，在规定限额内因地制宜设置机构和配置职能。2023 年 2 月举行的党的二十届二中全会，就进一步推进党和国家机构改革进行了部署。2023 年 3 月，中共中央、国务院印发了《党和国家机构改革方案》。这次改革，以加强党中央集中统一领导为统领，以推进国家治理体系和治理能力现代化为导向，加强了重点领域机构职责的优化和调整：一是加强党中央对科技工作的集中统一领导，组建中央科技委员会；重新组建科学技术部，推动健全新型举国体制。二是组建国家金融监督管理总局，统一负责除证券业之外的金融业监管，统筹负责金融消费者权益保护；强化派出机构为主的地方金融监管体制；调整中国人民银行大区分行体制，按照行政区设立分支机构；金融管理部门工作人员纳入国家公务员统一规范管理。三是组建国家数据局，负责数据资源整合共享和开发利用方面的有关职责。四是优化农业农村部职责，不再保留单设的国家乡村振兴局，将其职责划入农业农村部。五是完善老龄工作体制，将老龄化工作职责划入民政部。六是完善知识产权管理体制，将国家知识产权局调整为国务院直属机构。七是国家信访局调整为国务院直属机构。这些改革，较好地适应了经济社会发展需要，为良好的国家治理提供了有力的组织保障。

（2）大力发展群众自治组织，夯实国家治理基础。中国国家政权体系，除了中央机关、省市县乡等地方机关外，还包括村居级的基层群众性自治组织。20 世纪 80 年代，人民公社制度终结后，在原有大队一级组织的基础上，普遍建立了村一级的基层群众性自治组织。此后，在城市基层也建立了居民委员会。截至 2021 年末，全国共有村委会 49 万个，居委会 11.7 万个，覆盖全国所有的国土和人群①。基层群众性自治组织实行自我管理、自我教育、自我服务、自我监督的制度，对于村居层面的非政府性公共事务，以民主协商的方式共同管理，有力地维护了基层社会的稳定，化解了基层的矛盾，促进了村居经济和基层公共服务的发展。

---

① 2021 年民政事业发展统计公报．民政部网站．

同时，立足于基层群众性自治组织，国家又系统开展了社区建设[①]。先后将重要的民政服务、居民生活服务以及部分政府服务下沉到社区，建设社区服务体系，使社区成为人民幸福生活的家园；大力推进社区治理体系建设，健全基层群众性自治组织中党的领导，推进社区协商制度化、规范化和程序化；完善政府服务，实现网格化管理，推动基层群众性自治组织和政府工作的有效衔接；推动社会治理重心向基层下移，发挥社会组织作用，实现政府治理和社会调节、居民自治良性互动。所有这些将国家治理的制度落到实处，为国家的长治久安提供了坚实的保证。

（3）改进社会组织管理，发挥社会组织在国家治理中的中介作用。改革开放初期，社会组织定位不清，仅仅被视为辅助性行业，在登记管理上实行了较高的标准和严格的程序。随着时间的推移，社会组织在国家治理中的作用日益受到重视。2017 年实施的《民法总则》将三大类型社会组织与事业单位一起归入非营利法人类别，2020 年颁布的《中华人民共和国民法典》更明确地规定，非营利法人包括事业单位、社会团体、基金会、社会服务机构等，从而使社会组织的法律身份和治理主体地位受到法治保障。党的十九大报告将社会组织纳入中国特

① 向德平，华汛子．中国社区建设的历程、演进与展望．中共中央党校（国家行政学院）学报，2019（3）．

色社会主义事业的总体布局，为社会组织在新时代全方位参与国家建设提供了政治保证。党的十九届三中全会部署的党和国家机构改革，将社会组织纳入了改革议程。党的十九大、二十大强调，将社会组织协商作为协商民主体系的组成部分予以积极推进。在国家的扶持下，中国社会组织开始兴起。根据民政部的统计，截至2021年底，全国共有社会组织90.2万个，其中社会团体37.1万个，基金会8 800多个，民办非企业单位52.1万个，共吸纳社会各类人员就业1 100万人。这些社会组织在一定程度上弥补了市场和政府的不足，在为生产生活服务、倡导政策议程、为少数群体提供服务、参与社会重大活动、维护社会秩序、增加社会慈善供给、进行民间外交等方面，发挥了巨大作用，成为国家治理的重要力量。

（4）改进和完善发展规划，凝聚全民发展意志。中国的发展规划，始于20世纪50年代的国民经济发展五年计划。在计划经济时代，五年发展计划确定了经济和社会发展的任务、目标、内容手段等，成为党和政府管理国家经济、促进社会发展的基本工具。改革开放后，我国实行了市场经济导向的经济体制改革，政府在社会资源配置中的作用日益减小，市场在社会资源配置中的作用日益增大。在此情况下，依靠一揽子计划来统筹所有经济和社会的发展，已经不再符合经济和社会发展的实际情况。从2006年开始，国家将以前的五年发展计划改为五年规划，内容从以经济发展为主转变为经济发展、科技教育、资源环境和人民生活等各大领域齐头并进。五年规划确定了未来一段时间国家发展重要目标，是政府履行经济调控、市场监管、社会管理、公共服务和生态环境保护等职能的重要依据。

在国家五年发展规划的统率下，中国已经形成了新的与市场经济相适应的规划体系，具体包括国家规划、省级规划、市县各级规划等三级和国家发展规划、国家级专项规划、区域规划、空间规划等四类。通过规划体系的内部协调，即下位规划服从上位规划，下级规划服从上级规划，等位规划相互配合衔接，实现国家经济和社会发展战略与目标、单项发展任务、区域发展目标和空间发展目标等的协调配合，从而实现全国一盘棋的战略布局。

发展规划体现了中国的制度优势，实现中国的平衡发展。通过各级各类规划的制定和执行，国家能够平衡经济社会发展中的各种关系，如土地、资本和生产力之间的关系，自然资源和经济增长之间的关系，农业和工业、服务业之间的关系，传统产业和现代产业之间的关系，东西部之间的关系，城乡发展之间的关系，中央和地方的关系，等等，实现社会的公平、和谐发展。

发展规划能够增强中国的国民凝聚力，提升资源的集中使用效率。发展规划的制定是重大决策，是一个多方参与、群策群力、上下互动、反复修改的过程[①]，具有科学化、民主化和规

① 王绍光，鄢一龙．大智兴邦：中国如何制定五年规划．北京：中国人民大学出版社，2015.

范化等特征。发展规划的制定，体现了集体领导与群众路线相结合、专家知识与群众智慧相结合的精神。发展规划的实施，则是一个以点带面、强制与示范相结合的过程。对于发展规划中规定的由公共组织实现的“硬性”任务，由党政机关按照领导和管理关系，通过指标下达、绩效管理、督查督办、监督考核等方式来实施；对于由社会各方沟通努力来实现的“软性”任务，则通过项目建设、资源调配、宣传引导、目标引导、榜样示范、制度优化、放松管制、体制改革、政策调整、财政补贴、税收减免、价格调整、政府采购等方式，充分激励社会组织、企业和公民个体的积极性，引导全社会的资源配置转向发展规划所鼓励的方向和领域。通过发展规划的制定和实施，中国充分调动整合各方资源、充分实现社会资源配置的效益，实现经济和社会的高效发展。

二是善于利用知识、价值等信息工具。中国共产党历来重视思想教育的作用，将其作为领导、团结和鼓励群众的重要手段。

（1）宣传引导。中国政府重视意识形态在国家治理中的作用，无论在某项具体的政策活动中，还是在人们日常的工作、学习和生活中，都将意识形态的宣传放在首位。意识形态工作不仅仅是一个行业或部门（常常被称为“意识形态战线”或“宣传战线”）的职责，而且是所有行业和领域均应自觉履行的使命。

党的十八大以来，以习近平同志为核心的党中央高度重视宣传工作。2019 年 6 月，《中国共产党宣传工作条例》颁布。作为中共历史上第一份宣传工作的主干性、基础性法规，《中国共产党宣传工作条例》鲜明提出了宣传工作的根本任务和工作原则，规定了宣传工作的机构设置和工作内容，并对宣传工作的监督和保障机制进行了规定。2013 年和 2018 年全国宣传工作会议上，习近平阐述了宣传工作的重大理论和现实问题，明确了宣传工作的方向目标、方针原则和重要任务。此后，习近平在党的新闻舆论工作座谈会、网络安全和信息化工作座谈会、哲学社会科学工作座谈会、全国高校思想政治工作会议等场合，发表一系列重要讲话，做出一系列重大部署，领导、指引和推动宣传工作不断前进。

（2）思想教育。新中国成立后，很快就建立了一整套国民教育体系，建立了九年制义务教育。中国政府尤其重视对青少年政治素质的培养，在国民教育体系中建立了专门的思想政治教育体系，并将包括政治素质在内的“德”作为国民教育的基本内容。完善的国民教育体系极大提升了中国的人口素质，促进了人的全面发展；而运行良好的政治思想教育体系，则直接为学生政治意识的培养提供了有效的渠道。

除了学校系统的思想政治工作外，中国还重视全民的思想政治工作。党的十八大以来，中央政治局几乎每月都要举行集体学习，对全党全民的政治学习起到了很好的模范带头作用。党中央连续部署了党的群众路线教育实践，在县处级以上领导干部中开展了“三严三实”专题教育，在全体党员中开展了“学党章党规、学系列讲话，做合格党员”学习教育、“不忘初心、牢记使命”主题教育、党史学习教育等，坚持用新时代中国特色社会主义思想武装全党、教育人民，极大地提升了全党全民的思想政治觉悟水平，坚定了信念，凝聚了人心，鼓舞了干劲。

（3）舆论引导。党中央一向重视新闻舆论工作，将其作为治国理政、定国安邦的大事。党的十八大以来，随着舆论环境、媒体格局、传播方式发生深刻的变化，党的新闻舆论工作也面临新的问题和挑战。在2018年全国宣传思想工作会议上，习近平提出，要“牢牢把握正确舆论导向，唱响主旋律，壮大正能量，做大做强主流思想舆论，把全党全国人民士气鼓舞起来、精神振奋起来，朝着党中央确定的宏伟目标团结一心向前进”。在党中央的领导下，全国新闻工作者努力奋斗，始终围绕中心、服务大局，以优秀的新闻作品，记录伟大时代，高唱盛世凯歌，凝聚奋进力量。对于意识形态领域的斗争，广大新闻工作者发扬斗争精神，增强斗争本领，积极作为，敢于亮剑，帮助人们明辨是非，积极发挥正面引导作用，牢牢掌握意识形态工作主动权。面对新时代互联网媒体的发展，国家审时度势，积极创新，主动推动媒体融合发展。2019年国家发布《网络信息内容生态治理规定》，同时开展了“净网”“护苗”等专项整治活动，网络乱象得到有效整治，网络综合治理体系逐步健全。全国宣传思想战线积极开展融媒体建设，中央主要媒体纷纷加快融合发展步伐。2019 年底全国已有 1 536 个县（市、旗）建设了县级融媒体中心。全国媒体融合发展大格局正在形成，为舆论引导提供了更坚实的阵地。

（4）榜样示范。榜样示范是改革开放前政府常用的信息工具。“榜样的力量是无穷的。”在各行各业中树立各式各样的榜样，为人们的学习和进步提供具体生动的范例，引导和激励人民群众不断向政府倡导的行为规范靠拢。与榜样相配套的是，政府建立了多种多样的表彰制度，让更多的人进入先进榜样的行列，发挥对普通人的激励作用。

改革开放后，为适应新的时代和环境变化的需要，中国政府在坚持运用上述信息工具的同时，开发和创新了大量新型信息工具。如建立健全了榜样示范工具，整合和规范了国家荣誉制度①；重视公共知识对社会的引导作用，建立了集中统一的认证制度，实施了强制性产品认证，大力推广非强制性认证②；大力开展政务信息公开，在加强社会对党和政府机构的监督的同时，提高公众满意度、增加公众顺从和配合行为倾向③。

三是积极发展运用现代管制工具。管制是政府治理中常见

① 彭怀祖．我国国家荣誉制度建设的回顾与展望．南通大学学报（社会科学版），2017（1）．

② 许增德．国家质量基础：认证认可事业的发展．上海质量，2015（12）．

③ 徐丽枝，任海伦．我国政府信息公开的理论与实践．西部法学评论，2016（4）．

的工具，典型特征是强制性。在中国，计划时代的管制手段主要用于统治领域，针对的是政治上的敌人（包括罪犯）。而这里所言的管制工具，主要指的是 20 世纪 80 年代后政府在经济领域实施的强力手段。

70 年代末，为了发展商品经济，维持市场秩序，国家设立市场监管机构。同时，计划经济时期就从事经济管理的一些部门，也在各自职责范围内从事行业监管（如准入资格、行业标准）；一些综合性管理部门，则按照机构职责从事相关的管理（如价格管理）。

90 年代后，随着市场经济的快速发展，国家加快了行政改革，在取消大量行业经济管理部门的同时，加强了经济管制：打破电信、煤炭、交通、电力、水利、铁路等行业的垄断经营，引进市场竞争机制，同时加强标准、进入资格、价格、质量等管制工具的运用；在金融、证券、期货、保险、能源、民航、互联网等行业建立了专门的监管机构，实施了有针对性的管制；强化了跨行业的一般监管；强化了价格、反垄断、广告、知识产权等方面的监管。

2000 年后，国家在强化经济监管的同时，大力强化了社会管制，建立了食品药品监管机制，强化了对产品的质量管制，加强了对生产安全的监控，严格了文化信息产品的内容审查，提高了对经济活动违反管制行为的司法打击力度。

除了管制外，为了规范政府、社会、企业和个人行为，中国政府一直积极推进法治化建设。1982 年修订了《宪法》。此后，一大批有关市场经济的法律法规出台，为规范政府行为、保护市场制度提供了有力保障。同时，依法行政的推进，以及一大批行政法律法规（如《行政诉讼法》《国家赔偿法》《行政处罚法》《行政许可法》等），为政府行为的规范化提供了基本依据。改革开放的发展，为中国法律体系增添了更多的国际法和国际惯例。政府内部管理体制的改革，如行政裁决的程序化、行政执法的专业化、行政部门和人员的责任追究制度等，也为政府法治化提供了保障和动力。

四是大力开发和灵活运用经济激励工具。改革开放后，中国共产党和中国政府在强调公共利益的同时以承认个人私利的现实性和合理性为出发点，开发一系列工具，满足个人和组织利益，并让人们在追逐私利的过程中实现公共利益。

（1）市场工具。市场机制的最大优点，在于其竞争机制能消除垄断带来的不公和低效。改革开放后，中国共产党和中国政府不仅大力发展市场经济，而且在国家治理领域也积极运用市场机制，提升治理效能。其主要策略包括：第一，打破公共服务的垄断，积极引进市场。政府有序推进公共事业体制改革，积极放开城市水电热气等基本服务行业，打破城市教育、卫生、交通、文化娱乐等领域的公共垄断，促进事业单位组织之间的有效竞争。第二，创新服务供给和生产方式，在基础设施建设和重大工程建设领域广泛采用政府采购制度，推动公共事业服务主体的多元化[①]。在公共服务中，采用特许、合同外包、行政契约、PPP 和政府购买服务[②]等方式，将以前由公共组织承担的服务职责交由企业和社会组织实施。第三，创造市场，积极发挥竞争机制的作用。对于那些受客观条件的限制（如没有外部市场）而无法引进市场，或因特定需要无法引进市场的公共服务行业或领域，政府有时以碎片化的方式，将某些领域的垄断组织分成若干个功能相近的小组织，有时以组织复制的方式在同一领域新建立若干同类型的小组织（如在同一条街道建立多条公交线路，在同一个城市建立两套急救服务），让这些小组织相互竞争，以实现竞争择优，不断提升治理效能的目标。

（2）产权和产权交易工具。20 世纪 70 年代末以来，国家对单一的公有制进行了改革，产权制度呈现多元化发展：在农村，实行联产承包责任制，赋予农民对土地等生产资料的占有、使用和收益权；在城市，探索企业承包经营制；同时，允许外国私营产权在中国的存在和发展，允许和鼓励个体和私营经济的发展。80 年代后，深化企业产权体制改革，国家积极出台支持和鼓励企业产权交易的政策；积极发展集体（乡镇）产权组织；允许劳动力自由流动，强化劳动力产权；推进森林、草原、土

① 关于加强城市基础设施建设的意见．(2013-09-13)．中国政府网．

② 转发财政部、发展改革委、人民银行《关于在公共服务领域推广政府和社会资本合作模式指导意见》的通知．(2015-05-19)．中国政府网；唐祥来．PPP 模式的治理逻辑、工具属性及其绩效．经济与管理评论，2016 (4).

地、滩涂产权制度改革。自 90 年代至今，积极进行公有制改革，实行“抓大放小”，降低公有制企业相对规模，提升国有企业实力和竞争力；大力推进和深化推进金融、住房、土地、知识著作、发明专利、矿产资源等产权制度改革，在传统的公有制领域（如城市基础设施、自然垄断行业、公共服务等），积极引进市场成分。

这些产权制度改革，确定和保护了政府、企业、社会组织和个人的利益，极大地调动了各方的积极性。不仅如此，在具体的微观领域，政府还积极利用产权交易手段来引导目标群体的行为。比如，在全国试点排污权交易制度，以控制和减少排污总量①；明确城市土地使用权出让、转让、出租、抵押，提升土地利用效率；允许探矿权、采矿权在规定的范围内进行转让；探索农村集体土地流转制度，允许通过土地入股来参与生产经营，以增加农民收益；探索扩大林业、草原资源经营权流转，增加林农和牧民的收益。

（3）财政金融工具。财政的关键环节包括收入和支出，每个环节都包含着一系列可资运用的工具。其中，在收入方面主要有税收、收费和公债，支出方面主要有补助、购买等。

在税费方面，中国政府近年来开发出不同的工具，如制定

---

① 余阿梅，张宁．中国排污权交易制度的发展历程及展望．环境与安全，2016(14)；关于进一步推进排污权有偿使用和交易试点工作的指导意见．(2014-08-06)．中国政府网．

相机决策的宏观税收工具（采取不同的税种、税基和税率等），在不同地区对不同行业企业和个人实施不同的税收优惠或减免（包括减税、免税、起征点、免征额），对符合条件的企业（活动）实行税收扣除、优惠退税、税额抵免等，在企业中实行加速折旧、税收递延等，形成了较为系统全面的税收工具筐。

在补助方面，主要形式有财政拨款、财政贴息、财政返还、无偿划拨等，目的包括培育产业、价格补助、生活补助等等。补助政策是传统产业、民族产业、新兴战略产业、社会保障等领域的主要推进器。比如，在农业领域，2017 年中央财政补助的强农惠农政策项目就达到 31 项，涉及资金 400 多亿元①。

积极利用政府采购工具，在维护政府运转、刺激社会需求、为经济提供动力的同时，也能实现特定的政策目标。如 2016 年，中国政府优先采购环保产品规模达到 1 360 亿元，授予中小微企业的采购合同的总采购额为 24 036.2 亿元，有力支持节能环保产业，促进中小企业发展②。

在金融工具方面，中国政府除了采用国际通行的货币工具（如信贷规模、存款准备金、利率、再贴现、汇率政策）外，还利用对国有商业银行的所有权和控制权，直接对商业银行进行

---

① 农业部财政部发布 2017 年重点强农惠农政策 . http://jiuban.moa.gov.cn/zwllm/zcfg/nybgz/201703/t20170323_5535315.htm.

② 曾金华 . 2016 年全国政府采购规模 25 731 亿元 增长 22.1%. 经济日报，2017-08-25.

窗口指导和直接指令。通过间接和直接控制金融组织和行为，中国政府能够较容易地影响金融资源配置，达到调节市场和居民经济行为的目标。在最近20年中，世界金融体系遭遇几次大的危机。中国金融一直能稳健发展，不能不说与金融工具的科学运用密切相关。

## 三、中国式治理背后的制度优势

治理工具是实现治理目标的行动机制，其选择和运用直接关系国家治理效能的高低。总的看来，新中国成立以来，尤其是党的十八大以来，中国共产党和中国政府兼容并包、与时俱进，继承、吸收、开发和创新了大量治理工具，形成了既反映现代国家治理规律又有鲜明中国特色的治理工具体系。

需要指出的是，国家治理工具体系的形成，并不是随意选择的，而是受制于治理行动者的意愿能力和国家既有的制度传统。正是在这些方面，我们看到，中国国家制度具有的一些特定优势，为中国特色的治理工具运用提供了基础、保证和方向。

一是坚持中国共产党的领导，形成了国家治理工具的基本特色。中国共产党的领导是中国国家治理的基本事实，也型构了国家治理工具运用的基本特色。中国共产党直接领导、组织和监督中国国家治理。中国共产党在国家治理方面的领导，既表现在对正式的国家机构的领导，也体现在对各种基层的正式和非正式社会组织（包括市场组织）的领导，还体现为对人民群众的直接领导。在实践中，要实现这种全方位的领导，主要依靠的是中国共产党的组织和党员。当前，中国共产党的基层组织达500多万个，在国家的各个角落、各个领域、各个组织中，都有中国共产党的组织存在，都有中国共产党党员的活动。因而，抓好党的自身建设，以此带动各个领域、行业和地区的工作，成为中国共产党领导的国家治理的重要特色。换言之，党组织既是国家治理的领导力量，也是治理途径。改革开放以来，中国共产党大力加强党的建设，明确了党的领导作用，持续开展了一系列学习教育、治理整顿、开发培训、反腐倡廉和纪律检查工作，极大加强了党组织的覆盖面、领导力和纪律性，成为新时期国家治理的重要力量。

二是坚持人民当家作主，保证了国家治理工具创新的主要方向。中国的国家制度，向来将人民当家作主作为基本的建设方向。国家将人民代表大会制度作为根本的政治制度，还在《宪法》、法律和法规等各个层面保证人民获取信息、参与治理、监督政府的权利。在治理工具选择上坚持人民当家作主，紧紧依靠人民实现良好的国家治理。

坚持巩固和发展基层民主，在党的统一领导下发展基层群众性自治，有效衔接基层群众性自治组织和各级政府组织，将国家治理、地方治理和社区治理打造成一个无缝链接的治理体系，夯实了国家治理的社会基础。

保证人民结社自由，积极支持社会组织发展。近年来，国家在社会组织登记管理上不断放松标准，还通过构建枢纽型社会组织、打造社会组织孵化器、制定专门向社会组织购买服务等政策，培育和壮大社会组织。

推进政务信息公开，保证人民的知情权和监督权，助力人民参与国家治理。2004 年后，加强新闻发布制度建设，加快地方政府信息公开步伐。2008 年制定《政府信息公开条例》，使政务公开有法可依。随后对于财政预决算、“三公”经费支出等重点领域，以及汶川地震等重大事件、北京奥运会等重大活动，大力利用政府网站、政务微博、政务微信等发布信息。

坚持协商民主，大力推进文明治理。中国共产党和中国政府强调决策的民主性和科学性，重视在重大和事关群众切身利益的领域实行协商制度，发展全过程人民民主。中国推进和谐社会建设，不遗余力开发和使用经济工具和新型信息工具，让国家治理更加柔性、文明，更少一些强制，公众更多一些自由，让中国政府和市场、社会、公民的关系更加和谐。

三是坚持精神文化的引导，构成了国家治理工具的重要特征。早在 20 世纪 70 年代，美国著名学者林德布洛姆在比较美国、苏联和中国的国家治理时就曾指出，在权威、交换和说服三种治理工具中，中国最为突出的特点是注重说服[①]。以知识、

① 林德布洛姆．政治与市场．上海：上海三联书店，1995：15.

价值和情感来引导人们，确是中国治理工具运用的突出特点。而这一切，与中国共产党的理论特质、与中华优秀传统文化是分不开的。

作为使命感很强的政党，中国共产党始终坚持理论上的先进性。中国共产党成立伊始，即坚持以马克思主义为指导；在长期的历史发展过程中，中国共产党逐步结合中国革命、建设和改革开放的实践，不断进行理论创新，形成了毛泽东思想、邓小平理论、“三个代表”重要思想、科学发展观和习近平新时代中国特色社会主义思想。这些理论创新成果，不仅指引中国共产党自身保持思想的先进性，也为意识形态的科学性和先进性提供了理论支撑，为宣传、学习教育和政策论证提供了坚实的内容储备。

作为世界文明古国，中国向来就有深厚的文明积累、强大的文明动力和强烈的文明追求。在长期的文明发展中，中国人不仅普遍形成了“修身齐家治国平天下”的个人理想，也形成了“老吾老以及人之老，幼吾幼以及人之幼”和“协和万邦”“天下大同”的共同愿景。这为中国共产党和中国政府以共同的信念、价值和道德来教育、引导人民群众提供了社会心理和情感基础。

四是坚持以人民为中心的改革，引导国家治理工具的创新。70 多年来，中国共产党和中国政府与时俱进，根据社情民意和国家发展目标，不断改变着治理工具的运用类型和重心，不断抛弃旧有的落后工具，开发和使用新的工具。组织工具的弱化和改进、信息工具从重价值到价值和理性并重的转型，以及现代管制工具和经济激励工具的大量使用，都鲜明地体现了这一点。

坚持人民至上，大量创新性地使用新型市场工具。20 世纪 70 年代末以来，中国共产党意识到了市场机制的重要性，开始了市场导向的经济体制改革。与此同时，市场和产权制度作为基本的治理工具，被大量采用。由此完成了类似于西方的第一代工具到第二代工具的转型。在微观领域，如医疗、就业、教育、扶贫、救济和环境领域，也运用了大量的市场工具，充分照顾到了市场主体和社会个体的利益，也使得整个社会充满生机活力。

引导人民参与，让国家治理更能反映人民的意志。中国政府不仅在经济领域引进了多种经济成分，在公共事业和服务方面也放弃了政府垄断，引进了市场和社会力量。现在，中国绝大多数公共服务都是由政府、市场、社会组织、公民等共同负责。政府由单独的行动者变成了集体行动的领导和组织者，并与其他治理行动者一起形成了“合作治理”。与之相适应，中国政府治理工具的类型，也在那些仅反映政府意志的单边工具(如组织工具、管制工具)[①] 的基础上，增加了行政许可、合同

---

① VEDUNG E. Policy instruments: typologies and theories//MARIE-LOUISE, BEMELMANS-VIDEC, RIST R C, VEDUNG E. Carrots, sticks and sermons. New Jersey: Transaction Publishers, 1998: 21.

外包、政企合作、政社合作、协商沟通等反映和整合各方行动者意志的双边和多边工具。双边和多边工具的增加，让人民有了更多的发言权和选择权，也让人民的利益有了更多的实现和保障途径。

在人民至上理念的指导下，中国政府通过分权化措施和激励措施，鼓励各部门各地区进行治理工具的创新。很多在全国推行并被加以规范的政府治理工具，如排污权交易、合同外包、模拟市场、社会管制等，都是源自地方的探索。在长期的实践中，中国也形成了实验、试验、试点、示范等多种创新途径，为治理工具的创新提供了源源不断的知识和经验。

总而言之，1949 年后中国发展的历史进程，既是一个不断建立、改进和完善治理制度的过程，也是一个不断实践、创新和发展治理工具的过程。中国治理工具的创新发展和有效运用，巩固和实现了中国的制度优势，创造和提升了国家治理效能，有力地推进了中国式现代化。

中国治理工具的创新发展和有效运用，是中国共产党和中国政府自身实践探索的结果。坚持问题导向和目标导向，以对实践中的治理问题反思为起点，以获取治理成效为落脚点，不断学习，不断试错，不断扬弃，不断丰富，最终形成了符合现代治理要求、具有鲜明中国特色的工具体系。这种体系，构成了中国式治理的主要内容，是中国之治形成的直接途径。

中国治理工具的创新发展和有效运用，是在坚持中国国家制度、发扬制度优势的基础上进行的。70多年来，中国共产党领导中国人民扎根中国历史和现实土壤，建立了一整套国家治理制度。这些制度对治理工具的创新和发展提出了明确的方向，也为治理工具的开发和利用提供了坚实的基础。正是有了这些引领和支撑，中国才形成了中西结合、古今融合、兼容并包、特色鲜明的治理工具体系。

当前，社会正进入新的发展时期，社会的复杂性、多元性和动态性不断增加，机会和挑战并存。中国共产党确立了“团结带领全国各族人民全面建成社会主义现代化强国、实现第二个百年奋斗目标，以中国式现代化全面推进中华民族伟大复兴”的新目标。为此，我们要更加智慧地选择和运用治理工具。中国应在坚持和发扬优良传统的基础上，立足和用好国家治理的制度优势，不断创新和优化治理工具，让国家的制度优势更好地转化为国家治理效能，以更好更快地实现中华民族伟大复兴的目标。

# 第二部分

# 社会治理

# 第五章　巨变时代中国城市基层治理的价值基石与制度能力*

孙柏瑛

近些年，为适应我国治理环境和场域的巨变，城市基层治理的重要性不断凸显，提升到关乎国家治理效能的战略高度。“基础不牢，地动山摇”，而“最后一公里”服务与管理是群众利益关切所在，形塑城市基层治理制度体系，创新基层治理体制机制，成为从中央到地方的共识。2021 年 4 月 28 日，《中共中央、国务院关于加强基层治理体系和治理能力现代化建设的意见》指出，“基层治理是国家治理的基石，统筹推进乡镇（街道）和城乡社区治理，是实现国家治理体系和治理能力现代化的基础工程”。这是指导新时代我国城乡基层治理改革的纲领性文件，规划了城乡基层治理的方向目标，阐释了具有中国特色基层治理的制度设计，表述了制度赖以支撑的价值理念及实践

* 中国人民大学科学研究基金（中央高校基本科研业务费专项资金资助）“中国特色城市基层社会治理共同体的多元共治模式研究”（202030010）阶段成果，国家社科基金重大项目“中国改革开放创造的治理经验及政府理论提升”（19ZDA125）阶段成果。

基础，回应了巨变时代赋予基层治理的重要责任。

改革开放以来，我国城市基层治理制度重构已历经多年，其核心问题在于：由于城市快速蔓延和集聚，传统城市管理模式已难以为继，重塑基层治理秩序，建构具有适应城市发展能力的基层治理制度体系迫在眉睫。中国城市发展呈现显著的“时空压缩”特征[①]，迅猛的城市化进程推动城市社会形态快速转型，城市的空间规划、产业布局、职业形态、人口构成、利益分配、分层结构、居住模式等场景都发生了多重而巨大的变化[②]。与农业社会与计划体制社会不同，工业、城市、市场代表的现代性消解了传统社会的共同体秩序，代之出现的是流动性的、职业取向的、脱域的社会形态[③]，陌生人关系、多样性、异质性、原子式与分散化成为社会生活和交往的关键特征[④]。随之而来的是个体主体意识和利益观念形成并强化，这使得原有个体与群体、社会与国家关系及其相互作用方式发生改变。同时，在城市流动增强、利益分化、多样异质、风险叠加的治理背景下，形成于总体性社会[⑤]的城市基层管理体制已无法适应新的城市社会系统，难以回应基层权力结构变化和利益关系调适的需

---

① HARVEY D. The condition of postmodernity：an enquiry into the origins of culture change. Cambridge：Blackwell Publishers，1990：41－43.

② 李培林．中国社会巨变和治理．北京：中国社会科学出版社，2014：3.

③ 吉登斯．现代性的后果．南京：译林出版社，2011.

④ 鲍曼．共同体．南京：江苏人民出版社，2007.

⑤ 孙立平，王汉生，王思斌，等．改革以来中国社会结构的变迁．中国社会科学，1994（2）.

要。因此，如何重组城市基层治理秩序，适配现代意义的城市社会生活，应对城市治理挑战和问题[①]，成为 30 多年来一项不断探索的重大政策议题。

基层治理作为城市治理的“一线”和与百姓利益密切相关的“属地”，直接面向百姓的呼声、需求乃至纠纷、冲突。它不仅要解决转型期已出现的“城市病”及其矛盾问题，而且要考量城市基层结构的发展趋势以及产生新问题的可能性，这大大提升了对城市基层治理制度建设与能力再造的要求。建构基层治理秩序，提升基层治理能力，需要关怀基层作为城市最微观、基础单元所面对的治理“大问题”[②]，这给我们一个理论窗口，认识本土实践，建立解释中国特色城市基层治理特征的知识框架。本章以基层治理秩序为核心概念，将秩序形成看作参与治理的多元主体经由治理行动而倡导、建构主体间关系并创新城市基层正式或非正式制度的过程，并回应以下问题[③]：第一，我国城市基层治理秩序的来源及其价值基石，回答现时代基层治理秩序形成的逻辑依据、目标取向与观念遵循；第二，我国城

① 李友梅，等．城市社会治理．北京：中国社会科学出版社，2014：17.

② 所谓“大问题”（big questions or big issues）是指在相关研究里那些解决有难度但有持久影响力、对其他关联问题探索带来重要意义且促进知识生产和发展的理论、实践问题。参见：BEHN R. The big questions of public management. Public Administration Review，1995，55（4）；KIRLIN J. The big questions of public administration in a democracy. Public Administration Review，1996，56（5）.

③ 孙柏瑛．城市基层政府社会治理体制机制的现代转型．北京：中国社会科学出版社，2020.

市基层治理秩序重建的形成机制和主体关系形式，回答基层治理探索的权力结构以及主体间互动关系模式；第三，我国城市基层治理的制度效能转换与能力构建，回答基层治理运用政策工具、技术方法的嵌入，将制度转化为能力与现实行动，保障“最后一公里”的服务与管理得以落实。

## 一、城市基层治理秩序重塑的价值基石

观念是制度与行动的基石，30 多年城市基层治理秩序重塑过程也是探求、创新城市治理观念的历程。治理价值选择不仅解构陈旧城市管理的思维误区，更影响并决定当下与未来城市基层治理基本的制度设计方向、公共政策排序与行动路径选择。更重要的是，治理观念从本体和认识层面锚定了基层治理的本位与意义，阐述基层治理的制度目标与行动逻辑，回答城市基层治理为谁、谁来治理、治理什么和怎样治理等基本命题，从而体现基层治理秩序塑造的合法性与合理性基础，建立行动者共识。作为城市治理前沿、基础的一环，城市基层治理价值选择与巨变时代的城市性（urbanity）特征相契合①，即价值取向面向不确定性加剧、复杂多面性的城市场景，遵循城市不同阶

① 范逢春，马浩源．新发展阶段城市基层治理的空间正义及其制度实现．上海行政学院学报，2021（3）．

段的发展规律，在整体性国家治理的目标及理念框架下，反思城市空间、土地利用、产业安排、人口流动、群体关系、权利义务、公共服务等分配模式及其正义性问题，从价值层面考量城市集聚中产生的不平等、阶层断裂和风险叠加等冲突①，为城市基层治理行动指引方向。

人民性。人民性以人民主体性观念反映了现代城市性的根本特征，是城市发展客观规律的必然要求。从党的十八届五中全会到党的二十大，围绕新发展理念，反复强调“坚持以人民为中心的发展思想，不断促进人的全面发展”的重大战略命题，集中体现了中国共产党谋求公共利益、为人民服务的精神内涵。党的二十大报告将坚持人民至上宗旨提高到世界观和方法论层面，诠释了人民性的马克思主义的本质属性。人民性指向“以人民为中心”的城市属于人民，人民是城市建设和治理主体的观念②，基层治理恰是实践人民性的关键途径。人民性要求从人的视角理解城市的演化规律，旨在将治理的终极目标回归人本属性，遵循促进人全面发展的原则。一方面，人民性城市治理意味着平衡多元利益、维护基本权利。多样性建构了城市发展、更新的现实，由空间及其他资源分配形成的行政、资本、社会等不同主体利益博弈、冲突，延伸到城市利益群体的话语权控

① 吴晓林．城市性与市域治理现代化．天津社会科学，2020（3）．

② 姚尚建．“人民”的城市及其指向：城市性概念的初步检讨．浙江学刊，2021（1）．

制，深刻影响治理政策的执行过程。人民性就意味着从“公共利益”出发，以“公共性”为导向，在城市发展中有机平衡主体间利益关系，使城市居民共享普惠的公共服务和利益表达权利。另一方面，人民性城市治理指向赋能于人民，推动人民参与，发挥人民群众的主体作用。人民性不仅代表居民是城市福利的受益者，更是城市建设的参与者，人民性通过居民共同创造社区家园，让社区共同体使命责任运转起来。归根到底，人民性将人作为城市生活的本体，尊重构成城市生命体的人的价值和尊严，是城市基层治理的根本观念遵从。

公共性。践行“以人民为中心”，认识城市发展、基层治理与人民性的关系，需要一系列深层治理理念的确立与跟进。如果将城市基层治理视为依据宪法和法律规则，对街居、社区涉及居民共同利益的公共事务及利益调适进行治理的过程，那么，以促成公共利益为目标的公共性理念，便成为城市基层治理的基本价值追求。这意味着，每个参与基层治理的主体要从维护共同体相互依存、共生共在、可持续发展的目标出发，协调私域事务与公域事务、个体与共同体、利己与利他的平衡关系，共同创造基层治理的公共价值①。城市基层治理的公共性包含三个层次意涵：一是一视同仁地服务于居民享有的基本社会权利，提供制度化的基本公共服务和福利保障；二是维护社区公共空

① 穆尔．创造公共价值：政府战略管理．北京：商务印书馆，2016：60－61.

间及公共资源分配、使用的公平准则与依法合规，明确社区的物权关系，保护居民的法定产权，建立社区公共事务管理标准，约束资本逐利行为，防范社区利益冲突和安全风险；三是基于可持续发展诉求的利他观念生成与扩散。社区共同体是居民生活家园，共同维系才能获得共有价值。社区不仅是由住户构成的私域空间，更是创造社区共有增值的有机体组织，互惠、信任、利他成为政府、物业、居民、社会组织等多元治理主体共同遵守的公共性价值。

开放性。开放性的城市基层治理观念回应城市多样化和复杂性治理场景的诉求，特别指向为了提升适应能力追求基层治理开放系统的建构。开放性既是一种治理观念，又是一种认知与态度，它具有包容、共享、接纳、公开、回应、责任等丰富的精神内涵，关怀以人为中心的多元价值的互动与融通。城市基层治理为开放性观念实现提供了天然的实验场所。在此，开放性首先是让利益存在差异、秉持不同逻辑的多元治理主体，通过制度化渠道，获得协商对话和表达利益诉求的同等机会，以互动和磋商机制设计达成冲突问题的解决。其次，开放性表现为信息公开与分享，信息透明和公众知情是开放性基层治理的前提条件，奠定多元主体参与基层治理的可及性与现实性基础。再次，开放性意味着回应公众需求并吸纳自下而上的创新，开放让政府与外部环境变迁保持能量交换和制度供给平衡，维持政府治理的动能与活力。回应公众的要求，发掘地方性治理知识与创新经验，促使政府与公众沟通、互动，增进开放性。最后，开放性还体现为基层治理多元主体共治的生成与确立。开放系统是以有机包容、融入和容纳为特征的，它拒绝排斥、独占、自我利益、狭隘和被动等思维模式，正视多样化世界主体间的相互依赖关系，创造多元主体合作共赢的价值①，共建共治共享的制度构想，正反映多元共治的城市基层治理运行的开放性本质。

公正性。公正是维持社会治理秩序长治久安的根本保障，既是城市基层治理的价值追求，又是推动基层治理正义的操作工具。作为价值观，公正性在于治理过程充分体现对人的基本尊严的保护，公众拥有均等的机会与平等的社会权利，在法律面前享有平等的地位，并以程序正义实现机会与权利的平等。基于公平性的城市基层治理，追求让每个社会成员获得生存权利与人格尊严②，维护必需的公共服务供给，基层治理承担直接为民服务的政治、行政与道德责任；追求对国家宪法基本精神的捍卫，政府本着公开、透明、公平、诚信的准则，分配社会权威资源，规范各个主体的行为边界和法律、道德规范，建立行政、资本、社群、个体之间良性互动、协调发展的共治合作

---

① 孙柏瑛．开放性、社会建构与基层政府社会治理创新．行政科学论坛，2014（4）.

② 王利明．人格权独立成编对保护百姓人格尊严的意义重大．北京日报客户端，2020－07－31.

关系。作为公共治理手段，公正性是推动城市基层治理走向和谐、幸福社会目标的重要方式。这意味着：一是尊重法治，依法建构城市基层治理的规则制度。基层治理归根到底是人的服务和管理，其实质在于调整、规范人之间、群体之间、阶层之间的利益和价值关系格局，推进义务、责任与权力间的平衡，保障公众的政治、经济、社会权利，提供机会均等、分配良善、裁决公正的底线制度。二是发挥民生服务与秩序管理双轮驱动的作用，有效平衡服务与管理的功能，提高公共服务供给能力，彰显民生回应和人本关怀；构建公共安全应对机制，化解、处理矛盾冲突，控制社会风险，为城市带来祥和环境。三是促进社会共治，推进基层的参与式治理，在多元的治理主体互动结构下，形塑共建共治共享城市基层治理的中国方案，打造你中有我、我中有你的治理格局，让城市基层治理共同体运转起来。

## 二、城市基层治理变革的制度设计及其能力

将公共治理价值观转换为社会治理制度与行动，通过基层治理制度创新构筑基层治理的效能基础，成为 30 多年的城市基层治理转型探索的主线。为适应现实的社会形态及其存在问题的性质，应对基层社会分化、多样与复杂性变迁，基层建立起“党建引领”“一核多元”治理机制，发挥党统揽和领导的政治

势能[①]，撬动、聚合社区多元治理资源，调整基层的权力结构，改善政社互动关系，逐步走向“多元共治”“多管齐下”，融自治、法治、德治于一体，赋权赋能社区，嵌入数字智能技术的基层治理体系。

### （一）党建引领城市基层治理

以政党建设为驱动和着力点，以再组织城市基层社会为主线，将党建与社会治理相互交织，推进国家与社会关系的调整与重建，政党深度嵌入城市社会，成为城市基层治理制度建设的主体路径[②]。党建引领反映了以城市基层治理为载体的社会建设方向，折射在制度构造中，突出了政党与社会关系的实质，即政党承担“元治理”角色，发挥领导、引领基层治理体系与能力现代化走向的核心作用，立足于再组织化和多元共治共享，塑造新时代整合式城市基层治理的基础结构，党建引领是其鲜明的特征[③]。如邹谠先生所言，中国社会是一个由不同层级“同心圆”组成的结构，党位于“同心圆”中心位置，它动员、影响、指导和控制周围各种力量进入政治过程，显示与其他社会集团和组织形成水平关系时所居的中心位置及角色[④]。

---

① 贺东航，吕鸿强．新时代中国共产党治国理政的政治势能．东南学术，2019（6）.

② 邓顺平．政党治理基层：合法性、现实行动与理论回应．公共管理与政策评论，2018（1）.

③ 孙柏瑛．共建共治共享：新时代社会治理的中国方案//杨开峰，等．中国之治：国家治理体系和治理能力现代化十五讲．北京：中国人民大学出版社，2020.

④ 邹谠．中国革命再阐释．香港：牛津大学出版社，2002.

第一，政党有机嵌入。新时代城市基层社会建设是与党的基层建设同步展开的，基层党建向社区的延伸和强化成为城市基层治理的支撑与核心内容，构成了基层再组织化的进程。政党通过自身基层组织再造以及自上而下地组织化卷入，将政党的政治影响力和组织凝聚力嵌入城市基层政权、自治组织与社会组织等系统中，运用完善组织、主体责任、在地领导、政治吸纳、群众路线的撬动和驱动方式，建立与属地居民的日常密切联系。通过关注居民的利益诉求，整合利益表达，调解矛盾纠纷，集合多元治理，居间发挥核心引领作用，形成互动关系网络，构建“你中有我、我中有你”的基层治理格局。

第二，塑造一核多元。政党嵌入打造了“一核多元”的城市基层治理结构，将党建引领落于制度与规则建设。一方面，一核多元是以政党基层组织的中心地位来撬动基层多元治理主体与资源，牵引、汇聚社会力量参与到基层公共治理过程。通过基层建设，政党组织纵向下沉，横向扩展，进入院落、社区、商圈、楼宇，扎根并夯实基层，形成基层组织网络。党的基层组织不仅发挥带领、集合辖区居民和社会单位共同加入公共事务治理，完成治理任务，而且以“区域化党建”的组织化形式，形成党组织引领下的汇聚多元社会力量的共同行动理事会，排序辖区重要事项、倾听居民需求呼声、协调并聚合利益目标，评价治理的公共利益及其价值，将多元社会力量组织起来，有序进入参与公共政策的过程。另一方面，一核多元制度设计目标还在于在利益分化、诉求多元、治理碎片的背景下，解决分散与多样的整合问题，致力造就“和而不同”的制度环境，将分散、多元的利益有机统合起来，转换成为代表公共利益的公共政策。在价值上，党组织以群众路线、回应人民需求为使命和天职，同时党具有跨界、跨部门、跨区域统领的组织平台优势，这使得党建引领能够形成居间统筹资源、协调利益关系、增进主体互动的组织势能，积聚不同治理力量，坚实城市基层治理共建共治的制度基石。

第三，复合治理功能与机制。党建引领城市基层建设通过党组织运用一系列机制及复合功能实施治理，将理念转化为行动。党组织的基层治理功能及其机制可概括为提供服务、统筹协调、广泛动员、引导规范有机联系的四个关键词，体现了政党在城市基层治理中发挥作用的机制内涵。为居民提供及时、快捷的服务，解决居民问题是践行“以人民为中心”价值理念、党建引领的“抓手”。近年来，城市通过治理制度与技术创新，运用大数据、服务大厅、“接诉即办”、项目制等政策或平台工具，回应民情民需民难，不断推动公共服务资源向基层下沉和延伸，努力将公共服务供给落地，实现对城市居民的基本服务保障。其间，政府承担着汇聚项目需求并召集决策过程参与者，统筹协调多元主体力量，斡旋矛盾纠纷，统合利益表达，整合治理资源，吸纳、激励居民参与社区营造的任务。党组织不仅依靠科层式的政治、社会动员方式，领导基层社会完成中央和上级下达的各类治理任务，而且善于通过价值的引导与规范，以内在的激励，带领居民参与社区共同体的共建、共治，从而履行政党整合、领导城市基层治理的职责。

### （二）协商议事赋权赋能城市基层

城市基层治理是众人之事、大家之事。城市基层治理之事虽细微琐碎，却影响面大，关乎众多居民的日常，故此，更需要有良性的底层规则和制度来维系人们的交往互动。基层民主协商制度恰恰是构筑通过积极的公共参与来解决社区共同体治理问题的有效桥梁与路径①，赋予社区治理的参与者以知情、表达、共同决策与共同生产的机会及权能。多年来，协商议事制度凭借城市更新、旧城改造、垃圾分类、服务购买、社区营造、物管协调、社区基金、志愿服务等社区公共事务的“微治理”得到推行，通过党建引领、“三社联动”、网格化治理等机制支撑得以运转起来。

当下城市基层协商议事制度建立在居民生活环境设施建设、利益分配、纠纷解决、邻里互助、助残扶弱等事务领域中，与居民的日常生活与接触感知直接关联。协商议事程序启动，有的源自政党和政府撬动、倡导和组织发起，形成了咨询型的居民参与讨论机制；也有的源自居民的议题创制和倡议发起，产生了自主型的沟通磋商过程。城市基层协商议事涉及基层治理

---

① 巴伯．强势民主．长春：吉林人民出版社，2006：26.

诸多类型的事务领域，如咨政问询、决策排序、表达偏好、冲突解决、维护权益等等[①]。对于不同类型的事务，城市基层协商制度设计致力于达成实质性的公共参与，加强向居民的赋权赋能：一是保障知情。党和政府通过协商议事制度，增进居民对政策或项目的知情和理解，知晓从项目实施中的获益程度，并征询居民对政策的意见建议，使项目获得更广泛支持。二是调整利益。基层治理项目往往涉及众多个体与群体的利益，利益冲突在所难免。以协商议事平衡多元利益，好事好商量，通过良性互动产生谅解和理解，学习沟通与妥协，化解纠纷与冲突。三是取得共识。平衡利益、解决纠纷的意义在于居民以理性、友善的方式达成共识，激发社区公共参与的力量投入。四是共同生产。在共治场景下，居民不仅是政府公共服务供给的享有者，更是建设、美化社区生活的共同生产者，他们参与社区街区规划与设计，加入社区公共事务的供给[②]。以协商议事为纽带，居民不再是旁观者，而是实践社区公共价值的行动者。五是营造互动。城市社区是居民情感交流、感知邻里的期许之地。协商议事成为居民参与社区讨论、活化社区交往关系的场域，为促进居民互动、盘活社区邻里关系、建构社区公共生活奠定

① 托马斯．公共决策中的公民参与：公共管理者的新技能与新策略．北京：中国人民大学出版社，2004：89-90.

② BOVAIRD T. Beyond engagement and participation：user and community coproduction of public services. Public Administration Review，2007（9/10）.

了制度基础。

在城市治理实践中，协商议事制度也逐步确立了居民行动规范和参与规则，借此锻造了居民进入公共生活的社群观念与规则意识。协商议事过程中，居民通过不断学习，逐渐形成公共生活的角色认知，承担社区治理的主体责任。一方面，协商议事制度以不同主体间的对话、讨论为基本形式，对相关议题提出各自的态度和看法，申明支持或反对的理由，表达关怀的利益倾向。由此，协商具有表达利益、斡旋分歧、搁置冲突、形成合意的性质。参与其中，居民通过彼此互动、分享观点，能够学习讨论公共问题的经验，学会接纳、包容不同意见的方法，明确自身在社区生活中的角色，发现自我与他者关系的价值。另一方面，协商制度形成了居民共同认知的议事规则，塑造了协商制度运行共同的价值遵循。参与者秉承平等、理性、尊重、包容、求同存异的原则来讨论共同的事务，建构社区的共同生活。正因如此，协商制度也设置了居民参与共同体生活的条件与资格，赋予居民拓展自我、体验治理、发挥智慧的机会和能力①。

### （三）技术治理改变城市社区生活

数字化时代将大量新技术的应用带入城市基层治理体系，技术治理扩散呈现加速和加强态势，使得信息、数字、智能技

---

① 孙柏瑛，杜英歌．地方治理中的有序公民参与．北京：中国人民大学出版社，2013：119－120.

术成为改进基层治理方式，提升基层治理质量倚重的重要创新路径。可以说，伴随着城市基层社会多样性与复杂性加剧，出于建构适应能力的需要，国家对于基层社会治理的组织嵌入、精英吸纳、利益整合等能力的要求与日俱增，而新技术则通过标准化设置、流程再造、网络化组团和沟通模式改变等，不断改变着城市基层治理的权责配置与运行机制。以问题为导向，以克服基层“条块分割”“碎片化”局限、建立协同联动治理机制为目标，通过新技术应用和技术路线设计驱动治理结构与制度的变革、创新，成为决定城市基层治理方案的一个关键选项，深深嵌入基层社会治理过程之中。

新技术在城市，尤其是大型和中型城市基层治理中得到广泛使用。最初在北京“非典”防控期间探索的网格化管理模式，成功地转型为常态情境下的城市基层解决问题、组团服务、高效回应、联动施策的管理机制，并在筹备、举办奥运会期间发挥了重要作用。城市基层网格化管理模式反映了新技术应用理念及其解决城市治理问题的政策意蕴，这是因为，网格化管理直接针对城市化进程和治理转型过程中的目标要求与体制局限间的张力，试图以新的治理工具来弥合存在的差距，实现自上而下与自下而上提出的多重目标。新技术的应用映射出如下治理理念：一是前置感知和发现问题，拉长治理链条。运用信息技术和城市“智慧大脑”，提前察觉城市基层运行中存在的部件与事件问题，提早预警和分级管理，知晓潜在风险，及时回应，防患于未然。二是问题上传和任务下达、绩效反馈形成治理的闭环。以信息流转为依托，将问题采集并迅速上传、分类，经由信息集成的平台指挥中心的任务下达，责任分类、分层落实到基层和专业部门。网格化管理、12345 接诉即办便建立在这样的技术逻辑和流程改进之上。三是统一指挥与任务分派构筑统分责任体系，形成统筹条块、层级、部门力量的协同管理。基层问题信息上传到统一指挥平台，平台根据责任分属、专业性质、可触及性等原则，将解决问题的任务下达到委办局职能部门或街居社区，统一协调，联动条块，形成整体性治理。四是组团式服务模式，有机联结社区居民需求与供给，满足居民基本需要。通过网格的平台信息，基层政府在把握居民服务需求内容与结构的基础上，运用网格上关键节点，整合条线资源，依托“街乡吹哨，部门报到”“接诉即办”等管理机制，建构回应问题、提供服务、形成联动的基层治理的技术治理模式。

技术创新为基层治理新路径的探索提供了诸多可能，拓展并延伸了居民公共参与的长度与宽度。通过市民政务热线、政务微博微信和互联网等空间与平台，居民获得了多种形式的政社互动与政策参与机会。一方面，现代信息、数字和智能技术大大提升了政府解决急难问题、提供公共服务的能力①。借助信

① 马超，金炜玲，孟天广. 基于政务热线的基层治理新模式：以北京市“接诉即办”改革为例. 北京行政学院学报，2020 (5).

息、数字化工具，政府集成了大量的公共服务和咨询资政项目，联结了需求侧的需要表达与政府供给侧的政策和制度供给两端，促成供需有效对接，增强居民的获得感。另一方面，信息、数字技术使得居民在投诉问题、咨询政务、提供建议、共同生产等方面的参与空间和方法大为拓宽。社区居民不再受限于单一的面对面讨论互动，借由互联网平台，居民可以线上开会、交流、讨论、投票，协商社区共同事务的治理之道，探索社区营造的路径。新技术尤其为“脱域”的社区年轻居民提供了可供选择的公共参与路径，使他们在涉及社区及自身利益的更新、改造、重建事务上发挥发现问题、建言献策、共同合作的积极作用。

## 三、城市基层治理秩序重塑的理论思考

改革开放以后，我国城市基层社会治理观念、理论与实践经历了一个不断发展和演化的历程。回顾 30 多年来基层社会治理所秉持的观念建构变迁，对于理解我国当今城市基层治理的理论思维和道路选择具有重要意义，有助于突破原有理论思维及其逻辑的阈限，寻求基层治理创新之路。20 世纪末 21 世纪初，随着村民自治实践、市民社会理论的推动，基层社会治理研究在国内理论界逐步成为“显学”，从更加微观的视角考察现代化进程中的中国社会走向。多年来，学界多在国家与社会关

系的理论框架下，分析总体性社会与单位体制的衰微、权利观念以及社会力量的勃兴，据此探微中国城市基层社会的治理转型，研究城市化进程中权力结构的变化。其间，受到古典社会学分析方法、“社会中心主义”理论以及新自由主义思潮的广泛影响，在知识界引入的相关规范性社会治理理论中，较多参照了欧美民族国家现代化转型及其发展进程中的经验。在“西方本位”研究视角下审视清末以来中国国家与社会关系的多次变迁，解释不同时期中国国家与社会关系的基本特征及机制逻辑，因而对中国国家与社会关联的基本结构及其互动关系的判断存在先入为主的预设，对基于本土的基层社会治理实践的结构性要素与关键特征则缺少应有的关注。

海外引入的有关国家与社会分析框架，多将国家与社会看作二元对立的结构与关系组合，非此即彼，基于权力和权利，国家与社会之间充满了张力，常处于对抗状态。一方面，市民社会的成长必然以国家权力收缩和后退为前提，社会力量扩展是与国家争夺权力的结果，国家与社会间的力量对比是此消彼长的。只有国家让渡权力，社会才能形成实质性的影响力。相反，国家权力增长会侵蚀社会的能力。另一方面，对国家与社会关系的刻画被总体化、抽象化。研究要么将社会看作抗衡国家、防止国家绝对权力的力量，要么将国家看作管制社会无序状态的利器，而忽视国家与社会在治理领域中观或微观层面的复杂互动关系与关联机制，难以解释在不同公共事务领域国家与社会所发挥的作用及其释放的能力。据此，不能以具有意识形态化的“应该怎样”的理论思维替代真实世界的“是怎样”的问题回答[①]，对国家与社会关系的观察还需要深入我国城市基层治理的实践与经验层面，发现更加细微、独特的治理运行机理与多样化治理样式，提高对我国国家与社会复杂关系结构、制度、过程和行为的认知水平。

与此同时，新公共管理运动兴起，在新自由主义的浸淫下，倡导“小国家、大社会”的观念，“去国家化”成为一种时尚。彼时，国家在经济、社会生活中的功能、作用及能力被低估，国家被描绘为官僚体制效率低下、缺乏正当性。这时，一批“重新找回国家”“回归国家学派”的研究者发现国家不仅具有超越利益集团的独立性和自主性能力，使其成为代表公共权威的行动者[②]，而且，国家与社会关系的样式是历史的、多种多样的。有的民族国家陷落在分散、碎片的社会之中，国家的公共权威难以实现[③]；有的国家则强有力地嵌套于人们社会生活之中，除使用权威强制工具外，国家还可以通过赋权、协商、嵌入、形塑、整合等多种形式构造与社会的关系，形成兼有服务、管制和合作功能的复合、混合治理模式。正如波兰尼所言：“历

---

① 顾昕．当代中国有无公民社会和公共空间：评西方学者有关论述．当代中国研究，1994（4）.

② 埃文斯．找回国家．上海：上海三联书店，2009：7－9.

③ 米格代尔．社会中的国家：国家与社会如何相互改变与相互构成．南京：江苏人民出版社，2013：37－40.

史其实是与社会变革相适应的；国家的命运也直接与它变革过程中所扮演的角色相关。这种共生关系长久存在于事物的本性之中。"① 国家与社会关系正从零和博弈的二元思维架构走向相互建构、相互赋权，你中有我、我中有你的共同体形态。这意味着，参与公共治理过程的多元行动主体，通过全过程民主制度，构建协商合作，积聚共识、参与共治，不断谋求走向强国家-强社会的国家治理格局。这一国家与社会关系理论视角的切换，将为解释中国基层治理的本土经验，归纳中国特色城市基层治理理论提供比较思维的路径。

从上述分析看到，基于本土实践及其经验，新时代国家治理体系和治理能力现代化的道路选择与理论重构，也昭示了我国城市基层治理格局的特征和治理行动的逻辑，揭示其中城市基层治理理论的基本要义。概括而言，基层治理的理论思维首先需要突破非此即彼的二元对立逻辑预设，在宏观结构性分析基础上，透过中层理论及其方法的应用②，观察城市基层集体行动，挖掘治理内生机理，建立因果机制链条。这一理论主张将多元主体参与的基层治理及相互形塑看作一个过程，将治理主体间的集体行动选择看作连续的谱系序列，在行动进程中探求

---

① 波兰尼．大转型：我们时代的政治与经济起源．杭州：浙江人民出版社，2007：23.

② 杨念群．中层理论：东西方思想会通下的中国史学研究．南昌：江西教育出版社，2001：27－29.

城市基层治理因果关联与理论逻辑。一方面，我国城市基层治理的基本结构为政党引领、政府负责、多元主体参与、多种政策工具协同的复合治理模式，其理论出发点在于形成政党—政府—社会间良性而有效的互动、合作关系，建立基层社会治理共建共治共享的共同体形态。由此，建构我国城市基层治理理论需要论证说明基层治理共同体形成的环境条件、价值理念、目标依据、制度设计、主体间角色、权责关系、运行机制、行动模式，从中发掘实现我国城市基层治理共建共治共享合作机制的运行机理。另一方面，在思考国家治理能力不断增强，探讨国家在不确定社会背景下适应、回应多样化与复杂性的同时，尤其要关注在多元互动的公共治理空间中，多元主体基于公共性和利益协调，如何以开放性的心态，共同进行社会建构学习与行动学习（action learning & action research）[①]，面对社区治理问题，致力于以协商对话促进基层治理制度创新，激发社会力量的参与意愿，释放其活力和能力，拓展社会利益表达和社会力量吸纳的渠道，探索政社互动与协同治理的路径，为城市基层治理理论提供多元共治的中国经验和中国方案。

我国城市基层治理制度设计与行为方式的转变是适应城市快速发展，回应多样性与城市治理问题的产物，是治理迈向人

---

① GREENWOOD D J，LEVIN M. Introduction to action research：social research for social change（2nd）. Thousand Oaks：Sage Publication Ltd.，2007：36－42.

民性、公共利益、开放融合、公平正义、合作共治、精细化价值目标的产物。在巨变时代，城市基层治理为防范社会风险建立了社区营造、韧性防御与问题解决的基础，它不仅从制度上界定了城市属地管理的作用以及党政机构嵌入基层的目的、功能、职责和策略选择，而且关注、鼓励以社会资本力量的撬动，实现社区居民成为共同体共同事务的参与者和生产者。随着城市发展从经济快速增长、扩散蔓延阶段逐渐走向稳步优化、更新改造阶段，城市结构、功能进一步调整与明晰，城区更新改造成为重要任务，在基础设施、人口吸引、产业布局、功能疏解、公共服务、外来人口融入、市民化待遇、技术赋能、生活娱乐等方面的公共事务治理能力须不断提升的背景下，研究者需要以创新的观念和思维不断求索，回答党建引领、利益表达、资源分配、协商议事、矛盾调解、活化社区、营造共治等重大基层治理议题，阐释“自治、法治、德治”三治融合、有机统一的治理机制实践，为走向中国式现代化的、具有中国特色的城市基层治理理论的形成提供有价值的思想。

# 第六章　城乡社区治理：基层社会治理的基石

魏　娜

新中国成立70多年来，经济持续发展，人民生活水平稳步提高，尤其是改革开放以来，伴随着巨大深刻的社会转型，基层治理不断迎来新的挑战。城乡社区作为广大民众社会生活的空间，是实现社会管理的基础。而今中国特色社会主义进入新时代，人民群众对美好生活的需要日益增长，不仅对物质文化生活提出更高要求，而且在民主、法治、公平、正义、安全、环境等方面的要求日益增长。如何更好更快更精准地回应民生新需求、满足群众新期待，是新时代对城乡社区治理提出的要求。党的十九届四中全会通过的《中共中央关于坚持和完善中国特色社会主义制度 推进国家治理体系和治理能力现代化若干重大问题的决定》（以下简称《决定》）提出了“建设人人有责、人人尽责、人人享有的社会治理共同体”。2021年4月28日，《中共中央 国务院关于加强基层治理体系和治理能力现代化建设的意见》（以下简称《意见》），为基层城乡社区治理的推进提供了政策和实践指南。健康和稳定的基层社会治理体系依赖于党领导下的政府治理、城乡社区自治以及广大民众参与下的社会治理体系的构建。党的二十大报告进一步提出了完善社会治理体系的思路，即“健全共建共治共享的社会治理制度，提升社会治理效能。在社会基层坚持和发展新时代‘枫桥经验’，完善正确处理新形势下人民内部矛盾机制，加强和改进人民信访工作，畅通和规范群众诉求表达、利益协调、权益保障通道，完善网格化管理、精细化服务、信息化支撑的基层治理平台，健全城乡社区治理体系，及时把矛盾纠纷化解在基层、化解在萌芽状态。加快推进市域社会治理现代化，提高市域社会治理能力。强化社会治安整体防控，推进扫黑除恶常态化，依法严惩群众反映强烈的各类违法犯罪活动。发展壮大群防群治力量，营造见义勇为社会氛围，建设人人有责、人人尽责、人人享有的社会治理共同体”。

## 一、社区治理的内涵及与社会治理的关系

源于西方的概念“community”是由我国社会学家吴文藻、费孝通等介绍到中国，并翻译为中文“社区”。20 世纪 20 年代，中国社会学尚处在模仿或照搬西洋模式的状态。吴文藻提出了“社会学中国化”，提出要研究中国国情，即通过调查中国各地区的村社和城市的状况，并倡导开展实地的社区研究，他在

《社区的意义与社区研究的近今趋势》一文中首次对“社区”做出明确界定，社区乃是一地人民实际生活的具体表词，有实质的基础，是可以观察到的[①]。费孝通在他1948年出版的《乡土中国》中将英文“community”翻译为“社区”，与“社会”一词相对应，他认为“共同体是持久的和真正的共同生活”[②]。社区是一个互助合作、自我调解、高度自治的生活系统，具有满足居民经济、政治、文化、情感等各种需要的总体性功能的共同体。《乡土中国》中的社区几乎是共同体的同义语。

从20世纪下半叶开始，西方国家政府管理在经历“市场失灵”和“政府失灵”的双重考验后，意识到单纯的政府和市场调节无法达到资源配置的最优化，治理理论即应运而生。西方话语中的治理，强调对传统统治和管理方式的创新与超越，主张公共和私人等社会多元治理主体对公共事务的合作治理。

社区是指聚居在一定地域范围内的人们所组成的社会共同体。社区治理是指在一定区域范围内政府与社区组织、社区公民共同管理社区公共事务的活动[③]。“社会治理共同体”是党的十九届四中全会通过的《决定》中的关键词。《决定》提出，“坚持和完善共建共治共享的社会治理制度，保持社会稳定、维

---

① 吴文藻．论社会学中国化．北京：商务印书馆，2010.

② 费孝通．乡土中国．北京：北京大学出版社，2012.

③ 魏娜．我国城市社区治理模式：发展演变与制度创新．中国人民大学学报，2003（1）.

护国家安全"，"建设人人有责、人人尽责、人人享有的社会治理共同体"。"社会治理共同体"的核心关键词是"共建共治共享"和"人人有责、人人尽责、人人享有"。

"三共"治理理念包含主体上的共同建设、行动上的共同治理，以及成果的共同享有。"共建"是在党委领导、政府负责下，各类社会主体协商合作，充分发挥多元主体在社会治理中的独特优势和特殊作用，实现社会治理主体多元化，促进社会治理结构合理化；"共治"是将党总揽全局、协调各方的政治优势同政府的资源整合优势、企业的市场竞争优势、社会组织的群众动员优势有机结合起来，优化社会治理结构，促进多元主体协同治理；"共享"即所有社会成员共同享有社会治理成果，归根到底，打造"社会治理共同体"是为了不断满足人民对美好生活的需要，让人民群众共同享有社会治理的成果。

坚持党对基层治理的全面领导，把党的领导贯穿基层治理全过程、各方面。坚持全周期管理理念，强化系统治理、依法治理、综合治理、源头治理。坚持因地制宜，分类指导、分层推进、分步实施，向基层放权赋能，减轻基层负担。坚持共建共治共享，建设人人有责、人人尽责、人人享有的基层治理共同体。

## 二、当前城乡基层社会治理存在的问题分析

"九层之台，起于累土。"城乡社区治理的状况直接影响基

层“社会治理共同体”的构建与社会治理的效果。我国的基层组织形态架构是和城乡二元体制直接相关的，在城市主要体现为区政府、街道、社区（居委会）、业主委员会、社区社会组织、居民，在乡村主要体现为乡（镇）和村委会、农村社会组织、村民。其中既有政府机构（城市的区政府和乡村的乡与镇），又有政府的派出机关（城市的街道），还有实际中带有浓厚“行政化”色彩的基层群众性自治组织（城市的社区居委会和乡村的村委会）。另外，有近年来城市小区里涌现的业主组织的自治执行机构——业主委员会，及城乡各类社会组织等等。它们在基层社会治理中的作用日益凸显。伴随着社会转型，基层社会矛盾逐步凸显且容易激化，在城乡治理中主要表现为：

**（一）基层工作负担过重与有责无权形成治理的困局**

长期以来，国家在城市实施“单位制”和“街居制”，在乡村从“人民公社”到“村两委”，通过自上而下政治的、行政的动员和公共资源的不断投入，使党和政府的组织力量向下延伸和嵌入基层社会，行政吸纳社会并将社会包容进体制之内。单位制解体后，在改革开放的浪潮冲击下，各级政府不断加强属地管理，越来越多的管理事务下放，处在“压力型体制”中的基层政府（区政府、街道及乡镇）要完成上级下达的各项指标和考核，却由于人力短缺、授权有限，无法有效完成下达的任务，于是将目标进一步下压，将事务转移给作为基层群众性自治组织的社区和村委会。长期以来，有责无权、有事无钱、有劳无闲，是基层工作的真实写照。从“上面千条线，下面一根针”到“上面千把锤，下面一根钉”，折射了基层治理面临任务繁多、人力有限、责任刚性的困局。特别是一些地方和部门的形式主义不断向基层延伸，大大增加了种种不合理负担，制约了基层治理的效能。在近年的基层工作中，痕迹管理被广泛应用，“凡事留痕，处处留痕”让基层不堪重负。如搞一次卫生清扫需要九份档案，诸如此类的过度留痕使基层疲于应对。同时基层属地管理变成了责任属地，但由于权力和责任不对等，基层没有权力来完成上级下达的任务，尤其是在一些技术性较强的领域，例如三防和安全，基层没有专业的力量来应对和实施，使得基层会出现“看得见的管不了，管得了的看不见”的尴尬局面。

同时，政府、街道（乡镇）的任务和要求又成为居（村）委会工作的指挥棒，来自上级的督导和考核使基层缺乏回应居（村）民利益的动力，基层自治难以真正实现。

### （二）城乡二元结构和社会转型催生复杂多元的矛盾诉求

新中国成立初期，由于城乡结构的不同，快速集中资源推进工业化，逐步建立起了城乡分割的二元体制。在经济发展中随着市场资源和资本的“利城市”性，使得城乡差异日渐明显，虽然国家为了改变城乡发展不均衡局面实施了乡村振兴战略规划，但在一定时期，“大城市”病和乡村“空心化”依然并存。一方面，户籍管理制度在一定程度上制约了新兴的进城务工的农民享受均等的基本公共服务；另一方面，城镇化率的提高及流动人口的增加，基层的“熟人社会”淡化演变为“半熟人社会”甚至“陌生人社会”，对基层社会传统的管理方式提出了挑战。

同时，伴随着单位制的解体和城市住房制度改革，城市基层社会的生活和管理体制发生了巨大变化，尤其在住房市场化改革的深化中，业主和物业的矛盾逐渐成为基层社会治理所要面对的主要矛盾。新建商品房小区因产权和物业管理问题矛盾一触即发，维权现象比比皆是。老旧小区因为老化，没有公共维修资金，弃管现象屡屡发生，居民意见很大，给基层社会治理带来了巨大的压力和挑战。

总之，伴随着城镇化与社会转型的加快，基层社会矛盾日趋复杂化、多样化，且呈现出一个明显的特征，即涉及民生、民意与民情的矛盾与冲突频繁发生。

### （三）政府与社会的责任边界不清，民众参与动力不足

长期以来，在基层社会管理中，政府扮演着全能型政府的角色，政府包揽过多的社会事务，从人力、组织、投入一条龙服务，处理社会事务往往成了政府的“独角戏”。公民有什么困难都是依赖政府，认为所有的事情都应由政府管。过去在单位制体制下，单位职工的生老病死都依托于单位，单位办社会使得社会的边界不清，公民的自主意识淡薄，组织化能力较弱。在市场经济条件下，公民拥有了获得生存和发展所需的资源、利益和机会的权利，获得了自由流动的空间。但由于长期依赖

政府和单位，在社会领域区别于官方的居民有效参与的治理体制机制还没有真正建立起来。

目前我国基层的社会组织、自治组织发育尚不充分，如业主委员会、志愿组织、乡村自治协会等，在现代基层治理网络中未能很好地发挥群众自我教育、自我管理、自我服务的作用，出现了基层群众一方面依赖政府输送资源，另一方面对基层的公共事务缺乏参与热情，基层事务“社区（村）干部忙得团团转，老百姓袖手旁观看热闹”的尴尬局面，责任感和参与的主动性缺乏，成为“社会治理共同体”构建的难点。

## 三、夯实城乡社区治理的基础，激发基层社会的活力

### （一）在城乡社区治理中加强党的领导

《意见》中指出“加强党的基层组织建设，健全基层治理党的领导体制。把抓基层、打基础作为长远之计和固本之举，把基层党组织建设成为领导基层治理的坚强战斗堡垒，使党建引领基层治理的作用得到强化和巩固。加强乡镇（街道）、村（社区）党组织对基层各类组织和各项工作的统一领导，以提升组织力为重点，健全在基层治理中坚持和加强党的领导的有关制度，涉及基层治理重要事项、重大问题都要由党组织研究讨论后按程序决定”。具体体现在组织建设、队伍建设以及重大决策

的把关三个方面。

### （二）尊重社区自治权力的发挥，激发基层社会治理活力

创新基层治理，激发基层内生动力，是“共治”和“人人尽责”落到基层治理实处的具体体现。首先，要理顺条块关系、提高基层政府治理能力，为基层赋权。北京“街乡吹哨，部门报到”机制就是调整条块关系，强化属地政府的管理力度，从而明晰部门间的职责和权限，解决以往职能部门间各自为政、职责交叉不清的问题；同时以问题为导向，建立一套规范而实用的基层治理流程，将议程设置权放在基层政府，强化基层政府的治理能力。其次，要发挥城市社区居民委员会和农村村民委员会的作用，切实落实《宪法》、《居民委员会组织法》和《村民委员会组织法》的自治规定，真正做到在组织管理中的“自我管理、自我教育与自我服务”。最后，要重视社区业主委员会等业主自治组织发挥的作用，对其进行引导和帮助，使其成为基于产权基础的业主自我管理的组织。

### （三）积极培育基层社会组织，推动社会治理主体多元化

社会治理要求主体多元化：有能力的政府、健康的市场、发育良好的社会组织。三者在社会治理中各有特点和优势，三方共同发挥作用是良好社会治理的基础。随着社会结构变迁和社会转型，基层社会组织成为基层治理的重要力量，要积极培育组织成长、加强其能力建设，支持党建带群建，更好履行组织、宣传、凝聚、服务群众职责。统筹基层党组织和群团组织

资源配置，支持群团组织承担公共服务职能。培育扶持基层公益性、服务性、互助性社会组织。

近年来，我国社会组织获得了较快的发展，规模不断扩大。据《2020年民政事业发展统计公报》，截至2020年底，全国共有社会组织89.4万个，吸纳社会各类人员就业1 061.9万人；全国共有社区综合服务机构和设施51.1万个，社区养老服务机构和设施29.1万个。城市社区综合服务设施覆盖率100%，农村社区综合服务设施覆盖率65.7%。

培育基层社会组织，首先，培育其发现基层问题和基层资源的能力，社会组织参与社区治理的范围突破了前些年主要集中于文体活动领域的状况，业务范围扩展到便民服务、社区治安与管理、医疗救助、科技教育、环境保护、社会心理等公共服务领域，呈现出明显的多元化发展态势。其次，鼓励其通过参与购买服务和公益创投等方式在实践中发展和壮大，形成在城市有居民委员会、业主委员会、各种志愿性组织，在乡村有村民委员会、村民小组、农村经济合作组织等为主体的基层自治体系，实行民主选举、民主决策、民主管理和民主监督，为辖区居（村）民提供专业化、社会化、差异化服务，进而全面构建起“以基层为服务平台，以社会组织为服务载体，志愿服务为有效补充”的基层治理新格局。

### （四）以协商民主为核心，构造新型自治共治平台

基层治理中的协商民主既是我国民主制度的重要组成部分，

又是符合中国国情的基层社会治理的重要途径。协商民主的主体包括：基层党政组织、人大政协组织、社区自治组织、各种类型的社会组织、外来人口。近年来很多地方创新基层民主协商的方式，有的还把外来人口纳入其中，如2013年广东省深圳市龙华新区把协商民主的治理模式引入该区的外来人口管理过程，海珠区凤阳街道采用协商的自治方式，尝试外地人自我管理。

要努力实现政府和基层社会组织良性互动；整合居（村）委会和政府资源；协调居（村）民与居（村）民、居（村）民与居（村）委会、居（村）民与其他社会组织、居（村）民与政府之间的关系；促进政府治理、社会调节、居（村）民自治在基层的和谐；拓展自治空间，逐步建立起以居（村）民自治为目标，以协商民主为核心的协商议事堂、流动小板凳等新型自治共治平台。

**（五）尊重基层社会的复杂性和多样性，树立“和而不同”的治理理念**

首先，要树立“和而不同”的治理理念。从哲学意义上理解，“和而不同”富有深刻的含义。“和”即统一、和谐，它是抽象的、内在的；“不同”是具体的、外在的。只有容“不同”，才能达到“和”的境界。社会治理重心在基层，在当今社会的转型期，基层社会结构越来越复杂，基层治理问题和民生服务需求的多元化、复杂化和个性化使得基层治理越来越充满挑战，要建设“社会治理共同体”，就要秉持“和而不同”理念，不能搞统一模式化，要具体问题具体分析，充分尊重各个主体的差异性和诉求的多样性，构建“倾听—协商—行动”的治理机制。

其次，尊重不同的基层治理探索模式。面对日益繁重和复杂的基层社会治理任务，各地根据实际情况进行探索并总结出具有中国特色的基层社会治理经验，出现了基层社会治理的不同模式。比如：北京的“街乡吹哨，部门报到”，在理顺基层条块关系，为基层赋权方面进行了有益探索；上海动员社会各方力量实施“垃圾分类”，对城市的绿色发展进行了积极探索；深圳修订《深圳经济特区物业管理条例》，探讨构建政府、物业与业主之间共同治理机制；浙江的“枫桥经验”依靠群众化解社会矛盾；等等。这些有益的探索都是对基层社会治理的尝试，并且在一些地区取得了良好的社会效果。这些基层社会治理的不同模式可以用来互相学习与借鉴，但绝不能照抄照搬、搞“一刀切”。

总之，基层治理要考虑基层的多重差异性，允许探索适宜城乡不同经济基础和发展水平、适宜各地的模式，要分析基层问题的表现形式、重点问题、具体程度等方面的差异性，有针对性地结合具体场景，综合运用法律法规、经济调节、行政管理、道德约束、心理疏导、舆论引导等多种手段，尽可能解决问题、化解矛盾。

### （六）负责任的政府和有责任的公民构成“社会治理共同体”

“社会治理共同体”的构建要求各类主体树立和践行主体意识，尤其是“社会治理共同体”的主导者和受益者，即构建负责任的政府和有责任的公民。

对于政府而言，就是要“赋权”和“增能”并重。我国长期以来由政府主导基层体制，政府较好地承担了大部分责任，无论是政策的制定还是资源的投入，都有效提供了丰富的公共产品。然而，要实现良好的基层治理，负责任的政府不是对公共事务大包大揽，而是要进行“权力下沉”，同时积极增强基层政府的能力建设。对于“权力下沉”，政府要坚持需求导向、问题导向、效果导向，划清政府与市场、社会的职能边界，赋予基层政府更多自主权，强化街（乡）服务功能，全面提升街（乡）政务服务效率和质量，切实增强人民群众的获得感和幸福感。同时，基层政府要强化惠民政策的真正落实，畅通民众反映社会问题的渠道，搭建社会治理综合平台，引入市场参与和社会力量，为打通社会治理的“最后一公里”承担起相应的责任。

对于公民而言，就是要“转变观念”和“积极参与”。由于历史原因，我国公民参与意识不够强，积极性普遍不高。首先要让公民转变观念，认识到社会治理中公民的责任，只有参与基层事务，才能获得基层社会的和谐，个人的幸福感和获得感才会更持久。其次要让公民积极参与，通过激发公民潜力，让每一位普通公民参与到决策过程中。一是要让公民积极参与小区事务，提高自己的自治能力。在现实生活中，让公民通过参加村民小组和楼门组选举、民主协商、志愿服务等活动来培养参与意识和主人公责任感。二是要切实发挥居（村）委会引导民众参与自治的作用，反映基层民众的切实愿望和要求，获得基层群众的信赖与支持。搭建起政府与居（村）民良性互动的桥梁，将社会治理成果积极惠及全体民众。

综上所述，激发基层社会活力就是尊重我国基层社会的历史及其复杂性，运用“社会治理共同体”的理念，在党委领导、政府负责下，各类社会主体协商合作，积极提升基层社会组织参与度和社区居民的能动性，创造性地进行“以人民为中心”的基层社会治理。

# 第七章　基层治理现代化的制度需求与行动路径

杨宏山

基层治理是国家治理的基石，是党和政府联系和服务群众的“最后一公里”。国家治理的一系列方针政策都要依靠基层治理体系予以落实，民生领域的各种矛盾和纠纷也要尽可能在基层得到解决。习近平总书记指出，“基础不牢，地动山摇，希望大家都重视基层基础工作，为基层搞好工作创造条件”。基层治理体系的完善程度、基层治理能力的高低，不仅决定着党和国家方针政策的落实效果，也直接影响着人民群众的生活质量和社区的宜居水平。

党的十九届四中全会通过了《中共中央关于坚持和完善中国特色社会主义制度 推进国家治理体系和治理能力现代化若干重大问题的决定》（以下简称《决定》），系统总结了中国之治的制度基石，并就健全城乡基层治理体系提出原则性要求。2021年4月，中共中央、国务院发布《关于加强基层治理体系和治理能力现代化建设的意见》（以下简称《意见》），就加强基层治理现代化建设进行系统部署，要求力争用5年左右时间，建立起党组织统一领导、政府依法履责、各类组织积极协同、群众广泛参与，自治、法治、德治相结合的基层治理体系。在此基础上，力争再用10年时间，基本实现基层治理体系和治理能力现代化。

党的二十大报告针对基层治理改革做出进一步部署，要求健全共建共治共享的社会治理制度，完善网格化管理、精细化服务、信息化支撑的基层治理平台，及时把矛盾纠纷化解在基层、化解在萌芽状态，提出积极发展基层民主，健全基层党组织领导的基层群众自治机制，增强城乡社区群众自我管理、自我服务、自我教育、自我监督的实效。

推进基层治理现代化涉及多个领域的制度需求，既包括整合行政组织和行政资源，提升基层事务的整体治理能力，也包括增进政府与社会对话，搭建共商共议平台，提升社会治理的协商民主性。基层治理还要发挥社区组织和居民的主体作用，调动社会力量及其掌握的资源，提升社区事务的自主治理能力。本章在分析基层治理面临的挑战的基础上，提出基层治理现代化的三个维度及制度需求，探讨推进基层治理现代化的行动路径。

## 一、城市基层治理面临的挑战

### （一）街道工作面临“有限资源、全面责任”难题

改革开放以来，我国城市基层组织体系发生了重大变迁。

随着经济社会体制改革的推进和单位制的瓦解，原来由单位承担的社会管理职能被不断剥离出来，转由基层政府及其派出机关承接。在这一背景下，街道作为最基层的行政组织单元和公共服务载体，在城市基层治理体系中的作用显著提升。20 世纪 90 年代末，各地推进属地化管理，街道成为城市基层治理的重要行政主体，负责辖区内的党群工作、平安建设、城市管理、社区建设等各类任务。

与街道承担的大量事务相矛盾的是，街道办事处可支配的公共资源并没有随之增加。在市场化改革中，体制外的经济社会资源越来越多，基层政权直接支配资源的比例显著降低。再加上街道办事处直接面向社区和居民，责任无法移交其他行政主体，在“条条领导、块块负责”的格局下，街道承担属地管理的第一责任，但其不具有行政执法主体资格，行政编制、财政资源和管理权力十分有限①。由此可见，基层行政组织的权责很不匹配，在开展工作中普遍面临“有限资源、全面责任”的行动悖论。

### （二）公共部门面临“条块分割、协同不力”问题

我国城市基层治理立基于一统体制下，上下级政府的机构设置遵循对口原则，形成了上下对口、纵向贯通的“蜂窝型”

---

① 杨宏山．赋权增能：首都城市基层治理的新经验．北京日报，2018－12－24(14).

治理结构。地方行政组织既要接受“条条”领导，也要接受“块块”的归口管理。在实际运行中，“条条”具有较强的控制力，在资源支配中居于主导地位，上级部门的决策部署能很快得到落实；但横向壁垒较多，基层“块块”很难调动“条条”资源，导致一些跨部门问题难以得到有效处置。

具体就城市基层治理来讲，街道办事处直接支配的行政资源有限，不具备单独处理某些公共事务的完整权力，又很难调动其他职能部门，开展工作面临“条块分割、协同不力”的难题。基层治理具有系统性、整体性的特征，需要相关行政部门协调与配合。但是，在复杂的条块关系中，街道开展工作缺少有力抓手。街道机构处于基层一线，具备第一时间发现问题的条件，对很多事务却没有处置的能力；上级执法部门具有动员资源的能力，却难以及时识别问题，导致基层治理经常遇到“看得见的管不了，管得了的看不见”问题。

### （三）居民权利意识增强，对基层治理提出更高要求

随着社会经济的发展和生活水平的提高，城市居民对社区环境和服务质量的要求也不断提高。此外，国家推进法治建设和国民受教育水平提高，使得社区居民的权利意识、参与意识显著增强，依法表达正当诉求、维护合法权益的能力明显提升。近年来，一些城市为提升公共服务的回应性，主动推进部门热线整合，设置统一的市长热线，将居民投诉的处置率、处置结果的满意度等指标纳入市政绩效评估体系，形成月度、年度绩

效考核，激励公共部门切实做到“民有所呼、我有所应”，为居民参与基层事务治理提供了便捷渠道。居民投诉数量的增长，也对行政部门的回应性提出了更高要求。

社区居民对美好生活的向往与追求，是由无数日常的小事和具体的公共需求凝聚而成的。建设社区美好生活既有赖于国家公共服务体系的精准对接，还有赖于基层社会治理体系的完善，有赖于社会治理能力的提升。为实现“民有所呼、我有所应”的基层治理要求，更加精准地回应居民需求和提供公共服务，基层治理需要拓展公众参与渠道，构建社区事务的议事平台，注重听取不同方面的意见和需求。在基层事务的处理中，需要加强与居民的沟通和协商。

## 二、基层治理现代化的制度需求

《决定》指出，“构建基层社会治理新格局”，“实现政府治理和社会调节、居民自治良性互动，夯实基层社会治理基础”。党的二十大报告进一步提出，“健全共建共治共享的社会治理制度，提升社会治理效能”。中央层面的政策规划为推进基层治理创新提供了基本路线。健全基层治理体制机制，既要协调公共部门之间的纵向和横向关系，提高行政运行效率，也要激发社会活力，构建社区治理共同体。推动基层治理现代化涉及三个维度的制度需求：一是在党建引领下，推进整合之治，构建跨部门运作机制，促使各部门协同运作，形成合力；二是在政府负责下，推进协商之治，发展协商民主的制度安排，构建共建共治共享的平台；三是在多方参与下，推进规则之治，通过协商对话制定社会治理的基本规则，在社区规则的约束下，发挥业主组织、物业服务企业等多元主体的作用，完善规则主导的基层治理体系。

### （一）公共部门间关系：推进整合之治

为破解基层治理面临的条块分割、协同不力的问题，需要进一步协调公共部门间关系，整合多部门的行政资源，提升基层执法的整体性、协同性和精准性。“整合之治”即在政治权威的主导下，在公共部门之间构建跨部门协作机制，提升公共服务的回应性、责任性和协同性。在中国制度情境下，党政关系是理解社会治理的重要维度，党组织在其中发挥黏合剂的作用，把不同的政府部门和层级黏合在一起，改进了做出某些事情所必需的合作①。在国家治理中，党组织的一个重要任务是运用国家机器实现有效的社会治理，推进社会进步和居民获得感的提升②。党的十九大以来，中国之治提出健全党委“总揽全局、协调各方”的领导制度体系，把党的领导落实到国家治理的各领域、各方面、各环节，推进各类国家机构协调行动、增强合力。

① 弗兰泽奇．技术年代的政党．北京：商务印书馆，2010：347.

② 林尚立．执政的逻辑：政党、国家与社会//复旦政治学评论：第3辑．上海：上海辞书出版社，2005：7.

“整合之治”要求各级党组织在社会治理中发挥统筹作用，依托各级党组织，形成上下贯通、执行有力的跨部门组织体系，对各领域、各层级的公共部门进行整合，促使各部门间形成协调行动，形成党建引领的基层社会治理新模式①。具体而言，要坚持在党建引领下，推动社会治理重心下移，破除基层条块分割的状态，解决跨部门合作难题②。《决定》提出，要“继续探索实行跨领域跨部门综合执法，推动执法重心下移，提高行政执法能力水平”。近年来，针对执法力量过于分散、基层执法能力不足等问题，在问题倒逼下，一些地方政府主动推进执法机制创新，积极探索“整合之治”的运作机制。例如，北京市在街道管理体制改革中，将基层城管执法队转隶至街道办事处，以城管执法队为主体，整合基层执法力量，构建了联合执法机制。公安、消防、交通、市场监管等部门安排专人常驻街道，由街道统筹协调相关执法力量开展联合执法，显著提升了基层执法能力③。内蒙古阿拉善盟针对地域辽阔、基层执法力量不足的现实问题，借鉴基层“全科医生”执行全科医疗的卫生服务理念，积极开展基层“全科式执法”试点。阿拉善左旗在城市管理局基础上，整合住建、市场监督、环保、水务、民政、交

① 刘建军．上海基层党建的新使命．中国社会科学报，2017-10-19（3）.

② 杨宏山．赋权增能：首都城市基层治理的新经验．北京日报，2018-12-24（14）.

③ 孙柏瑛，张继颖．解决问题驱动的基层政府治理改革逻辑：北京市“吹哨报到”机制观察．中国行政管理，2019（4）.

通等部门的行政执法权，形成“一支队伍管执法”模式。“全科式执法”一般是以综合执法的形式处理常见的违法问题，根据不同领域的违法情况建立各自的执法档案。对于情况复杂、矛盾交织、难以处置的执法问题，基层执法队向相关行政部门汇报情况后，由具体负责机构安排专门执法力量进行处置。这些先行先试的改革探索，为推进城乡基层行政执法力量的整合积累了宝贵经验。

### （二）政府与社会关系：推进协商之治

随着社会体制改革的推进，各类单位的社会服务功能逐渐式微，社区已经成为居民生活的主要空间场所。随着居民权利意识和参与意识的提升，基层治理需要发展协商民主的制度安排，构建多方参与的对话平台，各方在互动交流中集聚共识，彼此基于共识形成集体决策，并组织集体行动，形成共建共治共享格局。习近平总书记指出：“有事好商量，众人的事情由众人商量，找到全社会意愿和要求的最大公约数，是人民民主的真谛。”[①] “协商之治”凸显了互动对话在公共治理中的价值，倡导通过平等对话、公开讨论、共同协商的方式制定公共规则，参与者都能够平等地听取不同意见，并在倾听和交流中调整自身诉求和立场。一般认为，当公共决策是通过公开讨论过程而达成，所有参与者都能自由发表意见并愿意平等地听取和考虑

① 习近平．习近平谈治国理政：第 2 卷．北京：外文出版社，2017：292.

不同的意见时，这个治理过程就是协商民主性质的[①]。协商过程有助于学习各方知识，改进自身认知，是寻求共识的基本途径。

从具体的制度安排上看，“协商之治”为基层善治提供了可操作的行动路线。党的十九届四中全会提出，要“坚持社会主义协商民主的独特优势”，统筹推进基层协商以及社会组织协商，丰富有事好商量、众人的事情由众人商量的制度化实践。这表明协商民主被纳入社会治理体系中，成为新的价值导向。协商民主的本质是共识性决策，强调以平等对话取代单向度的行政命令。为此，政府部门有必要转变基层治理的角色定位，由“划桨者”转变为“掌舵者”，社区内部能解决的事情要尽可能交由社区处置，能够通过协商对话途径化解的矛盾就不通过管制和命令的方式解决。近年来，在城乡基层治理实践中，“协商之治”得到了越来越多的应用。针对城市社区物业管理面临的现实矛盾，北京市朝阳区推进党建引领物业服务企业和业主委员会参与基层治理机制建设。在街道办事处的指导和社区党委的引领下，试点小区成立业主委员会，构建社区事务共商共治平台，将社区居委会、业主委员会、物业服务企业、驻社区单位、居民代表纳入进来，形成“一核引领、五方共治”运作机制。在老旧小区引入物业服务，先对社区功能进行提升改造，然后推进

---

① 登特里维斯．作为公共协商的民主：新的视角．北京：中央编译出版社，2006：139.

建章立制工作，推动老旧小区从“失管”走向“共治”。对于社区自身无法解决的公共问题，公共部门再行介入，提供辅助支持，为“协商之治”提供补充，提升多元主体共建共治共享的可持续性。实践表明，构建协商民主的运作机制，在互动交流中形成互惠性的制度安排，有利于提升社区自主治理的可持续性。

**（三）社区共同体建设：推进规则之治**

随着市场化改革的推进，城市社区呈现出复杂性和多样性特征。除了新建的商品房小区外，城市社区还包括安置房小区、保障房小区、老旧小区等多种类型的居住空间。不同社区对物业服务的需求和供给方式也具有差异性，商品房小区普遍由物业服务企业提供社区服务，很多老旧小区尚未引入物业服务公司，仍主要依靠公共部门提供基本的社区服务。因此，寻求社会治理体系的“万灵药”是不现实的，以一套固定模式、统一标准的社会治理体系来要求不同地区、不同社区也是行不通的。在公共事务的治理中，并非只有政府化运作或私有化路径，多个行动者通过自主组织，自行提供规则和集体行动，也是实现公共资源有效治理的可行路径。人们可通过沟通和交往逐渐形成共同的行为准则与互惠的处事模式，基于信任、承诺与互惠的原则，形成解决问题的新的制度供给[①]。

① 奥斯特罗姆．公共事物的治理之道：集体行动制度的演进．上海：上海三联书店，2000：144.

如果说“协商之治”是过程导向的治理模式，那么“规则之治”则更加强调社会治理的实际结果。“规则之治”强调人们对规则普遍遵守和执行的重要性，一条由充分协商形成却没有人遵守的规则很快就会流于形式。规则形成过程的合法性是基础性问题，但规则能否得到普遍的遵守也是需要重视的，这就对规则的内容和形式提出了一定的要求。邓穗欣总结了推进规则之治的十项原则，分别是：（1）降低遵守规则的难度；（2）制定明确且容易理解的规则；（3）让非正式规则强化正式规则；（4）广泛建立遵循规则的社会期望；（5）执法公平合理，始终如一；（6）规则要对症下药，量体裁衣；（7）规则应由最接近受影响的人的层级制定；（8）准备辅助机制，以便现行规则失效时具有替代方案；（9）具有约束机制，确保规则制定者和执行者能够遵守；（10）运用规则促使个人正确理解自我利益①。

当前，我国基层治理普遍面临着“有限资源、全面责任”的治理悖论。基层政权的行政编制和财政资源十分有限，无暇顾及辖区内出现的各种问题。在此背景下，构建社区事务的议事平台，推进社区治理规则建设，让居民参与的共同治理机制更好地运作起来，已成为社会治理制度创新的重要趋势。党的十九届四中全会提出，建设人人有责、人人尽责、人人享有的

① 邓穗欣．制度分析与公共治理．上海：复旦大学出版社，2019：247－248.

“社会治理共同体”[①]。改进基层社会治理的制度安排，要注重发挥社会力量的作用，基于相互信任、互惠规范和参与网络形成的社会资本，塑造契约精神，以居民共商形成的社区议事规则为基础，解决集体行动的困境，促使社区自主治理运转起来[②]。近年来，北京市海淀区上地街道积极探索基于社区民主协商的“规则之治”，取得了较好成效。在街道和社区党委的引导和支持下，2002 年，北京市海淀区上地西里社区部分业主自发组织集体行动，召开了产权人代表大会，选举产生了物业管理委员会（业主委员会），将业主委员会纳入社区治理体系。上地西里社区产权人通过集体协商，制定了《上地西里业主公约（管理规约）》《上地西里业主议事规则》《上地西里业主自治机构人员选举和罢免办法》《上地西里业主代表大会议事规则》《上地西里业主委员会工作规则》《上地西里物业管理委员会章程》等集体规约[③]。从 2002 年筹备业主组织迄今，上地西里业主代表组织走过了 20 多年的“规则之治”历程。实践表明，这种在民主协商中形成的互惠性规则有利于调动多方主体的积极性，提升社区自主治理的可持续性。

---

① 中共中央关于坚持和完善中国特色社会主义制度 推进国家治理体系和治理能力现代化若干重大问题的决定. 人民日报，2019-11-06（1）.

② 帕特南. 独自打保龄球：美国社区的衰落与复兴. 北京：北京大学出版社，2011.

③ 郭卫建. 上地西里小区业主代表大会实践//和谐社区 2018. 北京市海淀和谐社区发展中心，2018.

## 三、基层治理现代化的行动路径

### （一）权威整合与社会协商相结合

基于我国基层治理面临的现实挑战，本章提出三个维度的制度需求，即推进整合之治、协商之治、规则之治的制度建设。习近平总书记指出，“社会治理是一门科学，管得太死，一潭死水不行；管得太松，波涛汹涌也不行。要讲究辩证法，处理好活力和秩序的关系”①。推进基层社会治理现代化，需要以解决实际问题为导向，着力固根基、扬优势、补短板、强弱项，大力发展合作治理、共同治理机制，积极探索自主治理机制，使社会既充满活力，又安定有序。

一方面，推进基层治理创新需要推进条块整合，完善公共部门间的协作机制。针对基层治理存在的“有限资源、全面责任”“条块分割、协同不力”问题，需要推进权力下放、资源下沉，推进重心下移，强化街乡的属地管理责任，完善党委领导、政府负责的制度安排，构建跨部门整合与运作机制，进一步优化跨部门议事协调机制，提升基层治理的整体性、回应性和公共服务能力。另一方面，在政府与社会关系方面，要进一步完善民主协商、社

① 中共中央文献研究室．习近平关于社会主义社会建设论述摘编．北京：中央文献出版社，2017：125.

会协同、公众参与的制度安排，注重发挥社会力量的作用，提高基层治理的社会化、民主化、协同化水平。随着我国社会结构的深刻变化，利益格局的深刻调整，公众的权利意识、参与意识显著增强，基层治理需要发展协商民主，构建包容多元主体参与的议事机制，增进公共部门与社会主体的互动[①]。基层治理需要打破政府本位主义，涉及人民群众切身利益的事项多通过民主协商的方式解决，在沟通和对话中集聚共识，形成合力。

### （二）顶层设计与地方试验相结合

推进基层治理现代化，既要总结公共治理的基本规律，通过自上而下的途径推进制度建设，完善国家安全体系，增强国家安全能力，健全公共安全体制机制，完善社会治安防控体系，发展多元化的矛盾纠纷调解机制，也要扩大地方自主权，支持各地根据实际情况开展政策创新，总结各地在探索创新中积累的成功经验，及时将可复制的地方经验纳入国家政策体系中。基层治理具有较强的情境性，有些经验在特定地区、特定发展阶段、特定环境中具有较强适用性，而在其他环境中的有效性则会下降。对于适用于特定地区、特定阶段、特定环境的治理经验，需要区分适用对象，有针对性地组织区域性、行业性、专题性交流活动，总结类似情境下的基层治理创新经验，提升经验学习的针对性和有效性。

---

① 杨宏山．协商＋共治：构建社会治理新机制．半月谈，2019（23）．

观察基层治理创新的实践发展，很多成功经验都来自基层的创新性探索。例如，北京市针对基层治理面临的难题，推进“街乡吹哨，部门报到”和“接诉即办”改革，取得了很好效果，为化解“条块分割”问题积累了宝贵经验，得到中央领导肯定；北京市朝阳区针对居民对物业服务的投诉较多的问题，在社区党委的领导下，搭建了居住小区议事平台，将社区居委会、物业服务企业、业主委员会、驻社区单位、居民代表等相关主体纳入进来，形成“一核引领、五方共治”运作机制，提升社区事务的协商民主和自主治理能力；内蒙古阿拉善盟根据当地社会治理面临的现实矛盾，政府提供政策支持、经费补助，引导农牧民组织起来成立草原“都贵楞”，成为一支巡防自治力量，为守护草原生态安全发挥了重要作用；浙江省桐乡市开展自治、法治、德治“三治合一”建设，将乡贤纳入基层社会治理体系，形成乡贤参与社会矛盾纠纷调解的运作机制，被中共中央政法委定位为新时代的“枫桥经验”。总结各地推进基层治理创新的典型经验，有利于增进政府间学习，促进成功经验的推广和扩散。

总之，推进基层治理现代化需要坚持权威整合与社会协商相结合，坚持顶层设计与地方试验相结合，充分发展协商民主，构建充满活力的“基层治理共同体”，形成基层社会治理新格局。基层政府及其派出机关拥有的资源有限，基层治理需要调动多元社会主体及其掌握的资源，建设人人有责、人人尽责、人人享有的治理共同体，确保人民安居乐业、社会安定有序。

# 第八章　市域社会治理方法论

何艳玲

党的十九届六中全会基于“党的长期执政”这一重大时代课题，提出一系列原创性的治国理政新理念新思想新战略。作为“中国之治”的重要组成部分，市域社会治理既是国家治理在市域范围内的具体实施，也是社会治理体系和治理能力在市域范围内的落实和体现，更是关系到党的长期执政的重要战略环节。

我们对市域社会治理的认识经历了不断深化的过程。党的十九届四中全会明确提出，“加快推进市域社会治理现代化”。“市域社会治理”这一概念首次出现在党的纲领性文件中，市域社会治理现代化成为坚持和完善共建共治共享的社会治理制度的重要方面。党的十九届五中全会进一步提出“加强和创新市域社会治理”，将“社会治理特别是基层治理水平明显提高，防范化解重大风险体制机制不断健全”作为“十四五”时期我国经济社会发展主要目标。党的十九届六中全会更是强调“永远保持同人民群众的血肉联系，践行以人民为中心的发展思想，不断实现好、维护好、发展好最广大人民根本利益，团结带领全国各族人民不断为美好生活而奋斗”。这些重要论述，为加快推进更高质量的市域社会治理现代化提供了切实可行的价值依循、发展方向和行动指南。对市域社会治理的方法论进行系统总结和提炼，不仅有助于在理论上廓清市域社会治理现代化的发展逻辑和实现路径，更有利于深化对党的执政规律、社会主义建设规律、人类社会发展规律的认识，从而为讲好中国治理故事、推动中国治理故事的国际传播提供理论指引。以下将结合党的十九届六中全会精神，阐释市域社会治理方法论的基本内涵。

## 一、市域社会治理是国家治理现代化的重要内容

市域社会治理是国家治理在市域范围内的具体实施，是国家治理的重要基石。新时代市域社会治理现代化，事关顶层设计落实落地，事关市域社会和谐稳定，事关党和国家长治久安，意义重大、影响深远。

### （一）市域社会治理是构建与城市性相适应的社会治理模式

城市是市域社会治理的基本单位，也是市域社会治理的主要场域。改革开放以来，中国经历了规模最大、速度最快的举世瞩目的城市化进程。随着城市化的快速发展和人口在城市的集聚，社会结构、社会组织形式以及社会利益格局发生了深刻

变化，城市成为经济增长、社会发展的主场所，也是利益博弈、矛盾纠纷发生的主要场域，是社会治理的主阵地。市域社会治理的功能之一便是构建与城市性相适应的社会治理模式，在此之前，首先需要澄清城市性及其对市域社会治理的新要求。这体现在以下几个方面。

第一，集聚性。集聚是城市的基本性质，也是城市发展的主要原因。城市是我国各类要素资源和经济社会活动最集中的地方，全面建成小康社会、加快实现现代化，必须抓好城市这个“火车头”。城市自我增值优势及空间辐射作用使其发展优势不止被锁定在固定的一些城市，其效应被扩大并辐射至经济联系紧密的城市，因此中国城市发展一直呈现出服务国家发展战略、承载国家经济改革任务的特征，城市化也成为中国经济转型、经济增长的重要机制。从经济层面上来说，集聚意味着更多剩余的利润，所以财富、资本、资产等更倾向于流向城市，城市和资本具有天然的契合性。城市集聚意味着财富的集聚，财富的集聚意味着分化。一个是城市社会不同群体的分化，即阶层；另一个是体现在不同城市空间的分化。而城市治理的目的就是解决分化的问题。由于城市和资本具有非常天然的关系，所以这意味着城市的阶层化、城市的资本化、城市集聚的社会分化一定是市域社会治理在政策层面、制度层面需要回应的问题。

第二，异质性。简单来说，异质性即差异性，但城市中的异质性是城市的一个鲜明特征，异质性表现在城市人口、社区、城市景观以及城市空间等多个方面。基于人口的异质性，城市中形成的社区也必定是具有异质性的，表现在社区中的人与人之间社会交往的异质性以及人对社区认同的差异性上。人口和社区的异质性成为城市治理中必须要考虑的第一类影响因素，也是城市治理以及社会治理具有复杂性的重要原因所在。人口的异质性也是城市风险、城市冲突的重要来源，当人类众口难调时，必须有好的制度来促进众人的妥协与意见达成。城市的异质性为城市社会治理带来更多的复杂性，也导致城市社会治理中潜存着更多的风险，如何防范与化解社会风险成为城市政府未来的挑战与困难。

第三，流动性。集聚带来社会分化，而分化会带来流动。流动有两个方面的维度，一个是物理流动，从一个城市到另外一个城市，从区域中心城市到一线城市，从一线城市到首都；另一个是社会流动，从低层的链条往高层链条流动，这是人的天性。这意味着城市是非常开放的体系，边界不清晰，且边界一直不断转化，这强化了城市的不确定性，城市治理的持续性变得更重要。因此，市域社会治理就是回应流动性的问题。在边界不确定的情况下要实现三个转变：一是从区划管理到区域管理。二是从居民管理到住民管理。住在这里的人，不管是本地人还是外地人、本国人还是外国人，都需要纳入管理框架。三是从职能履行到议题协作。比如，疫情的防范并不仅仅是公共卫生或应急的议题，而是一个综合性治理的议题，是整体性的回应。城市治理一定要打破区化边界，打破居民边界，打破职能边界。

基于城市性和城市化进程，市域社会治理有诸多特有的维度。市场化创造和深化了不同社会结构的差异性；而城市化则在不同的角度改变社会结构。在城市化进程中，社会多元性、开放性成为社会的重要特质，特别是由互联网带来的城市零边际社会，正在重塑政治经济结构。信息的透明性和公开性加剧了社会扁平化。人人都是知情人，人人都有麦克风，人人都有发声权，社会结构发生重大变化。社会风险和社会冲突在城市化进程中越来越具有流动性。可以认为，市域社会治理的核心就是管理集聚性、异质性和流动性；而如何应对风险和冲突的流动性挑战，建立更富场景性和理性导向的语言体系和传播界面，是市域社会治理的重大挑战。在此意义上，市域社会治理就是构建与城市性相适应的社会治理模式。

### （二）市域社会治理现代化是实现国家治理现代化的必然要求

创新社会治理的难点在基层，推进社会治理的关键在市域。习近平总书记多次明确指出，社会治理是国家治理体系和治理能力现代化的重要内容，必须提高社会主义现代化国际大都市的治理能力和水平。

当前，全球体系下资本、技术的非边界化以及流动性与城市性的契合，重构着城市发展的空间形态和策略选择，也加剧了城市风险。尤其是在市域层面，高速的流动与复杂连接网络增加了全球城市的不确定性。地区性风险转变为全球危机的可能性增加。在全球序列中处于优势地位的城市因其不可代替的地位而受到外部环境的约束，特别是面临全球危机时，即便人口流动使得危机加重，也因其在全球体系中的垄断地位而无法完全中断流动。面临全球风险时，全球城市无法因其优势地位而免受威胁。而这已经构成城市治理层面的议题并考验着国家治理能力本身。

同时，以空间和资本为核心要素的城市性产生了集聚与拥挤、积累与失衡的双重张力，并对城市发展的正当性以及国家治理的合法性提出挑战。尽管资本流通的终极目的是创造剩余价值并实现财富积累，但其流动性所带来的不确定性使其无法稳定地维持社会秩序以及人类发展所必需的非生产性的基础设施。一旦无法满足资本的需要，资本会在各种市场信号的支持下退出社会再生产领域。资本与城市的契合并不必然带来资本与人民以及城市与人民的契合。资本所带来的城市风险使得生活在城市中的每个人都可能变成弱者，即便是资本的掌握者。由此，开放体系下对于城市风险的理解和反思不应只停留在特定类型和特定场景风险的分析之上，城市发展极化与个体脆弱本身就是城市风险的来源。而从纷繁复杂的各类风险中抽离出来，寻找触发风险的结构性张力和制度逻辑显得至关重要。与此同时，全球治理体系下的流动性、专业化以及个体意义的彰显使得城市治理必须重新审视治理结构的变迁。

应对这些挑战，如何从制度、体制、机制层面构建与社会治理相适配的治理模式，就成为新时代国家治理的重大课题。就此而言，深化市域社会治理现代化恰逢其时。从治理结构看，市域社会治理既要贯彻落实好中央关于国家治理的大政方针、制度安排、决策部署和省（区、市）委的任务要求，又要对本市域社会治理统筹谋划、周密部署、推动实践，在国家治理体系中承担承上启下的枢纽作用；从治理层级看，市域层面具有相对完备的社会治理体系，具有解决社会治理中重大矛盾问题的资源和能力，是将风险隐患化解在萌芽、解决在基层的最直接、最有效力的治理层级。所以，加快推进市域社会治理现代化是实现基层社会治理现代化的关键，是实现国家治理体系和治理能力现代化的重要基石。

### （三）市域社会治理现代化是践行以人民为中心的发展思想的重要路径

“以人民为中心”发展思想的提出并非偶然，而是有着非常深刻的实践逻辑，即1978年之后中国的现代化逻辑。这一逻辑的核心是：无论是市场增长还是社会建设，都与社会主义国家面临的挑战及其应对有关。这一逻辑塑造了中国社会治理的任务，也影响了当下社会治理的理念变迁和路径选择。应对经济发展，社会治理的逻辑整体上是追赶逻辑、被动逻辑和防御性逻辑。比如，应对生产力落后的局面，经济发展成为中心工作；

应对经济发展带来的社会分化，和谐社会建设成为社会治理的重点。进入新时代以来，社会作为治理主体之一逐渐在国家发展议程中占据重要位置，并且呈现出与经济增长阶段不同的逻辑。政党建设逻辑是重新回到政党、回到国家本质、回到党的初心，本质上回应的是新时代党和国家的关系、党和人民的关系、国家和人民的关系。其中，“以人民为中心”的发展思想是对这三个关系的直接回应。

“以人民为中心”发展思想的提出，进一步明确了新时代以政党建设促进社会治理的基本方向。2015 年党的十八届五中全会通过的《中共中央关于制定国民经济和社会发展第十三个五年规划的建议》强调，必须坚持以人民为中心的发展思想，把增进人民福祉、促进人的全面发展作为发展的出发点和落脚点。2017 年，党的十九大报告正式提出必须坚持以人民为中心的发展思想，不断促进人的全面发展、全体人民共同富裕。2020 年，党的十九届五中全会强调，坚持以人民为中心，坚持新发展理念，坚持深化改革开放，坚持系统观念。党的十九届六中全会更是明确指出，全党必须永远保持同人民群众的血肉联系，践行以人民为中心的发展思想，不断实现好、维护好、发展好最广大人民根本利益，团结带领全国各族人民不断为美好生活而奋斗。

这些重要指示表明，其一，社会逐渐从附属于市场的结构中剥离出来，其本身已然成为独立的治理主体，在国家治理体系和治理能力中居于重要地位。这是对“社会”本身作为一种独立价值存在的重新定位。其二，人民利益既是市域社会治理的基本出发点，也是其根本目的，实现和维护好人民利益是市域社会治理的根本任务。在这个意义上，推进市域社会治理现代化，必须牢牢把握住“以人民为中心”这一核心价值，不断提升人民群众获得感、幸福感、安全感这一根本目标。城市的人民性意味着，城市治理主体需要在城市规划、建设、管理、服务等全过程中贯彻实施城市的人民性理念，发挥人民的主体性作用，以增加人民群众的获得感、幸福感和安全感。唯有如此，人人有责、人人尽责、人人享有的共建共治共享的社会治理格局才能最终实现。

## 二、中国市域社会治理的五大方法论

特定时期内的发展奇迹让中国治理在全球治理体系中的作用变得更为重要，在几十年的发展中，更多经验也得以积累，并形成了更具有普遍意义的启示。基于对中国市域社会治理实践的长期观察，我们可以将这些启示概括为：党建引领、以人民为中心、协同共治、社区行动和重新联结居民。在一定程度上，这些可以理解为对中国城市治理乃至中国治理的方法论探索。

### （一）党建引领

中国现代化属于后发外生型现代化。中国现代化进程中党的领导作用和角色，展示了政治文明复兴的新前景，也在为推动人类政治文明的多元化发展做出贡献。使命型政党的实质是研判社会主要矛盾，把握人民需求，提供与人民美好生活需求相符的高质量治理。

党的十九大报告指出："全党必须牢记，为什么人的问题，是检验一个政党、一个政权性质的试金石。"这凸显了使命型政党的本质，即中国共产党不是以权力为中心的政党，而是将人民至上和人的全面发展作为核心依归的政党。中国改革进程表面上看是不同矛盾性质的变化，实质上是政党使命的历史延续和对人民认知的持续发展（见表 8－1）。政党使命、主要矛盾、中心工作成为中国治理的三个关键概念，并建构了具有明显中国特质的改革逻辑链条。

**表 8－1　改革开放以来的主要矛盾与中心工作**

| 期间 | 主要矛盾 | 中心工作 |
| --- | --- | --- |
| 1977—1981 年 | 人民日益增长的物质文化需要同落后的社会生产之间的矛盾 | 社会主义现代化建设 |
| 1982—1987 年 | 人民日益增长的物质文化需要同落后的社会生产之间的矛盾 | 以计划经济为主，市场调节为辅 |
| 1988—1992 年 | 人民日益增长的物质文化需要同落后的社会生产之间的矛盾 | 发展社会主义商品经济 |
| 1993—2017 年 | 人民日益增长的物质文化需要同落后的社会生产之间的矛盾 | 建立社会主义市场经济体制 |
| 2018 年至今 | 人民日益增长的美好生活需要和不平衡不充分的发展之间的矛盾 | 以人民为中心的发展 |

在市域社会治理实践中，使命型政党主要具体体现为党建引领，由此衍生的是基层党组织的双重属性：一是城市基层政权中的领导核心，即政治属性；二是城市社会建设中的人民代表，即社会属性，双重属性紧密相连。党是执政党、是领导核心，这是党组织的政治属性。以政党的组织化力量保证现代国家建设的社会主义方向，保证社会稳定，同时推动经济高速发展，完成政党的历史使命。党恪守人民至上、实现人的全面发展这一宗旨，这是党组织的社会属性。在城市治理过程中，社会属性是实现政治属性的前提，也是关键路径。近年来许多城市探索出了形式多样的“党建引领”实践，充分发挥了基层党组织的领导核心和党员先锋模范作用，有效地整合了社会资源、推动了社会参与、夯实了党执政的社会基础，这同时意味着党的领导与实务工作在城市实践中密切结合的可能性和可行性，也意味着更能找到合适的市域社会治理“小切口”并提高整体治理效能。

### （二）以人民为中心

从 2015 年党的十八届五中全会强调必须坚持以人民为中心的发展思想，把增进人民福祉、促进人的全面发展作为发展的出发点和落脚点，到 2017 年党的十九大报告再次正式提出必须坚持以人民为中心的发展思想，不断促进人的全面发展、全体人民共同富裕，到党的十九届四中全会“一切为了人民”，再到党的十九届六中全会“坚持人民至上”，“以人民为中心”的意义得以层层彰显。从改革之初“适应市场”到新时代“以人民为中心”，这是中国治理内在逻辑的迭代，也是治理价值取向的突破。“以人民为中心”的提出，表明了人民的主体性，也为新时代社会治理的价值取向指明了具体方向。“以人民为中心”作为内涵复合体，既包括了“人民满意”，也包括了以人民为本、以人民为先、以人民为主等三重深刻内涵。

以人民为本，是指满足人民需求，特别是对美好生活的需求是发展和改革的根本任务。增长是手段，人民是根本；市场是手段，人民是目标。如果城市增长无法带来更美好的人民生活，这种增长是失败的甚至无意义的。以人民为本，重塑了城市增长方式，也塑造了市场经济的“社会主义底色”和“中国特色”。

以人民为先，是指在多种改革目标和任务冲突时，优先考虑人民需求。在信息社会，人民不是简单不变的实体，而是一切关系在其中同时存在而又相互依存的社会机体，是一个能够变化并且经常处于变化过程中的有机体。动态性、复杂性和需求的多样性和自我赋权成为当代人民的特点，他们对治理过程中的价值权重和优先顺序提出了切实诉求。因此，在多种价值冲突中做到“人民为先”，这不仅是政府理念上的变化，更是对治理能力的深刻挑战。

以人民为主，不仅强调人民的参与性，更强调人民的主体性。人民的主体性在制度层面是非常清晰的。中华人民共和国的国家性质、社会主义国家的基本制度安排以及党的人民代表性，意味着人民不仅是参与者，更是公共事务的合作者、建设者和决策者。而在互联网的加持中，人民的自我赋权能力大大增强，其主体性和自觉性也将得以更大程度地深化。

基于这三重内涵，“以人民为中心”将重塑中国特色的三对重要关系：国家与人民的关系、人民与政党的关系以及政党与国家的关系。在此意义上，“以人民为中心”，既是对中国社会主义国家性质的回归，更是对党执政的社会基础的夯实。

习近平总书记多次指出，“城市的核心是人”，“为人民群众提供精细的城市管理和良好的公共服务，是城市工作的重头”。坚持以人民为中心的城市治理，不是把人只当作统计意义上的人口来预测城市空间规划和公共服务配套措施，而是要以人的需要、感受和全面发展来安排好生产生活生态空间，既要从宏观层面推动产业发展基础设施、公共服务等资源更加均衡高效配置，也要从微观层面积极回应人民群众关心的教育、医疗、住房、养老、绿色开放空间、社区生活圈、城市安全等诉求，从而最大限度实现空间布局的安全便利、舒适宜居、美丽有序。简言之，坚持以人民为中心的发展思想，以不断改善民生为发展的根本目的。

总体而言，以人民为中心的发展思想为新时代的市域社会治理提供了总体方向，也塑造了社会治理的基本任务。当下，“人民”已经越来越成为核心议题，这是多中心理论与协作性治理涌现的背景，也是诸多研究者呼吁要警惕全球管理主义对民主体制的威胁的背景。中国新时代“以人民为中心”的理念定位表明，市域社会治理如何基于人民需求回应市场化、全球化、信息化进程，已经变得越来越重要，并已经成为一场全新的城市公共治理变革。

### （三）协同共治

党的十九大报告在以往“完善党委领导、政府负责、社会协同、公众参与、法治保障的社会治理体制”的基础上，提出要“打造共建共治共享的社会治理格局”。“共建共治共享”强调市域社会治理需要将协同共治放到更为重要的位置，建立人人参与、人人尽责、人人享有的社会治理共同体。加强市域社会治理，既要充分发挥党组织总揽全局、协调各方、服务群众的作用，提升治理体系和治理能力现代化水平，也要发挥居民自治的功能，把社区居民的积极性、主动性调动起来，做到人人参与、人人负责、人人奉献、人人共享。

共建即共同参与社会建设。国家治理现代化意味着传统以政府为单一主体的社会管理模式向多元主体治理机制转变。在单一治理的格局下，社会治理缺乏对复杂多样的社会问题进行迅速反应的能力。市域社会治理是一个整体，因此协同治理在现代社会发展中有其应有之义。在此有机整体中，存在多元治理主体，包括政府、市场、社会组织、民众等，因此建构市域社会治理格局，就要发挥政府与地方社会的协同作用，推进以人为本的治理理念，建立多元治理主体体系，畅通沟通机制。这也意味着，党在发挥领导作用的同时，也必须为社会各界和广大人民的有序参与制度建设落实机制，激发社会力量参与社会治理的能力和活力。

共治即共同参与社会治理。在住房货币化之前，人们参与公共事务的动力尚不突出，个体化的权利诉求被掩盖在标准化的单位制之中。单位既是生产单位，也是生活单位和政治单位，其在诉求的表达、传递方面发挥关键作用。伴随市场化和城市化进程的快速推进，单位制逐步解体，个体层面的“权利”意识逐渐被建构出来，这表现在社会居民在有关物权、环保权、表达权等方面的参与意识和参与愿望逐渐增强。这就要求党和政府要在制度层面上建立人民群众参与公共事务的平台和机制，提升社会有序参与公共事务的能力。

共享即共同享有治理成果。改革开放以来，我国创造了经济快速增长的奇迹。但发展成果在不同群体、不同地域之间的分配存在一定差距，这种不平衡不充分的发展不利于共同富裕的实现。党的十九届六中全会提出要“立足新发展阶段、贯彻新发展理念、构建新发展格局、推动高质量发展，全面深化改革开放，促进共同富裕”，这与以人民为中心的发展思想是一脉相承的。改革发展搞得成功不成功，最终的判断标准是人民是不是共同享受到了改革发展成果。

综上所述，协同共治构成了市域社会治理现代化的基本路径，其与以人民为中心的发展思想和共同富裕的战略目标是高度一致的，市域社会治理必须将协同共治放到更为重要的位置。

### （四）社区行动

习近平总书记指出，“城市的核心是人”，“为人民群众提供精细的城市管理和良好的公共服务，是城市工作的重头”。当前城市发展不再是无序地扩张和蔓延，精细化、精准化的治理标准要求必须将治理落在城乡社区。社区作为一种传统的、富有情谊的社会单元，自诞生起便对改善城市生活发挥着重要作用。随着改革不断深入、城市化进程不断加快，单位人逐渐转化为社会人、农民工变身为新市民，社区进一步演化为城市治理的基础、居民的生活家园、党建引领的阵地和共建共享的平台。

从以人为中心的角度来看，城市的合适尺度就是社区。社区是家庭生活的核心，家庭生活在社区中得以开展，家庭关系在社区中不断变得亲密。家庭对每一个人来说都很重要，因而社区对每个人来说也变得重要。在当下中国行政架构中，社区是城乡社会基层行政单元，当国家治理重心转向时，社区治理就必然成为国家治理的起点和终点。政策设计高度关注和聚焦社区建设，这是改革以来特别是高速城市化以来中国市域社会治理的重要经验。

城市是复杂的，需要按照人的需求、感受、尺度以及社会关系来组织、建设和治理，注重邻里交往和场所感。社区是实现城市精明增长的关键，是一个敏感单元，是人民直接可感知的空间，能反映人民真实需求与不满，因而城市治理必须落实在问题集中、居民敏感的社区。城市与社区的关系，本质上是发展过程中经济与社会的关系。一方面，城市作为经济发展的重要容器，其经济增长功能不容忽视，甚至很长一段时间内被认为是城市最重要的功能。另一方面，城市是人民生活的家园，城市是文化、学习和商业等功能的综合。因而，城市工作作为一项系统工程，既与经济发展相辅相成、相互促进，又在确保城市持续健康发展的同时，满足人们对美好生活的向往。

中央城市工作会议提出的“统筹政府、社会、市民三大主体，提高各方推动城市发展的积极性”，要求三大主体同心行动，使有形之手、无形之手、勤劳之手同向发力。这一理念，是“推进国家治理体系和治理能力现代化”这一核心精神在城市工作领域的落实体现，是对市域社会治理提出的更高要求。因此，将社区治理作为城市发展的抓手、政党使命践行的重要场景，从最直接最敏感的社区治理问题着手，通过小尺度社区营造优化城市治理，是中国市域社会治理的重要经验。广东、浙江、四川等省的不少城市着眼于社区这一人群聚集的最小敏感单元，将治理建立在可感知空间的基础上，市域社会治理变得更为人性化、精细化。

### （五）重新联结居民

传统中国乡土社会是稳定、非流动和单一的社会。人们在熟悉的环境中，依靠习惯和宗法等方式解决矛盾和纠纷，关系治理的作用得以长期有效发挥并保持了乡土社会稳定。乡土生活的稳定性、非流动性以及单一性也决定了传统乡土社会治理的简易性。改革开放以来市场化和城市化进程的启动，推动了社会流动和城市的陌生人化。过去城市治理失效的关键在于对居民交往和日常关系、日常生活的忽视，而只注重对城市进行强制性管理。城市是陌生人社会，城市治理的目标之一就是让城市成为真正意义上的日常生活空间，让居民重新联结。城市的社会性特征不仅要求城市为居民社交创造空间，还要求城市能够利用社区的社会性开展城市治理。在根本上，城市治理特别是市域社会治理的目的就是要培养具有社区意识、公民意识、参与意识的人民，邻里守望。居民的重新联结将不断重塑居民之间关系，而对人际关系的充分利用则可有效提升城市治理绩效。

党的十九届四中全会提出的建设人人有责、人人尽责、人人享有的社会治理共同体，在城市层面的重点就是强调居民在城市治理中的主体性和责任感，“重建居民联结，重塑社会结构”。面对日益复杂的社会结构，社会需求与城市公共服务供给之间日益存在不匹配、不兼容的地方。如何通过城市治理变革和机制创新来弥合二者间的“缝隙”需要重新思考。“人人有责”回答的是“谁来管”的问题，即城市治理的主体性问题，城市治理由谁来主导和参与。“人人尽责”回答的是“谁负责”和“如何做”的问题，即政策设计、资源筹集、具体执行等环节由谁来负责实施。“人人享有”回答的是“谁获得”的问题，即城市发展到底为了谁，以及发展成果被谁享有。三个“人人”互为因果，环环相扣，为探索新时代城市治理之道特别是市域社会治理现代化提供了系统方案。

在这些年的城市治理实践中，不少城市都特别强调强化居民社会认同，利用居民中心引入社会资源，丰富辖区内的生活维度，营造浓厚的邻里氛围，创建“熟人社区”，从而实现自下而上的社区参与、居民自助互助和社区文化重建，以此作为实现多元共治的理念先导和精神统领，并为存在不同利益甚至利益矛盾的各种主体实现集体行动、平等合作提供条件。

## 三、深化市域社会治理现代化的下一步行动

新时代对发展提出了高质量要求，并要求妥善处理增长与人民所得、增长与持续增长两大市场化改革的结构性问题，以及在全球化背景下的社会多元性、开放性和流动性问题。对中国来说，这些问题的实质就是如何将制度优势更好地转换为治理效能。而城市的复杂性、集聚性、规模性、风险性，则意味着这一转换虽然已经取得了重大成就，但仍然面临着前所未有的治理挑战，深化市域社会治理现代化的改革还是艰巨而重要的任务。

### （一）以党建引领推动制度优势转化为治理效能

真正能推动高质量发展的是高质量的治理，而高质量治理

的核心是根植于本土文化，又嵌入全球文明的制度及其体系。在中国，这一制度是中国特色社会主义制度，这一制度的根本是党的领导。作为执政党，中国共产党成功地找准了自己的历史定位，及时地转变政党组织与经济社会发展的方式，以改革开放寻求全国人民利益的最大公约数。

中国共产党是中国发展奇迹的创造者，也是中国治理理论的创造者。自 1921 年成立以来，党始终把为中国人民谋幸福、为中华民族谋复兴作为自己的初心使命；中华人民共和国成立以来，党积极探索中国特色社会主义治理体制，在不同时期采取了不同的社会治理体制与方法。党的十八大以来，中国特色社会主义进入新时代。党面临的主要任务是，实现第一个百年奋斗目标，开启实现第二个百年奋斗目标新征程，朝着实现中华民族伟大复兴的宏伟目标继续前进。党领导人民自信自强、守正创新，创造了新时代中国特色社会主义的伟大成就。党的十九届六中全会明确将“坚持党的领导”作为一百年来党领导人民进行伟大奋斗积累的宝贵历史经验。

党的领导是新时代推进市域社会治理体制机制创新的核心。在市域社会治理中，党的领导体现在不同层次的城市基层社会建设中，即在基层治理实践中聚民心、集众智、聚力量、为民谋福祉，形成党组织领导下的“一核多元、合作共治”治理机制。一是健全党委统一领导下的各级各部门齐抓共管机制。在市域社会治理中，各级党委、政府及其有关部门是重要责任主体。要把党的领导落实到市域社会治理各方面，形成各尽其责、联动协作的体制机制。发挥基层治理引领作用与优势，增强党的影响力、凝聚力和向心力。二是健全立体化的组织网络，创新形式多样的治理载体，发挥基层党组织政治引领和服务群众的功能。在城乡基层探索建立社区党委、片区党支部、网格党小组等，拓展基层党组织覆盖面，创新党建引领新路径。三是汇集“多元主体、多元平台、多元服务”的多元共治合力，推动党的组织有效嵌入各类社会基层组织，以党的基层组织建设带动其他各类基层组织建设，更广泛、更有效动员各方力量参与社会治理。关注社区自治组织、社会组织、居民个体等不同治理主体的能动作用，增强社区自治和服务功能，提升社区发展治理能力。

实践表明，坚持党的领导，是历史和时代的选择；而在“两个一百年”奋斗目标历史交汇点上，坚持党的领导已经成为党和人民共同创造的精神财富。在此背景下，政党的现代化执政能力显得尤为重要。

### （二）将人民性贯穿于市域社会治理全过程

2019 年 11 月，习近平总书记在上海考察时指出，城市是人民的城市，人民城市为人民，强调“人民城市人民建，人民城市为人民”。党的十九届六中全会更是强调要保持同人民群众的血肉联系，践行以人民为中心的发展思想，不断实现好、维护好、发展好最广大人民根本利益，团结带领全国各族人民不断为美好生活而奋斗。可见，市域社会治理要以人民为中心，这既是党的宗旨在市域的体现，也是市域社会治理现代化的根本价值。

城市是人民的城市，人民城市为人民。城市是人口等资源要素高度聚集的社会空间，高密度的人口是城市的典型特征。人是城市最重要的主体，与城市的发展息息相关，人的多少及其密度高低是衡量城市发展状况的重要指标。人也是城市生命体中的活性元素，是影响城市发展和进步的关键变量，也构成了现代城市治理的重要主体。有关城市人民性的论断是习近平总书记城市治理理念的重要组成部分，是以人民为中心的发展思想在城市工作领域的深入落实。具体来说，“人民性”的论断主要是解决了城市发展属于谁、依靠谁和为了谁三个方面的问题。首先，它阐明了城市的性质问题，即人民是城市的主人，城市是属于广大人民的，人民性是社会主义城市的根本属性；其次，人民创造了城市，城市建设和发展必须要集中民智、汇聚民力，要紧密依靠广大人民的奋斗和拼搏，尤其是要将人民吸纳到城市治理的各个环节中来，共同管理好城市家园；最后，城市的进步和发展最终都是为了广大人民的福祉，满足人民群众对于美好生活的需求，提高人民群众的生活品质。这三个方面归根结底就是，城市归广大人民所共有，由人民群众共同治理，最终实现人民共享。

当前，城市治理正逐渐从“规模红利优先并兼顾公共服务”

转向“以人民为中心的治理”，这折射出城市发展不平衡、社会不平等和城市风险对国家治理形成的挑战，以及治理层面的调适性回应。习近平总书记强调：“坚持人民性，就是要把实现好、维护好、发展好最广大人民根本利益作为出发点和落脚点，坚持以民为本、以人为本。”而建设社会治理共同体正是习近平总书记的人民情怀在市域社会治理领域的生动实践。因此，在市域社会治理实践中，人民性的意义更加突显，即面对正在深化的中国城市化进程，必须将人民性贯穿于经济发展和社会治理的全过程，并将人民性作为衡量社会治理工作的基本标准。

### （三）以社会协同共治激发市域社会整体活力

党的十九届五中全会明确提出要“加强和创新社会治理”，这是对党的十九届四中全会“完善党委领导、政府负责、民主协商、社会协同、公众参与、法治保障、科技支撑的社会治理体系”的高度凝练。其中，社会协同体系是社会治理创新的重要体现。

社会协同包括如下几个环节：第一，进一步厘清政府治理职责。坚持党的领导与社会组织依法自治相统一，厘清城市政府在社会治理中的角色定位。通过为社会组织发展构建良好的政策环境、法规制度，改革制约社会组织发展的体制机制，建立政社分开、权责明确、依法自治的社会组织制度，健全社会服务体系，提供优质高效的公共服务。第二，完善党建引领的社会参与制度。坚持党建带群建，更好履行组织、宣传与凝聚和服务群众的职责。统筹基层党组织和群团组织资源配置，支持群团组织承担公共服务职能，推动群团组织增强政治性、先进性、群众性，最广泛动员、组织群众投身社会治理实践。探索把适合群团组织承担的社会管理服务职能按法定程序转由群团组织行使，拓宽群团组织在提供公共服务、救助困难群众中的制度化渠道。发挥群众自治组织自我组织、自我管理、自我服务的优势，推动形成群众问题由群众解决的新机制。第三，健全基层群众自治制度。通过政府购买服务，建立健全激励补偿机制，加大枢纽型社会组织，社区社会组织，社会服务类、慈善类社会组织的建设。在基层公共事务和公益事业中广泛实行群众自我管理、自我服务、自我教育、自我监督，拓宽群众反映意见和建议的渠道。

整体而言，社会协同是市域社会治理现代化的关键支撑。这不仅是因为社会力量的参与能够降低治理的成本，还因为社会本身就是治理体系不可或缺的组成部分。还需要注意的是，社会协同并不意味着国家权力的“撤出”，恰恰相反，党的领导、政府的支持是激发社会活力、形成社会合力的关键前提。唯有如此，才能真正构建人人有责、人人尽责、人人享有的社会治理共同体。

### （四）用城市思维推进市域社会治理现代化

波澜壮阔的城市化进程在让城市成为国家发展核心动力源的同时，也带来了大规模的人口流动、资源的全球配置、资本的自由流通以及全球竞争。繁荣与衰败、积累与失衡、集聚与拥挤，城市的结构性紧张同样塑造着个体的城市体验。金融资本主义体系的崛起虽然被认为削弱了国家对于资本的控制力，但城市治理转型依然需要回归到国家层面予以结构性回应。对中国而言，市域社会治理现代化更是承接全球议题、中国问题和政党使命的重要路径。

城市思维意味着，一方面，城市是复杂的，应按照人的需求、感受、尺度以及社会关系来组织、建设和治理，注重邻里交往和场所感。城市是文化、学习和商业等功能的综合，城市思维要求注重城市的空间特点，对空间事物迅速高效地分析判断后，再做出调整处置，应用城市思维治理城市空间的核心就是要保证城市空间的人本导向。另一方面，城市是集聚的，这不仅意味着生产的规模集聚，更意味着人群和风险的集聚。或者说，在城市中出现的风险，是高度关联的且可能不断升级的；一旦风险发生，其后果也更为严重。因此，城市思维的本质是尊重城市发展规律，深刻理解城市性。

特别是，城市思维必须注意到城市权利的分配和人民美好生活的关联。权利的不平衡实际上起着利益分流与权责导向的作用，而这种不平衡的产生根源则是空间权利的总体性与结构性特征。城市的整个资源和服务具有溢出效应，传统基本权利——如居住权、财产权、劳动权等权利范围要小于空间权利。事实上，虽然人民可以在城市中找到居所，但与居所相联系的公共服务、生活品质、收入水平等对我们的美好生活有更重要更直接的影响。因此，城市权利的空间化使得空间对城市生活具有延展性和整体性，并不能简单地分解为单独的某项权利，而应该从总体性、结构性、整体性角度去认知，协调权利、主体、空间三者之间的辩证关系。

显然，城市治理现代化既是国家治理现代化的必要条件，也是国家治理现代化的充分条件，这一基本判断来源于当下正在发生的深刻历史变化：作为共同体意义上的国家，中国社会特质正在发生变革，并从乡村国家迈向城市国家。在城市国家中，城市必然是国家行政的主要载体，国家治理的主要内容就是城市治理。市域社会治理逐渐成为未来国家治理不可回避的议题，而其核心是通过治理过程的设计来消解个体生活在城市中的危机与紧张感。

### （五）特色制度的生命力在于回应治理普遍性问题

中国特色社会主义制度中的“特色”，根本上体现的是一般性的规律，解决的是在既定生产力框架下如何让制度更加适应生产力的发展并推动生产力向更高水平发展的问题，其生命力也体现在对治理普遍性问题的回应。这些问题主要指向大国发展历史中的两个重大难题：其一，如何在低生产力发展水平的基础上短时间内实现高速发展；其二，如何在高速发展的同时保持政治秩序和社会稳定。围绕这两大难题，在具体治理实践中我们已经创造性地解决了一系列很不容易解决的问题，如社会平等问题、群体和谐问题、消除贫困问题等；也创造性地处理了一系列很不容易处理的关系，如市场与政府、经济与生活、公平与效率，这些都是对中国答案的凝练，也是对中国智慧的凝练。

未来市域社会治理所追求的不应是某一项制度的创新，而应该是不同体制、制度、政策间的联系和对接，并对跨层次、跨界别组织功能进行有效整合。比如新冠疫情防控就表明了开放科学的决策机制和组织功能协同整合对于优化治理的重要性。通过以人为本的治理理念、稳妥的制度设计、匹配的关系结构和开放的社会体系来回应城市秩序和全球秩序的重建，让个体在城市中得到尊严、得以安顿，这是市域社会治理的下一步行动。因此，未来中国城市治理转型不应只停留在价值主张和价值推演层面，更重要的是形成治理路径选择。从运动式治理到常态治理，从常态治理到应急治理，从应急治理到系统治理，这是政党、政府和社会自身的持续学习过程，也是中国治理趋向现代化的过程。

总体而言，从国情出发、从实际出发，既把握长期形成的历史传承，又把握党和人民在我国国家制度建设和国家治理方面走过的道路、积累的经验、形成的原则，这是中国市域社会治理方法论的方法论。我们越来越深刻地意识到，能真正实现有实效的治理，特别是达成有效的体制和制度设计，一定不是简单模仿或者闭门造就的，而只能是党领导人民在实践中探索出来的。

城市的集聚性、异质性、流动性，不仅让城市社会的活力倍增，也让城市社会的风险倍增。中国市域社会治理要走向更好的治理，不仅是市域社会治理领域的问题，也是整个社会治理的问题。党的十九届六中全会提出，要“立足新发展阶段、贯彻新发展理念、构建新发展格局、推动高质量发展，全面深化改革开放，促进共同富裕”。而市域社会治理现代化是实现这一目标的重要组成部分。就未来而言，我们能否实现十九届六中全会确定的总体目标，最重要的仍然是治理能力。这种能力体现为：以人民福祉的增加作为检验实践的标准，遵守既定的法律程序、规章制度，有更开放的决策过程、更细致的政策配套、更现代的治理工具，以及包容不同意见和持续学习。

就此而言，中国市域社会治理方法论的核心是：在迈向城市中国进程中，我们需要持续自省与反思，持续构建适应时代的发展理性；这种理性的灵魂在于如何保证发展服从于“社会”需要，服从于人民的需要，并最终实现社会发展目标：在相对公平、高度信任、有效整合的社会秩序基础上构建趋向“安全、宜居、活力、和谐”的美好城市社会！

# 第九章　城市治理的历史方位与研究范式*

叶裕民

党的二十大报告明确指出，到二〇三五年，我国要基本实现新型工业化、信息化、城镇化、农业现代化；基本实现国家治理体系和治理能力现代化。习近平总书记在上海考察时强调，城市治理是国家治理体系和治理能力现代化的重要内容。在新时代，城市是落实国家治理的中坚载体，城市治理是国家“五经五纬”治理体系交互作用、协同推进的核心环节。当前，我国存在城市治理的两种研究范式：实践研究范式和理论研究范式。前者强调问题导向，重部门利益，轻城市公共利益，“只见树木，不见森林”；后者强调公共利益导向，重城市治理主体及其相互关系的研究，对现实重大问题缺乏系统关注和回应，“仰

* 本章研究得到国家社科基金重大项目“新时代非户籍人口市民化的系统解决方案研究”（项目号 18ZDA082）的资助。本章研究部分内容详见《城市治理研究范式转移与一般分析框架创新》，载《城市规划》，2022 年第 5 期。

望星空”却难“脚踏实地”。这两种研究范式相互脱节，均难以满足我国新时代城市高水平治理的需要。本章建构“4W”城市治理一般分析框架，促进实践研究范式转移，使其由部门利益导向转向公共利益导向；完善理论研究范式，使其直面城市治理重大现实问题，强化其对实践研究的引领和指导；最终形成理论与实践相融合的新研究范式，希望以此引领我国新征程中的城市治理研究范式转移。

## 一、城市治理是新征程中国家治理体系的重要内容

### （一）认识国家治理体系“五经五纬”的立体网络系统

国家治理体系是在党领导下管理国家的制度体系，包括经济、政治、文化、社会、生态文明等各领域的法律法规、政策体系和体制机制安排，是一整套紧密关联、相互协调的国家制度[①]。国家治理能力是综合运用国家制度体系，有效解决国家“五位一体”系统发展中各类问题，促进我国实现以经济发展、政治民主、文化繁荣、社会和谐和生态文明为核心内容的现代化进程的能力。

以空间治理为载体的生态文明体系建设是党的十八大以来

① 俞可平．走向善治．北京：中国文史出版社，2016.

我国国家治理体系内容的补充和完善。国家治理体系的内容伴随着社会主义现代化进程的发展而完善。早在党的十三大报告中，就提出了建设经济、政治、文化体制"三位一体"的战略布局，十七大报告补充了"社会"内容，形成了经济、政治、文化、社会"四位一体"的战略布局，十八大报告进一步补充了"生态"内涵，最终形成经济、政治、文化、社会、生态"五位一体"总体布局。二十大报告进一步明确全面建成社会主义现代化强国的两步走战略：从二〇二〇年到二〇三五年基本实现社会主义现代化；从二〇三五年到本世纪中叶把我国建成富强民主文明和谐美丽的社会主义现代化强国。

生态文明是继工业文明之后的新型文明形态，是中国特色社会主义制度体系的重要组成部分，生态文明思想是对可持续发展的丰富和发展。可持续发展更多地强调时间维度，谋求"既满足当代人的需要，又不对后代人满足其需要的能力构成危害的发展"。党的十八大、十九大提出通过"建立国土空间开发保护制度"促进人与自然和谐共生，建设生态文明，由此建构了可持续发展的空间格局，将可持续发展的思想和内涵由时间维度的代际公平延伸到空间维度，实现了代际公平和空间正义的有机统一①。空间治理为我国"五位一体"的治理体系提供了

① 叶裕民，王晨跃．改革开放 40 年国土空间规划治理的回顾与展望．公共管理与政策评论，2019，8（6）：25－39.

丰富的空间载体，保障了我国治理体系和治理能力现代化可以落到实处。

2018 年 4 月，国家成立自然资源部，履行改革空间治理体系、推进生态文明建设的重要职责。2019 年，《中共中央 国务院关于建立国土空间规划体系并监督实施的若干意见》提出建立国家、省、市、县和乡镇五级国土空间规划体系和用途管制制度，将国家治理落实到具体空间。

据此，我们可以从内容和空间落实两个角度来建构国家治理体系的认识框架。“五位一体”的国家治理的核心内容包含经济、政治、文化、社会、生态文明五大领域，构成贯穿国家治理不同层级的五条经向轴线；国家治理的空间载体包括国家、省、市、县和乡镇五个行政层级，构成落实国家治理核心内容的五级纬向界面。五条经向轴线和五级纬向界面共同构成国家治理“五经五纬”的立体网络系统。

我国“五位一体”的国家治理核心内容，作为“五经”轴线，需要贯穿“五纬”界面，自上而下传导党中央统一部署的政策方针，自下而上反馈人民群众对美好生活的需求。五个层级的国家治理空间载体，作为“五纬”界面，以政府主导、市场主体、社会参与的多元治理模式，全面落实“五经”轴线的内容，提升治理体系和治理能力现代化水平。五条经向轴线治理和五级纬向界面治理互相嵌套，协同推进国家治理体系和治理能力现代化进程。

在国家治理体系的“五经五纬”立体网络系统中，城市治理占据中间位置，起着承上启下的作用，是实现国家“五经五纬”治理体系交互作用、协同推进的核心环节（见图 9－1）。

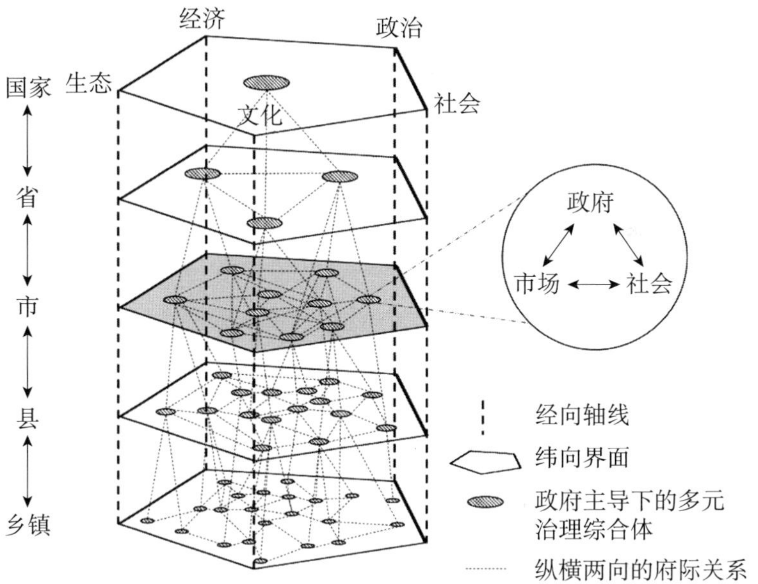


**图 9－1　国家治理体系的“五经五纬”立体网络系统**

## （二）城市治理是国家治理“五经五纬”立体网络系统的中坚载体

在国家治理的“五经五纬”立体网络系统中，城市治理起着承上启下的作用，其特殊性及独特作用表现在如下三个方面：

第一，城市是满足人们美好生活的重要空间载体。城市自诞生以来，就是人类物质文明和精神文明高度聚集的场所，是人类创新创造的主要空间载体。中国已经进入城市时代，到

2035 年，城市将承载着我国 75%左右的人口。促进城市治理体系和治理能力现代化，是解决我国“人民日益增长的美好生活需要和不平衡不充分的发展”这一主要社会矛盾的重要战略举措。

第二，我国的城市是城乡融合系统，广义的城市治理包含着城市治理与乡村治理。城乡融合发展是中国特色社会主义制度的重要特点，体现在我国的行政管理体制改革当中。我国 1983 年实施市带县以来，全国有 293 个地级市实现市带县发展，加上北京、上海、天津、重庆 4 个直辖市，2018 年我国城市行政辖区人口达到 132 388 万，占全国总人口的 94.88%。同时，我国的设市制度一直秉持撤县设市的思路，每个县级市都是城市与乡村融合发展的综合体。与西方切块设市相比，我国推进城市治理体系和治理能力的现代化，就包含了推进城市现代化和乡村现代化发展的内涵。

第三，城市政府是实施国家治理在地方层面的核心支撑。在五级纬向界面中，城市治理是对基层发展影响最直接、最深刻、最全面的治理体系。中央政府和省级政府实施对地方的治理，主要通过建构制度体系、调动资源配置并监督实施来完成，难以直接参与基层经济社会运行过程。乡镇政府、县政府可以完成基层社会运行的直接管理，但是其可支配的资源和能力都很有限。城市政府则是国家治理承上启下的中坚力量。城市全面贯彻中央政府宏观制度和政策体系，并将中央意图具体化为地方可操作的政策体系，实现国家治理意志和地方发展的需要相结合。地级以上城市可以通过空间规划体系，对所辖市、县、乡实施“横向到边、纵向到底”的空间治理，通过空间治理有效配置经济社会资源，将国家治理的框架、底线和秩序落到实处。

正因为城市治理在国家治理体系中的独特地位，近年来城市治理成为多学科学术研究的热点领域，学术成果颇为丰硕。多学科研究快速有效推动了城市治理研究的繁荣，但是囿于学科局限性，不同领域的研究成果互相矛盾，甚至结论相互冲突，地方政府无所适从。因此，我国需要建构基于系统科学的跨学科城市治理基础分析框架，推进多学科的城市治理研究形成合力，共同促进城市治理在国家治理体系中发挥重要作用。

## 二、中国城市治理研究面临范式转移

范式转移是托马斯·库恩在《科学革命的结构》中提出的概念，指的是新范式比旧范式在解决现实问题上更具优势，因而替代了原有范式。而涉及源理论的改变尤其是价值观的根本改变是判断范式是否发生转移的关键①。总的来看，我国存在城市治

① 张庭伟．从城市更新理论看理论溯源及范式转移．城市规划学刊，2020（1）：9－16.

理的两种研究范式：实践研究范式和理论研究范式（见表 9－1）。

**表 9－1　我国城市治理两种研究范式对比**

| 治理要素 | 实践研究范式 | 理论研究范式 |
|---|---|---|
| 价值判断 | 部门利益导向 | 公共利益导向 |
| 研究主体 | 政府为主，单一主体，自上而下 | 政府与市场、社会合作，多元主体网络化治理 |
| 研究方式 | 法律、行政、信息技术 | 法律、经济、协商、合作、博弈、信息技术 |
| 研究对象 | 城市具体的公共事务 | 治理主体间关系 |

我国城市治理实践研究范式和理论研究范式有着各自的历史成因、研究目标、研究内容，二者相互交织，共同构成我国城市治理研究的丰富图景。

### （一）从城市管理到城市治理：实践研究范式演进及其局限性

我国城市治理实践研究范式源于新公共管理理论影响下的政府机构改革，服务于部门化管理，强调问题导向、效率优先，囿于部门利益追求，忽视城市公共利益。

1. 城市治理实践研究范式产生的历史性原因

城市管理学是管理学中发展较晚的学科，迄今为止还不成熟。但是，我国城市管理实践以及对实践问题的研究从来不曾中断。

改革开放前，我国实施计划经济体制，城市资源分配完全由政府决定，形成了自上而下的城市管理模式。改革开放以后，我国开始探索由计划经济到市场经济转型的城市管理理论与方法，恰逢西方新公共管理理论思潮和政府再造浪潮，其核心内容是改革官僚制，推进市场化、分权化、部门化，提升管理效率。

为适应全球化、市场化和分权化改革的需要，我国快速学习和运用新公共管理理论，从中央到地方持续推进了一场专业化、部门化的机构改革运动。服务于部门化管理实践的需要，我国形成了基本与部门结构相对应的学科结构以及与之相适应的城市治理实践研究范式。

2. 城市治理实践研究范式的特征、优势、挑战与危机

从总体上看，实践研究范式的共性特征是：价值取向以部门利益为上，聚焦于如何解决各部门职能范围内的具体城市问题。主管部门是唯一的权威管理主体，目标是在主管部门的职能范围内提出解决方案，一般不会跨越部门寻找综合性答案。

城市治理实践研究范式的优势在于：问题导向，技术性强，专业化、可操作性强，政策在部门范围内有效性高。局限性在于：缺乏城市发展的公共利益导向，城市整体利益被部门分化和碎片化；管理主体单一，市场与社会力量被压制；跨部门的综合性城市问题被漠视，其结果往往导致负外部性，损害了城市的整体利益和社会利益。

如何扭转部门利益导向的城市治理实践研究范式？如何转变部门化管理对社会利益的损害及其对城市整体利益的分割和碎片化？如何重构以人民为中心、以城市公共利益为导向的城

市治理研究范式来指导实践，已经成为我国城市治理实践研究迫切需要回答的时代难题。

**（二）从公共治理到城市治理：理论研究范式及其局限性**

城市治理理论研究范式源于公共治理理论，侧重治理主体研究，重价值导向和制度建构，但是对城市规律缺乏系统认知，对城市管理的现实问题缺乏系统关注，大量理论创新不能被用于解决实践问题。

1. 公共治理理论是城市治理的元理论

城市治理实践研究范式由于缺乏成熟的城市管理理论指导，长期陷于局部利益至上和工具理性泥沼。党的十八届三中全会以来，伴随着国家治理研究的兴起，城市治理理论研究取得突破性进展，并成为实践研究范式转移的起点。城市治理理论研究是公共治理理论在城市研究中的应用，其研究范式也是对公共治理理论研究范式的继承。

公共治理理论兴起于 20 世纪中叶，源于行政学中政治-行政二分法面临的严峻危机和挑战①。综观内容丰富的公共治理理论，其共性特征是反思传统公共行政对自上而下国家政策的简单执行及其对自下而上的社会意愿的忽视，努力建构政府与社会合作的治理结构，达到市场、社会多方满意的治理效果。与公共行政理论相同，公共治理理论研究范式主要关注治理中的

① 杨宏山．转型中的城市治理．北京：中国人民大学出版社，2017.

主体间关系和权力分配，而不是关注公共事务中具体问题的解决[①][②]。

2. 城市治理理论研究范式的两个维度及其共性特征

公共治理理论在城市治理中得到充分应用，并增强了城市自身的空间特性。有学者将城市治理理论研究分为公共权力指向和地理空间指向两大维度[③]，或者城市内部权力结构问题和全球化背景下城市外部发展定位问题[④]。本章将城市治理理论研究总结为治理主体维度和空间治理维度。

第一是治理主体维度。重点关注城市治理主体多元化及其权力分配机制[⑤][⑥]，并形成城市治理的相关理论，包括多元论与精英论、城市增长联盟理论、城市政体理论等，并形成了众多的城市治理模式[⑦][⑧]。

---

① 陈振明，薛澜．中国公共管理理论研究的重点领域和主题．中国社会科学，2007（3）：140－152.

② 何翔舟，金潇．公共治理理论的发展及其中国定位．学术月刊，2014（8）：125－134.

③ 吴晓林，侯雨佳．城市治理理论的“双重流变”与融合趋向．天津社会科学，2017（1）：69－74.

④ 王佃利．城市管理转型与城市治理分析框架．中国行政管理，2006（12）：97－101.

⑤ MOLOTCH H. The city as a growth machine：toward a political economy of place. American Journal of Sociology，1976，82（2）：309－332.

⑥ STONE C N. Urban regimes and the capacity to govern：a political economy approach. Journal of Urban Affairs，1993，15（1）：1－28.

⑦ PIERRE J. Models of urban governance：the institutional dimension of urban politics. Urban Affairs Review，1999，34（3）：372－396.

⑧ 踪家峰，郝寿义，黄楠．城市治理分析．河北学刊，2001，21（6）：32－36.

第二是空间治理维度。全球化背景下城市间竞争加剧，学者们基于城市的空间属性研究城市间关系，尤其是大都市与其周边区域中小城市的关系[①]，推进了由传统区域主义向新区域主义、尺度重构理论、多中心网络化治理理论的演进[②③④]。

两个治理维度看似截然不同，实则都继承了公共治理研究范式的基本特征：关注多元治理主体关系的建构及其权力分配，而对城市发展中具体问题关注不够。空间治理维度仍然是将城市单元作为"治理主体"，将城市空间视为城市治理研究的场域，探讨治理权力在城市-区域间的分配[⑤]。

3．我国城市治理理论研究范式的优点与局限性

城市治理理论研究范式在我国得到充分发展，成果丰富。一批前沿学者根据中国特色探索中国城市治理知识体系创新，其中代表人物之一是杨宏山教授。他发展了传统城市治理的理论图谱，根据政府与社会合作性的高低以及政府介入社会协商性的高低提出了城市治理的四种模式（见表 9－2）。

---

① 曹海军，霍伟桦．城市治理理论的范式转换及其对中国的启示．中国行政管理，2013（7）：94－99.

② 萨维奇，福格尔．区域主义范式与城市政治．公共行政评论，2009，2（3）：51－75.

③ BRENNER N. Globalisation as reterritorialisation：the re-scaling of urban governance in the European Union. Urban Studies，1999，36（3）：431－451.

④ FEIOCK R C. Rational choice and regional governance. Journal of Urban Affairs，2007，29（1）：47－63.

⑤ WU F. China's changing urban governance in the transition towards a more market-oriented economy. Urban Studies，2002，39（7）：1071－1093.

表 9-2　城市治理的四种模式

| | | 政府介入社会的协商性 | |
|---|---|---|---|
| | | 低 | 高 |
| 政府与社会的合作性 | 高 | 整合治理 | 协同治理 |
| | 低 | 全能治理 | 自主治理 |

资料来源：杨宏山．转型中的城市治理．北京：中国人民大学出版社，2017.

这四种治理模式彰显出城市治理理论研究范式的核心特点：关注治理主体及其相互关系，并因此形成不同的城市治理模式。而存在于城市各领域的亟待解决的城市治理问题，则不在城市治理理论范式的视域内，这正是城市治理理论研究范式的局限性。

可见，城市治理理论研究呈现出抽象化的特征，抽象掉了城市作为复杂巨系统所呈现出来的真实世界的纷繁复杂问题，而主要关注城市治理的价值导向、治理主体结构及其权力分配机制。

相对于城市治理实践研究范式，城市治理理论研究范式的优点在于以城市公共利益为目标，研究治理主体多元化机制，促进政府与市场、社会合作，以便促进城市公共利益最大化。由于理论研究范式缺乏对城市实践问题的系统关注和深入研究，其优点从另一角度看恰恰禁锢了理论对城市治理重难点问题的回应，造成理论与实践的脱节，也限制了理论研究的进一步深化[①]。在城市管理研究惯性下，我国城市治理主体的讨论大多数

① 张兆曙．城市议题与社会复合主体的联合治理：对杭州 3 种城市治理实践的组织分析．管理世界，2010（2）：46-59.

是围绕政府展开的，对社会和市场治理主体关注严重不足[①][②]，对多元治理主体的讨论也停留在合作共治层面[③]，甚至成为一种理念[④]，陷入城市治理理论研究的“主体内卷化”。

因此，如何完善城市治理理论研究范式，强化其实践性，提升理论对实践的指导作用，成为新时代中国特色城市治理研究的重要任务。

## 三、建构城市治理研究“4W”一般分析框架指引范式转移

本章运用托马斯·库恩的范式理论，建构城市治理研究“4W”一般分析框架，作为解析城市治理研究范式的工具，分析我国新时代城市治理研究范式及其转移。

### （一）范式与范式转移

“范式转移”是科学哲学家托马斯·库恩在其名著《科学革命的结构》中首倡的观点，被广泛用于解释科学进步的过程。

---

① 田祚雄，杨瑜娴．主体再造：推进城市治理体系现代化的关键．学习与实践，2015（7）：68－77.

② 任鹏飞．城市治理现代化进程中多重堕距的生成与弥合．求实，2019（3）：76－85.

③ 叶林，宋星洲，邓利芳．从管理到服务：我国城市治理的转型逻辑及发展趋势．天津社会科学，2018（6）：77－81.

④ 李晓壮．城市治理体系初探：基于北京S区城市管理模式的考察．城市规划，2018（5）：24－30.

所谓范式，是某领域的学术共同体对本领域研究该做什么（What）、如何做（How）、为什么做（Why），什么是重要的、什么是可以忽视的等基础问题达成的共识性模式。该共识性模式具有两个特征：第一，拥有一批坚定的拥护者；第二，是开放的，允许新的研究者运用新的方式解决问题。后者正是范式转移的直接推动力[①]。

库恩认为，科学的发展可以分为常规科学时期和科学革命时期两个主要阶段，二者交错出现，共同构成科学进步的主要脉络。在常规科学时期，学术共同体遵循既定研究范式，提出问题和解决问题，并且只有在范式视阈中被接纳的问题，才会被该学术共同体确定为“科学”的问题，否则，便会受到共同体的漠视或排斥。随着经济社会发展，常规科学所形成的诸种范式会越来越偏离自然和经济社会规律，一系列的反常现象不断出现，各类矛盾凸显，直到新的科学成就诞生，重新指导研究，并被认同为新一代范式，这一过程就是范式转移。范式转移本质上是科学的革命性进步，一旦前范式不能满足时代发展的需要，新的问题和矛盾凸显，原有范式的束缚和限制就会不断被突破，新研究范式的形成成为必然。

一般来说，新范式通过扬弃前范式之中的价值判断、分析框架与理论，来进一步构建认识世界和解决难题的全新视角。

---

① 库恩．科学革命的结构．北京：北京大学出版社，2012.

同时，新范式能够保留前范式认识世界和解决难题的能力，并不断提升这些能力，从而更加贴合新的真实世界且新时代理论与实践关切。新旧范式之间并不存在完全线性的进化替代关系，它们之间的交替是在应对现实问题中的曲折前行，是为了帮助我们更加接近对客观世界的全面理解。在新范式创立初期，“前范式”仍然运行良好，只是不再能有效应对其自身的新问题，不断遭遇学术共同体的反思、批判、扬弃和创新，最终促成新范式的诞生和发展。库恩指出：“没有‘前范式—反常—危机—新范式’的模式，我们将陷入泥潭，无法获得新的理论，科学必将退化和堕落。”

### （二）建构城市治理“4W”一般分析框架

根据库恩的范式理论，所谓建构科学研究范式，就是要对本领域的科学研究该做什么（What）、如何做（How）、为什么做（Why）等基础问题建构分析框架，给出一般性答案。创新城市治理一般分析框架，引领城市治理研究范式转移，就是要根据研究范式的基本方法，提炼并解析城市治理研究范式的这些关键要素。把库恩的研究范式运用于面向社会现实的城市治理研究，治理主体的复杂性与重要性凸显，治理主体也是我国城市治理理论研究范式和实践研究范式（下称“前范式”）共同的重要因素。因此城市治理“4W”一般分析框架的构成要素包含：治理目标（Why）、治理主体（Who）、治理对象（What）和治理手段（How）。

城市治理“4W”一般分析框架表述为：

第一，Why：为什么治理？即城市治理的基本理念和根本目标是什么。

第二，Who：谁来治理？即建构什么样的城市治理结构，如何处理政府、市场和社会三大城市治理主体间的关系，各级政府的关系，政府内各部门的关系。

第三，What：治理什么？即城市治理的客体与任务是什么。由于城市治理的对象是城市巨系统，因此城市治理的客体包罗万象，内容复杂。为此需要建构城市治理客体系统，对其进行结构性分析。

第四，How：如何治理？即建立什么样的制度体系和技术手段来治理城市。

对上述四个问题答案的有机组合共同构成城市治理的“4W”一般分析框架（见图9－2），对“4W”的不同回答，就构成城市治理的不同模式。

“4W”一般分析框架是用来发现并解释城市治理研究范式的分析工具，是建立新旧范式之间联系的桥梁，通过“4W”分析框架内容的创新可以支撑和引领未来范式转移的方向。本章提出“Why”是以人民为中心，“Who”是政府、市场和社会多元主体，“What”是城市巨系统，“How”是制度和技术，代表的是当前范式转移的进路。随着时代的变化，前范式和未来范式的 Why、Who、What、How 的内涵会发生变化，但“4W”

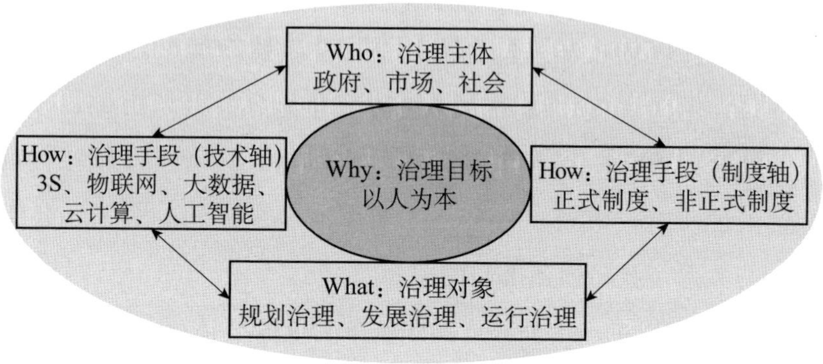


**图 9－2　城市治理“4W”一般分析框架**

的分析框架可以不变，具有一般性质，对于分析城市治理研究范式具有普适性。

1. 城市治理研究新范式与前范式的关系

我国城市治理实践研究范式的不足，主要是治理目标（Why）、治理主体（Who）和治理手段（How）上表现出的问题——漠视公共利益，政府单一主体，行政手段为主，技术至上等，正好是理论研究范式的优势；而实践研究范式的优势——在治理对象（What）上直面城市治理的现实难题、问题导向、工具理性等，正好是理论研究范式的不足。我国城市治理实践研究范式与理论研究范式优势互补，只是长期以来不在一个平台对话，各类研究相互割裂和封闭，以至于各自面临困境和危机。

本章建构的城市治理研究新范式通过扬弃两个前范式的优势与问题而形成。新范式可以取理论研究范式公共利益导向、多元主体协商共治、法律-协商-技术的治理方式三方面的优势，弃其缺乏直面城市治理问题的弱势；取实践研究范式直面真实世界城市治理难题的优势，弃其部门利益导向、政府单一主体以及法律-行政-技术的治理方式三方面的弱势，形成城市治理研究范式的“4W”全新内容体系（见图 9－3）。

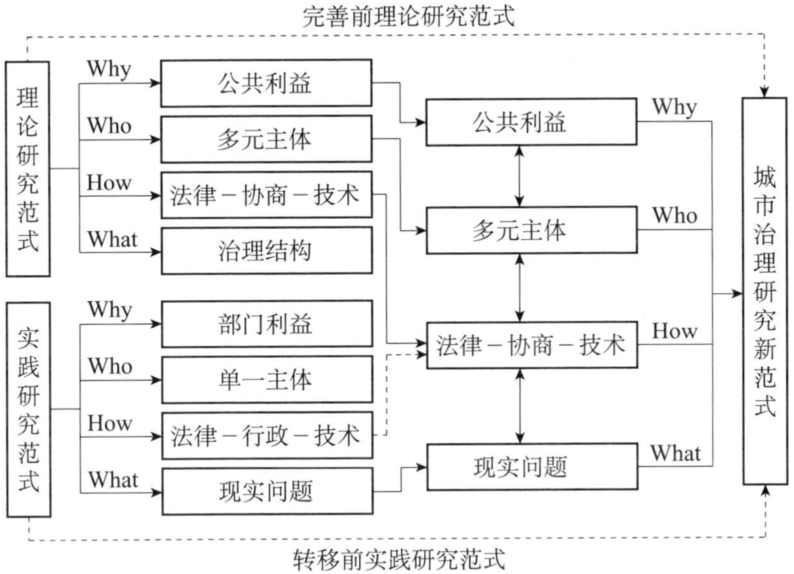


**图 9－3　基于城市治理“4W”分析框架的新范式与前范式的关系**

建构城市治理研究新范式有三个学术目标：

第一，助力完善前理论研究范式，使其可以“脚踏实地”，直面中国新时代城市治理现实问题开展理论与实践相结合的研究，增强对城市治理实践研究的指导性。

第二，引领前实践研究范式转移，促使其由“部门利益至上”的价值导向转为城市公共利益导向，同步促进其治理结构改革与优化，治理方式由以行政手段为主转向法治、共治、精治的统一。

第三，促进前理论研究范式与前实践研究范式的融合，形成既能“仰望星空”维护城市公共利益，又能“脚踏实地”解决具体城市问题的城市治理研究新范式。

2. 基于“4W”一般分析框架的城市治理研究新范式

“Why”回答的是城市治理的理念和终极目标。公共利益最大化的善治是城市治理的终极追求。同时满足了城市的整体利益、长远利益和各利益群体的利益，就是满足了城市的公共利益，这可以成为引领城市治理研究范式转移的基本理念、目标和价值判断。

“Who”回答的是城市治理的主体及其相互间关系。治理的过程需各利益主体在博弈中接受妥协和退让，达成各方都能接受的“次优目标”均衡格局，是把握城市治理多元主体利益平衡的基本方法。

“What”回答的是城市治理对象。从治理对象属性以及治理结构的角度，我们将城市复杂巨系统划分为三个层次，从而形成三种不同类型的城市治理：城市规划治理、城市发展治理和城市运行治理。

“How”回答的是如何创新城市治理方式。城市治理方式取决于治理模式和治理结构，包括技术与制度两个维度的手段。

新时代的城市治理呼唤基于以人民为中心发展思想的系统性城市治理研究范式。本章通过建构“4W”一般分析框架，解析城市治理，把脉城市问题，串联各类治理要素进行系统思考，有利于理解城市的整体性和关联性，有利于维护城市公共利益。基于“4W”一般分析框架的城市治理研究新范式既有助于推进前实践研究范式从部门本位的碎片治理向城市公共利益导向的系统治理转型，也有助于推进前理论研究范式的研究重点由治理结构及相关问题转向对城市治理重大现实问题的系统性研究与思考，从而推动两个前城市治理研究范式的学科融合、转移、升华。

我们也清晰地认识到，新研究范式的形成不可能一蹴而就。正如库恩指出的，新旧范式之间并不存在完全线性的进化替代关系，它们之间的交替伴随着我们更加接近对真实世界的全面理解而持续推进。新研究范式不可能立刻替代前研究范式，但是前研究范式难以解决的一系列重大城市治理难题推动着城市治理研究范式转移。本章应时代需要，基于“4W”一般分析框架建构城市治理研究新范式，希望能够以此助力完善前理论研究范式，引领前实践研究范式转移。期待新的研究范式可以指引人们更加接近现实地认识新时代中国城市巨系统，分析复杂城市问题，提出更能满足城市公共利益的善治解决方案。

# 第十章　乡村治理与共同富裕

郄艳丽

乡村治理是回应中国社会主要矛盾、实施乡村振兴战略的必要手段。国家“十四五”规划纲要中明确指出构建基层社会治理新格局，以提升共建共治共享水平。党的二十大报告中鲜明提出中国式现代化是全体人民共同富裕的现代化。城市与乡村是两种不同的生活空间和文明形态，是人类空间聚居形态的一体两面。其治理能力与水平将直接影响国家治理体系的构建。在改革开放以来40多年的发展历程中，城市在“先富带动后富”的共同富裕思路下优先发展，成为支撑国家经济高速增长的重要引擎。因此关于治理问题的探讨大多集中于城市层面，而更为广袤的乡村却在一定意义上成为城市的“附属品”。城乡二元结构长期成为城乡统筹发展的壁垒，乡村治理的效能与水平同样难以与城市相提并论。美国著名管理学家彼得曾提出著名的短板理论（木桶原理），即一个组织的劣势部分往往决定整个组织的水平，而乡村治理作为当前国家治理体系的劣势部分需要补齐治理短板，通过有效治理实现城乡共同富裕。

## 一、乡村治理的基础逻辑

### （一）时空逻辑

中国乡村治理在时空维度形成了自治、管制、管理、治理四个阶段的制度变迁轨迹，遵循“局部地区点状富裕—全部国土最低供给—部分地区先行富裕—全部国土基础保障”四个方面的发展逻辑，从财富分配和社会治理视角大致可分为四个阶段：

一是节点富裕下的县政绅治（1949 年以前）。新中国成立以前，中国沿袭 2 000 多年的封建国家机器一直奉行“皇权不下县”的基层管理思路，县一直是政府管理与乡村自治的边界，乡村则始终以地域单位的角色存在。代表中央政府的县级政府对乡村事务具有名义上的管理权，对于乡土社会的实际约束则往往需要依靠以血缘关系为纽带的宗族，并在科举制度产生的乡绅群体配合下实现教化功能，形成“官权-族权-绅权”的乡村治理结构[①]。以科举制度为代表的封建制度被废除后，中国很快进入了军阀割据的混乱时期，官权和绅权在很大程度上有所削减，“土豪劣绅”的出现导致原有的乡村社会秩序受到猛烈冲

① 苏海新，吴家庆．论中国乡村治理模式的历史演进．湖南师范大学社会科学学报，2014（6）：35－40.

击，受治理主体自身能力的影响，乡村之间的发展差距迅速拉大。民国时期，乡村建设运动在诸多爱国知识分子的推动下逐步展开，以梁漱溟、晏阳初等为代表的学者在山东邹平、河北定县等地开启乡村建设实践，试图解决乡村长期破败的问题[①]，并探索出乡村发展内生型与外力型的理论路径[②]。由于当时的中央政府并未给乡村建设提供经济支撑，此类实践仅能实现个别村庄或部分地域生活质量的提升，形成了点状富裕的发展格局。

二是平均主义下的政社一体（1949—1978 年）。中国共产党成立初期在革命根据地范围内开展土地革命，此阶段的集体生产实践为新中国成立后解决乡村土地问题奠定了基础。新中国成立后在全国范围内开展土地改革，从根源上摧毁了封建土地制度，但由于农民个体经营难以实现扩大再生产[③]，农业发展开始顺应国家高度集中的计划经济体制，朝着集体化的方向发展，并确立了人民公社制度，县级以下的基层管理实现了从“死角”向“重点”的转变。人民公社是生产单位，兼有行政管理的职能，且公社的领导干部大多为党政干部，他们并不直接向公社社员负责，而是由国家统一任免，导致人民公社推动农业生产

---

① 沈费伟．民国时期的乡村建设流派：兴起背景、经典案例与经验启示．理论月刊，2019（5）：142－148.

② 郐艳丽，何春昊．乡村建设视角下的乡村治理模式研究．西部人居环境学刊，2021（1）：26－34.

③ 丰雷，郑文博，张明辉．中国农地制度变迁 70 年：中央—地方—个体的互动与共演．管理世界，2019（9）：30－48.

的经济职能萎缩，尤其是在 1957—1962 年期间，粮食产量年均递减 3.9%[①]。在此阶段，出于保障全体人民基本生活需求的目标，乡村治理的基本原则是实现平均主义，并由代表中央政府权力的公社持续推进。由于人民公社主要是为了完成上级政府的任务，加之重城轻乡的制度设计，使得中国的乡村长期处于贫困状态。

三是部分富裕下的乡政村治（1979—2014 年）。改革开放后，邓小平提出“贫穷不是社会主义”，共同富裕是鼓励一部分人先富起来，先富带动后富。在此思想的驱动下，部分东部沿海地区的乡村借助区位优势实现经济的迅速增长。伴随着土地制度的改革，乡村经济活力的提升要求实现治理模式的进一步革新，村民自治的萌芽逐渐显现。1982 年修订的《中华人民共和国宪法》正式将村民委员会确定为基层群众性自治组织，1987 年颁布的《村民委员会组织法》以法律的形式赋予了村庄自治地位，这使乡镇实际成为国家与社会的边界[②]，并逐步代替人民公社成为乡村治理的主体，国家行政机构在名义上退出了乡村治理的第一线，在客观上推动了乡村经济和民主政治的发展。尽管村民委员会具有自治性的特征，但仍然承担了国家基

① 袁德政，胡桐元，刘诚．试论人民公社“政社合一”的弊端：农业管理体制改革中的一个重大问题．农业经济丛刊，1980（5）：24-27.

② 郤艳丽，何春昊．乡村建设视角下的乡村治理模式研究．西部人居环境学刊，2021（1）：26-34.

层行政单元的功能，从而形成了“命令-服从”的乡政村治[①]，即村委会的自治功能显著弱于行政功能，乡镇层级政府向下传递上级部门的政策，作为国家治理体系末梢的村委会承接政策的最终执行。随着部分村委会依托区位优势抓住机遇带领村庄迅速致富，其话语权在原有的隶属关系中相对提升，原有“乡政村治”的治理状态逐步发生改变，部分先富的乡村地区能够充分发挥村委会在乡村治理上的基础性作用，但其他长期处于低发展水平的乡村仍然依赖于上级政府的投入与支持，难以实现村庄内部力量的有机整合，导致中国乡村内部差距逐步扩大。

四是全面脱贫下的多元共治（2015 年以来）。2015 年脱贫攻坚战正式打响，乡村治理在解决绝对贫困问题的目标导向下以政府为主导全力推行，消除贫困成为各级政府的首要任务。在统筹城乡发展的背景下，城市与乡村之间的人口与资源流动显著增加，诸多治理力量在改善乡村人居环境、发展乡村特色产业的脱贫工作中不断涌现，进而演化成新的乡村治理主体，并形成了多样化的治理类型与模式。例如：国有企业在进行乡村居民点改造过程中投入资本、电商企业介入农产品生产销售环节，促使国有资本与社会资本成为影响乡村生产生活的关键力量；驻村干部的注入与乡村人才的回流促使“新乡贤”群体

① 徐晓全．协同治理型群众组织与“乡政村治”体制转轨．中国农业大学学报（社会科学版），2015（6）：103－110.

成为影响乡村发展进程的重要角色。在脱贫攻坚阶段，“乡镇-村委-村民”的线性治理体系逐渐被打破，扁平化、多主体的治理架构逐渐被建构，为了实现脱贫摘帽的目标，以协议或合作的方式达成共识并共同构成乡村发展的基本动力，形成了多元共治的网状治理体系，在客观上促进了分散性小农生产与国家、市场的有效对接。在多元主体参与乡村治理的同时，村委会自身也经历了服务性和组织性任务增强的变化①，相较于前一阶段在“乡政村治”驱动下的过渡角色，脱贫攻坚阶段更强调村委会调动各方资源、协调各方利益的能力，实则缩小了村庄差异。

### （二）理论逻辑

中国乡村治理理论基础来自三个方面，但理论思维和实际运用存在差异。

一是传统中国治理理论学习。传统中国乡村的自治格局一直存留多元共治的传统基因，治理理论可以细化为三个分支：（1）以人为本的治理思想基础。传统的儒家思想通过“水能载舟，亦能覆舟”“民贵君轻”等观点强调君主与人民之间的相互关系，认为君主掌握权力的目标是人民福祉与利益的实现②，这极大影响了乡村治理的价值观。（2）以法为纲的治理效能路径。

---

① 赵一夫，王丽红．新中国成立 70 年来我国乡村治理发展的路径与趋向．农业经济问题，2019（12）：21－30.

② 朱汉民，胡长海．儒、法互补与传统中国的治理结构．武汉大学学报（人文科学版），2017（2）：69－75.

法家思想强调“法”“术”“势”相结合的治理手段，强调通过严刑峻法提升治理的强制性，以治理的高效率实现富国强兵的目标。（3）以礼为基的治理逻辑手段。即在封建农业社会尊儒重教、等级秩序、地位尊卑、控制欲望等背景下形成的正式治理和非正式治理制度，二者相辅相成、互相支撑，形成有序空间和树状社会管理体系。非正式治理制度体现官方思想的渗透，通过德化手段实现乡村治理，降低管理成本，村权威、乡规民约以及物化场所构成非正式治理基础，其中乡规民约源于周礼读法之典，成于北宋《吕氏乡约》，盛于明清，是以礼成俗、以教化民的民间约束机制，涵盖大量乡村规划、建设和运营管理的内容，属于民间习惯法，独立于国家正式法之外并与其相辅相成[①]。由于历史变迁，传统中国治理的经济、社会、文化背景发生巨大变异，固化社会的治理逻辑已经不适应流动社会的乡村治理，时代变迁过程中传统治理制度被传承得较少。

二是西方现代治理理论借鉴。当前一些学者主要运用西方现代治理三大理论从理念、方法、内容等三个维度支撑乡村治理的中国实践：（1）协同治理理论。协同论主要研究远离平衡态的开放系统在与外界有物质或能量交换的情况下，如何通过内部协同作用，自发地出现时间、空间和功能上的有序结构。协同论以现代科学的最新成果（系统论、信息论、控制论、突

---

① 黄霞．论中国传统乡规民约．湘潭：湘潭大学，2009.

变论等）为基础，吸取了结构耗散理论的大量营养，采用统计学和动力学相结合的方法，通过对不同领域的分析，提出了多维相空间理论，建立了一整套的数学模型和处理方案，在微观到宏观的过渡上，描述了各种系统和现象中从无序到有序转变的共同规律①。（2）协商式规划理论。协商式规划是基于“规划是对社会各项利益的平衡，是在协商和妥协基础上形成的社会共识”这一认识形成的，强调规划要充分反映不同利益群体的社会诉求，通过充分的沟通和协商达成一致的认识，在维护公共利益的前提下实现各方利益平衡。协商式规划是契约式的自下而上的规划，重视公共利益的维护、规划制度的构建、民生需求的表达和规划政务的公开。协商式规划注重规划的权威性，通过法定程序将成果转化为法定文件和乡规民约，成为社会共同遵守的行为准则。（3）公共产品理论。该理论主要围绕马克思公共产品理论与西方公共产品理论两个角度来讨论。其中，马克思公共产品理论从以人为本、整体和供给角度，围绕社会存在和发展的共同利益需要研究公共产品、公共服务的本质及其供求问题，市场只是当作供给公共产品的手段②。西方公共产品理论以个人或消费占有为研究出发点，认为公共产品是弥补市场失灵的产物，围绕消费偏好以市场需求为导向研究其供求问题③，是

① 白列湖．协同论与管理协同理论．甘肃社会科学，2007（5）：228－230.

② 李志军．中国农村基础设施配置调控研究．长春：东北师范大学，2011.

③ 胡钧，贾凯君．马克思公共产品理论与西方公共产品理论比较研究．教学与研究，2008（2）：9－15.

中国乡村基本公共服务由居民自我提供转向由政府公共提供的思想基础。乡村发展系统涉及产业结构、居民点体系、环境生态、基础设施保障、公共服务供给等多个子系统，落实到乡村区域土地空间上的协同发展意味着乡村系统秩序和发展逻辑的构建以及实施策略和完善路径的契合。由于时代进步，西方现代治理理论逐渐被引入城市，政府、企业、社会等多元主体共治的理念被广泛接受，相应制度建设逐渐完善。但乡村仍然沿袭政府主导的理念，多元共治的传统基因在少量节点得到部分应用，政府主导、运用行政力量调动国企为主的企业力量实施乡村改造，与西方治理的多主体存在本质不同，需要对西方理论在中国的适用性问题展开思考。

三是中国当代治理实践总结。乡村治理是一个综合程度较高的概念，不同的领域、学科和学者有不同的理解，针对中国实践总体概括为三个观点：(1) 活动。乡村治理是对公共权力进行合理的配置，管理乡村社会的具体事务，进而实现特定目标的政治性活动，涉及怎样对乡村展开管理活动，或者乡村自身怎样进行自我管理，进而达到乡村社会的规范合理发展①。(2) 过程。乡村治理是众多主体在参与过程中彼此协作，利用沟通、磋商、谈判等各种方式来解决乡村地区发生的冲突和矛

① 徐勇．挣脱土地束缚之后的乡村困境及应对：农村人口流动与乡村治理的一项相关性分析．华中师范大学学报，2000 (2)：98-102.

盾，在乡村社会中构建规范秩序的过程；是乡镇政府、社会组织以及其他社会力量等众多的主体，利用彼此协作、沟通互动以及协同运作等方式，帮助乡村社会实现最大公共利益的过程。(3) 二者结合。乡村治理指的是在乡村基层政府（主导）和其他社会组织（辅助）的联合作用下，为整个乡村社会进行公共物品供给的活动和过程。在各个历史时期，乡村治理在阶级特征方面有所不同，在时代特色方面也各有差异，因而形成的概念和含义也不尽相同，根据不同主体的组合形式可大致划分为五大类、十三种模式（见表 10-1）。

**表 10-1　乡村主要治理类型、模式与典型案例一览表**

| 治理类型 | 治理模式 | 典型案例 |
| --- | --- | --- |
| 行政主导型 | 政府主导 | 由中央授意或地方政府牵头，市场、公民、社会等各个群体接受政府的统一规划与管理 |
| | 国企（央企）主导 | 自上而下，具有强制性和计划性，经常会不计成本地推倒重建，村集体和村民参与度较低，属于被动适应 |
| 集体主导型 | 集体主导 | 集体经济发育，委托地产企业进行开发建设，形成利益分成机制，一般在大城市周边区位条件较好的乡村或城中村，在集体企业主导下与政府、村民和市场间形成伙伴关系 |
| | 社区企业主导 | 村集体组建类似于社会企业的社区企业，独立市场化运作 |

续表

| 治理类型 | 治理模式 | 典型案例 |
|---|---|---|
| 社会主导型 | 规划师、建筑师触媒 | 明星规划师、建筑师走进乡村，凭借专业的设计活动和实践活动，通过明星建筑，一方面带动村民学习，引领村民建设、改造家园，另一方面通过参观、教学等方式为乡村带来机会 |
| | 学者植入 | 社会学家、经济学家等学者从生活的角度切入，以知识、理念的渗入参与乡村治理，通过知识的平民化构建乡村治理制度 |
| | 宗教机构主导 | 一般在宗教氛围较为浓郁的乡村，宗教文化根植于民众内心，宗教领袖更容易说服居民按照既有设想进行乡村建设和运营管理 |
| 市场主导型 | 综合类企业主导 | 政府和居民完全授权企业进行规划、建设及运营管理，此类企业一般随着市场需求转型形成，以追求企业利益为主导 |
| | 经营类企业主导 | 政府授权、企业主导，追求企业效益，造成村民利益受损 |
| 合作治理型 | 协同治理 | 企业发起，政府、涉农企业、村民与规划师平等互动，形成各司其职、各取所需的合作关系 |
| | 联动治理 | 政府发起、全域行动、企业响应、村民参与，政府、企业和村民通过股份制企业建立公平的利益分配机制 |
| | 共同治理 | 政府发起，侧重引导村民参与，加强制度建设，建立长效机制，具有可复制性 |
| | 公私合作治理 | 政府发起，政府和村民之间形成合作关系，强调规划、建设和管理过程的居民自主权 |

## 二、治理失效的现实解读

### （一）显性特征

全面建设社会主义现代化国家，最艰巨、最繁重的任务在农村。虽然经过多年的乡村治理实践探索，取得巨大的发展成就，仍存在诸多的困难问题，乡村治理失效主要有以下显性特征：

一是乡村系统难以持续。乡村治理目标的达成需要乡村“人、地、村”系统长期处于稳定发展的运行状态。21 世纪以来，我国乡村发展经历了一系列治理过程，政府采取了多样化的实际行动，不同行动具有时空差异性和目标差异性特点，引发效率、公平与可持续性的问题（见表 10－2）。新农村和美丽乡村行动以物质空间的改善为切入点，然而，乡村的物质环境仅是乡村治理实施的客观对象，真正实现治理有效并不是一蹴而就的过程，需要通过协调乡村治理过程中各参与主体的利益关系达到动态平衡的效果，需要将人、地、村进行系统性考量以兼顾效率与公平。脱贫攻坚行动以居民收入为最终衡量标准，在国家强制推行的政策话语下，通过大规模帮扶使中国贫困乡村在短期内实现了人居环境与产业发展的迅速飞跃，从根本上改变了乡村贫穷艰苦的传统面貌。按照共同富裕的逻辑，“先富”的城市需要带动“后富”的乡村，这本身就将以城市为代表的外力因素作为乡村实现富裕的决定性因素，易使乡村发展高度依赖于城市的倾斜与辐射，难以通过内部力量实现持续发展。因此，反思中国乡村发展差距大、发展起点低的现实状况，问题出现的根本原因在于中国的城乡关系长期处于畸形状态。城乡二元结构的存在致使乡村在中国的发展舞台上长期处于辅助地位，承担为城市发展供应资源与输送劳动力的保障作用，而在经济规律的影响下，乡村空间的产值与城市空间相比存在巨大弱势，因此城市的资源与财富并不会主动实现向乡村地带的转移，往往需要国家的宏观调控保障城市对乡村的支援，这也使乡村治理面临新的挑战——在落实国家政策建立稳定治理结构的同时，也需要培育具有发展潜力与规模效应的乡村内生力量应对可能存在的发展危机。

**表 10-2　政府行动时空、目标、范围差异性分析一览表**

| 项目 | 目标重点 | 范围特征 | 引发问题 |
|---|---|---|---|
| 新农村（2005 年伊始） | 全体村庄 | 底线全覆盖 | 经济效率、利用效率 |
| 美丽乡村（2012 年伊始） | 部分村庄 | 少量高标准 | 村庄公平 |
| 脱贫攻坚（2015 年伊始） | 建档立卡村民 | 底线全覆盖 | 居民公平、可持续 |

二是乡村空间利用低效。党的十七届三中全会提出了对基本农田实现永久性保护的发展方针，近年来国家发布了一系列规定要求对基本农田开展全方位的保护措施，严格管控土地的

用途，并在各地的空间规划中明确划定永久基本农田保护红线，以确保国家的粮食安全。然而，绝大多数永久基本农田分布在广袤的乡村地区，这也就意味着乡村的大部分土地仅能在第一产业上贡献产值。依据库兹涅茨的产业结构演变理论，第二产业与第三产业占比直接影响工业化的发展进程①，而中国乡村受其土地利用特征影响，收益低的第一产业长期占据生产总值的主导地位，加之部分地方政府对管辖区域内的农作物提出统一种植的要求，乡村治理实践在面临"提升村民收入"的门槛问题时便力不从心，远不能达成"富裕"的发展目标。以对黄河流域部分乡村的调研为例，当前大部分乡村的粮食作物的收购价格多年维持较低水平，而农业生产成本却逐年提高，导致农业种植的利润空间被压缩，甚至出现亏损；而能够承载旅游开发、教育设施等经济或服务功能的集体建设用地存量低，以住宅为主，且审批极为严格，进一步限制了利用乡村空间创造高利润的可能，使乡村发展仅能围绕农业生产与住房改造这两个方面展开，并不能真正实现乡村富裕。

### （二）原因解析

乡村治理的表象是让凌乱的乡村生活更具品质，实质是增加乡村活力，积聚人力资本，促进居民富裕，重塑乡村秩序。乡村治理失效主要有以下原因：

---

① 叶裕民．城市经济学．北京：中国人民大学出版社，2019：204－205．

一是乡村治理理论缺失。在地理学的概念下，乡村及其所形成的地域系统更多强调空间概念下的人地关系，关注人口与资源的协调性，形成人类活动与地理环境的二分格局。在功能、结构、形态变迁的乡村系统转型发展语境下，传统的二分认知已不足以支撑复杂变化背景下的乡村系统可持续发展。乡村治理的研究主要集中在社会学和政治学，侧重国家权力下沉和乡村精英的作用，内涵较为狭窄。乡村“人地村”系统具有开放性、人本性、开发性、协调性、层次性五大特征，乡村治理包括经济治理、社会治理、环境治理和空间治理四个方面的内容，强调人、地、村关系的协调，尚未形成系统性的乡村治理理论来支撑复杂化的乡村治理实践。

二是乡村治理制度矛盾。影响乡村变迁最重要的因素是发展战略所框定的城乡关系，偏向于城市的政策安排使乡村发展最重要的资金、劳动力、空间三大生产要素向城市转移，乡村衰退成为必然。当前制约乡村发展的瓶颈仍然是制度因素，政府各部门对政策的理解与发挥差异而导致的乡村地域系统的发展差异解释力度不足，不同部门政策具有目标单一性、原则差异性特点，导致政策作用时间、效果具有迟滞性、相悖性问题（见表 10－3）。乡村振兴战略的实施离不开各级政府对乡村发展的合力作用，其行动逻辑、价值选择、利益平衡等对乡村振兴的成败关系重大，成为乡村功能转型、结构优化、形态适应、价值实现、能力提升的重要力量。

表 10-3　部分部门政策影响统计分析一览表

| 部门 | 切入点 | 目标重点 | 原则 | 结果 |
| --- | --- | --- | --- | --- |
| 国土部门 | 土地资源整理 | 耕地品质提升 | 自然原则 | 与生态原则相悖 |
| 教育部门 | 教育结构调整 | 教学资源整合 | 经济原则 | 儿童家庭流失 |
| 住建部门 | 农房整治 | 居住质量提高 | 普适原则 | 与城市化相悖 |
| 规划部门 | 合村并居 | 建设用地指标 | 效率原则 | 与农业生产相悖 |

三是乡村治理实践局限。（1）治理主体局限。我国规划长期处于政府主导状态，社会和市场参与不足，协商式规划没有得到实质性应用与推广，利益相关方的权益得不到有效保障，主体间关系尤其是政府间关系往往在理论研究中存在村庄缺位问题。（2）治理内容局限。治理实践在空间上主要局限于城乡建设用地规划与治理，其中又“重城轻乡”，对于非建设用地研究不足，对生态空间、农业空间关注不足。（3）治理方式局限。城乡规划以物质规划为主，技术主义盛行，对城市与乡村经济、社会发展规律研究和关注不足，以生硬的技术手段解决多变、复杂和系统性强的城市问题，导致城市与乡村整体利益难以实现。

四是乡村人才严重匮乏。当前乡村治理面临的关键问题是人才匮乏，此处所指的人才包括三类：（1）迁移型人才，是指原本生活在本村的群体离开乡村从业，在迁移后获得较多收入或社会声望的群体。这类人才往往具有强烈的乡村情结，其优势在于回乡后能够挖掘自身资源实现对家乡的回馈，其作为治理主体能够更好地获得村民的支持，但劣势在于这类人才回乡更多取决于自身的价值观与态度，并不能成为乡村治理的主流。（2）土著型人才，是指通过发展个体产业，能够带动本村其他村民的、长期生活和居住在本村的群体，这类人才依托于乡村的各类资源，其优势在于更能适应乡村经济社会关系的变化，作为治理主体更具有说服力，但劣势在于往往更加关注某一行业的发展，缺乏乡村整体经营的视角与能力。（3）支援型人才，是受国家或地方政府等的委派、在一段时间内进驻村庄开展工作且并不具备本村户籍的群体，这类人才往往以"扶贫干部""第一书记"的身份出现，其优势在于具备较高的专业素养与治理能力，能够更加深入地分析当前面临的发展问题，但劣势在于驻村时间往往较短，无法长期跟踪村庄的未来发展。这些人才都会在乡村治理的实践中发挥举足轻重的作用，但生活环境、利益回馈等乡村发展的短板严重制约着人才的回流，从而导致乡村治理的能力和水平长期处于较低状态。

## 三、治理有效的基本策略

### （一）价值目标：共同富裕

中国已经且正在经历一场伟大的历史转型，经济、社会、治理和空间四大转型全面推进。当前正处于乡土中国向城乡中国转型的关键时期，城乡关系剧烈变迁，乡村变局愈演愈烈[①]。随着部分乡村以人口代际为牵引的发展断代、经济断代、社会断代甚至环境断代问题逐渐显现，未来乡村“田谁来种”“村谁来住”等关键性问题已严重威胁到国家安全、粮食安全和乡村发展。新中国乡村变迁最重要的影响因素是发展战略框定的城乡关系，偏向城市的政策安排使得乡村发展最重要的资金、劳动力、空间三大生产要素转移到城市，乡村衰退成为必然。因此，乡村治理所面临的问题既是民生问题，也是战略问题，更是科学问题。乡村治理的价值目标是弥补乡村发展短板，努力实现共同富裕。2021 年 8 月，习近平总书记在中央财经委员会第十次会议上指出，共同富裕是全体人民的富裕，是人民群众物质生活和精神生活都富裕，不是少数人的富裕，也不是整齐划一的平均主义，要分阶段促进共同富裕[②]。

### （二）基本策略：乡村振兴

乡村振兴是只有开始没有结束的伟大历史征程，这一基本策略包含三个维度：

一是乡村振兴的本质内核——乡村系统现代化。乡村振兴以乡村的国家地位（食物安全与生态安全）为前提，以多元价值和多维功能为基础，乡村衰则国家衰，乡村亡则城市亡。生

---

① 刘守英，王一鸽．从乡土中国到城乡中国．管理世界，2018（10）：128－146.

② 习近平主持召开中央财经委员会第十次会议．（2021－08－17）．http://www.gov.cn/xinwen/2021-08/17/content_5631780.htm.

态为本和以人为本是乡村振兴的两大基本原则，这源于中国乡村脱胎于农耕文明，发展了农耕文化，弘扬了天地哲学，创造了人地和谐。乡村振兴战略开启了中国全面现代化演进的新起点、新征程，体现了从物的现代化到制度的现代化和人的现代化的突破。乡村是农民、农业、农村的有机体，农村是农民和农业的载体，村庄是农民生产关系的载体以及人地关系互动的载体，乡村“人地村”系统现代化才是全面的现代化，只有在三者互动和相互影响下才能实现。

二是乡村振兴的基础支撑——产业功能现代化。产业兴旺是乡村振兴和共同富裕的根本，农业产业的低回报、低效率、低融合是中国与发达经济体乡村产业存在差距的根本原因。乡村振兴归根结底需要从解决生产力出发，积极培育乡村的新兴产业，重新认识乡村的功能定位，实现乡村现代化和农业现代化。从产业角度看，一方面，传统的农业种植已经难以满足提升村民收入的现实需要，因此在保障粮食安全的前提下，结合当地地理环境，适当培育新的经济作物，实现农业开发模式的创新，并延长产业链，提升种植业产品的附加值与利润空间；另一方面，结合当地的作物种植与历史文化，实现第一产业与第三产业的产业复合，提升单位空间的价值生产。从功能角度看，乡村功能应由单一的提供农副产品转变为承载生产功能、生活功能、生态功能与文化功能的综合体，打破乡村的传统认知，实现乡村产业与功能的现代化。

三是乡村振兴的基本逻辑——城乡发展一体化。乡村振兴不能割裂其与城市的关系，城乡融合发展始终是乡村振兴的发展重点。位于大城市周边的乡村应充分发挥临近城市的优势，大力推进基础设施建设，并建设可支付保障性住房，缓解城市中心的住房压力；同时吸引城市产业转移的落地，利用城市更为庞大的消费市场发展基础性生活产业，从而实现乡土社会向城乡社会的转化；地理位置偏远、与城市距离较远的乡村则应更多关注服务设施建设，并充分发挥信息时代的技术优势，构建与城市的虚拟联系，破解地域闭塞难题，实现向“流乡村”的转变①。

## 四、治理有效的实现路径

### （一）系统性解决乡村发展问题

乡村系统从广义上来讲是人类与环境相互作用而形成的复杂、复合和多层次、多功能的稳定系统，具有社会、经济、生态等多重功能和属性。乡村系统包括乡村生态子系统、乡村生产子系统和乡村生活子系统，系统内部各服务功能类型和数量之间协同关系的时空变化对区域内居民的各类福祉具有重要影响，乡村系统的发展需要系统内局部子系统之间形成协同发展②。乡村

① 毛茗，罗震东，兰菁．“流乡村”理念下边远乡村发展策略与规划研究：以贵州省石阡县楼上村为例．西部人居环境学刊，2021（1）：19－25.

② 卓志清，兴安，孙忠祥，等．东北旱作区农业生态系统协同发展与权衡分析．中国生态农业学报，2018（6）：892－902.

生产、生活、生态三大子系统相互作用、影响与转化，共同构成了乡村系统的有机整体，乡村振兴需要全面考虑子系统之间的关联效应，制定系统性解决方案。

乡村系统优化侧重三个方面。一是优化乡村自然生态子系统。乡村自然生态子系统的结构最为复杂，承载了乡村生产、生活、生态绝大部分功能，除受人类活动干扰的部分以外，乡村自然生态子系统与原始的自然生态系统相似，受自然规律和人类活动的共同约束，乡村振兴应首先遵循自然规律，使乡村生态系统维持稳定并不断优化演替。二是强化乡村经济生态子系统。乡村经济生态子系统是联系乡村自然生态子系统和乡村社会生态子系统的纽带，为乡村自然生态子系统健康发展提供经济基础，加快乡村生态系统的物质与能量流动及生态系统的演替过程。一方面提高乡村生产活动的科学性，另一方面坚持人类生产行为的适度性。三是深化乡村社会生态子系统。乡村社会生态子系统与乡村自然生态子系统和乡村经济生态子系统最明显的区别在于它具有特殊的人工景观和复杂的人文特征，是乡村系统的核心，人的主观能动性在很大程度上造就了乡村不同的社会景观类型，也决定了乡村系统的演替方向。

### （二）创新性建构乡村治理体系

建设人与自然和谐共生、居民共同富裕的乡村系统，需要在乡村制度建设、设施完善、行为引导和文化培养四个方面有所作为。一是建立健全乡村系统治理制度。建立健全乡村系统治理制度，是乡村振兴的顶层设计。通过区分乡村生态功能、乡村生产功能和乡村生活功能三个领域，在涉及乡村自然资源、生产活动和人居环境等内容的基础上，提升持续激发乡村生态振兴的内外动力，完善政策工具和选择合理长期持续性的激励手段，鼓励保障乡村振兴持续推进的内生动力能够稳定持续，构建起城乡融合、经济和生态融合的发展关系，通过协调一致的制度规章夯实乡村振兴的制度基础，营造出各要素融合相通的外部环境条件。发挥财政税收手段的调节作用，建立推进乡村振兴的长效激励机制。二是完善乡村治理法治建设。以生态为例，目前我国没有专门的关于乡村垃圾处理、废水处理、耕地保护、农药化肥使用控制、乡镇企业管理等方面的法律法规，因此在乡村治理过程中，对实际非法行为的管控无法可依。建立健全乡村生态治理制度，也需要通过完善法律法规来进行保障。三是构建多元主体参与格局。乡村振兴离不开多元主体的参与，应避免单纯依赖各级政府、国有企业的“输血”式植入，而是应积极发挥乡村内生型力量在自然生态治理与人居环境优化中的作用，提升乡村居民的主体意识、参与意识与责任意识，进而推进乡村治理在乡村地区的下沉，实现乡村系统的良性循环。充分利用村民自组织、农民合作社以及其他新型经营主体在其中可能存在的引导作用，通过赋予村民自治组织和新型经营主体参与乡村保护与生态修复的职能，使其成为引领农民生产生活转型的“先行群体”。四是传承培育发展乡村文化。在乡村振兴的发展背景下，既要发掘与汲取传统文化中敬畏自然、天人合一的朴素生态治理理念，又要紧跟现代生态文明建设的最新理论成果，从理论和实践两个层面培育人与自然和谐统一的乡村文化。

# 第三部分

# 经济与民生治理

# 第十一章　国家经济治理现代化

许光建

党的十九届四中全会通过的《中共中央关于坚持和完善中国特色社会主义制度 推进国家治理体系和治理能力现代化若干重大问题的决定》（以下简称《决定》），对如何坚持和完善经济治理体系和治理能力现代化做出了全面系统的部署，在理论上有诸多重大创新。党的十九届五中全会通过的《中共中央关于制定国民经济和社会发展第十四个五年规划和二〇三五年远景目标的建议》（以下简称《建议》）和十三届全国人大四次会议通过的《中华人民共和国国民经济和社会发展第十四个五年规划和2035年远景目标纲要》（以下简称《纲要》）明确把“推进国家治理体系和治理能力现代化”作为“十四五”时期指导思想的内容，把“基本实现国家治理体系和治理能力现代化”作为2035年远景目标的内容，把“国家治理效能得到新提升”作为“十四五”时期经济社会发展主要目标之一。党的十九届六中全会通过的《中共中央关于党的百年奋斗重大成就和历史经验的决议》把“明确全面深化改革总目标是完善和发展中国特色社会主义制度、推进国家治理体系和治理能力现代化”列入了习近平新时代中国特色社会主义思想的“十个明确”之一。党的二十大报告在“新时代新征程中国共产党的使命任务”中明确把“基本实现国家治理体系和治理能力现代化”列为“到二〇三五年，我国发展的总体目标”之一。本章从国家经济建设视角，解读与之相关的若干主要问题。

## 一、国家经济治理体系和治理能力现代化的系统论述

《决定》对经济治理体系和治理能力现代化的阐述，主要集中体现在第六部分“坚持和完善社会主义基本经济制度，推动经济高质量发展”。同时，《决定》还在其他部分对与经济发展和经济管理相关的制度体制机制政策等进行了深刻的阐述，主要包括：在第五部分“坚持和完善中国特色社会主义行政体制，构建职责明确、依法行政的政府治理体系”之“优化政府职责体系”中提出了厘清政府和市场、政府和社会关系，改善营商环境，激发各类市场主体活力，健全宏观调控制度体系、完善预算制度、建设现代中央银行制度等完善政府经济调节、市场监管职能的重要任务；在第八部分“坚持和完善统筹城乡的民生保障制度，满足人民日益增长的美好生活需要”中对健全就业促进机制、实施就业优先政策等提出了重要而具体的任务；

在第十部分“坚持和完善生态文明制度体系，促进人与自然和谐共生”之“实行最严格的生态环境保护制度”中提出，完善主体功能区制度、完善绿色生产和消费的法律制度和政策导向，发展绿色金融；在第十二部分“坚持和完善‘一国两制’制度体系，推进祖国和平统一”中提出了完善香港、澳门融入国家发展大局、同内地优势互补、协同发展机制，支持香港、澳门发展经济、改善民生，完善促进两岸交流合作、深化两岸融合发展等重要的经济方面的任务；在第十三部分“坚持和完善独立自主的和平外交政策，推动构建人类命运共同体”中，提出了维护完善多边贸易机制，推动建设开放型世界经济以及推动全球经济治理变革等重要任务。除了这些内容，在其他部分也有若干关于经济治理的重要论述。

《纲要》在第六篇“全面深化改革 构建高水平社会主义市场经济体制”第二十二章“提升政府经济治理能力”中从三个方面对提升政府经济治理能力进行了论述和部署。总的原则是，“加快转变政府职能，建设职责明确、依法行政的政府治理体系，创新和完善宏观调控，提高政府治理效能”。具体来看，包括三个方面，一是完善宏观经济治理，二是构建一流营商环境，三是推进监管能力现代化。

从以上论述中，我们可以更加全面地认识和掌握在经济领域推进国家治理体系和治理能力现代化的主要内容。第一，坚持和完善社会主义基本经济制度。在这个方面，《决定》提出了具有创新性的新概念、新理论，提出了坚持和完善社会主义公有制，按劳分配为主、按要素分配相结合的分配制度，社会主义市场经济制度等三大制度相结合的基本经济制度，这是经济领域最基础的制度，必须坚持好、完善好这一基本制度。第二，政府对市场运行和宏观经济的治理制度，特别是对宏观经济调控的制度，明确了国家规划和战略、财政政策、货币政策三大工具相结合的宏观经济调控制度，明确提出了建设现代财政制度、现代银行制度等重要任务，还提出了推进市场监管能力现代化的任务。第三，构建新发展格局，充分利用国内国际两个市场两种资源，积极促进内需和外需、进口和出口、引进外资和对外投资协调发展，促进国际收支基本平衡，完善内外贸一体化调控体系。第四，对外开放和国际经济治理制度。第五，统筹发展与安全，确保国家经济安全的制度等。可见，《决定》《建议》《纲要》对国家经济治理体系和治理能力现代化的论述既有基本制度，也包含了若干重要制度，非常全面、非常系统。

## 二、夯实国家经济治理体系基础

《决定》的一大重要理论创新就是对社会主义基本经济制度内涵的扩展，将“按劳分配为主体、多种分配方式并存”的社会主义分配制度与“社会主义市场经济体制”共同上升为我国社会主义基本经济制度的重要内容，同“坚持公有制为主体、多种所有制经济共同发展”一起构成了社会主义基本经济制度，这是习近平新时代中国特色社会主义经济思想的重要创新和发展，也是社会主义政治经济学理论的重大创新。《决定》的这一创新性表述具有坚实的理论基础。在任何社会，经济制度主要体现在三个方面：一是所有制或产权制度，这一制度决定了经济决策的主体，亦决定了收入分配的方式；二是收入分配制度，这一制度决定了社会生产成果归谁占有和支配；三是资源配置的方式，就是通过什么机制来分配资源或生产要素。改革开放以来很长时期里，我们把资源配置方式称为体制，为的是和所有制决定的基本经济制度相区别。随着我们对政府和市场关系的认识不断深入，社会主义市场经济理论逐步成熟，资源配置方式已经成为社会主义经济制度不可分割的有机组成部分。所有制结构、收入分配方式和资源配置方式之间密不可分。以公有制为主体、多种所有制经济共同发展的这种所有制结构决定了我国收入分配方式必须多样化，资源配置方式必须是市场发挥决定性作用，更好发挥政府作用。因此，《决定》在阐述我国国家制度和国家治理体系具有的多方面的显著优势时，明确提出“坚持公有制为主体、多种所有制经济共同发展和按劳分配为主体、多种分配方式并存，把社会主义制度和市场经济有机结合起来，不断解放和发展社会生产力的显著优势”，这是我国在新时代进一步推进国家经济治理体系和治理能力现代化的基础。

### （一）坚持公有制为主体、多种所有制经济共同发展的所有制结构

公有制经济，包括国有经济、城镇集体经济和农业集体组织，在新中国成立以来的70多年的发展中做出了突出贡献，尤其是在关系国家安全、国民经济命脉的行业中，在应对和防范经济和金融风险等方面发挥了巨大的不可替代的优越性。特别是在抗击新冠疫情斗争中，在应急保供、医疗支援、复工复产和稳定产业链供应链等方面发挥了重要作用。随着国有经济布局优化、结构调整和国有企业改革的不断深化，毫不动摇地巩固和发展公有制经济已经进入改革的攻坚期，需要进一步通过改革提高国有企业效益和活力。特别是在战略性新兴产业等重要行业和关键领域的发展中，要毫不动摇地发挥国有经济的重大作用，不断增强国有经济的竞争力、创新力、控制力、影响力和抗风险能力。

非公有制经济在改革开放以来经历了一个从小到大，逐步发展和丰富，对国民经济和社会发展作用不断增长的过程。习近平总书记在2018年11月1日召开的民营企业座谈会上的讲话明确强调："民营经济是我国经济制度的内在要素，民营企业和民营企业家是我们自己人。民营经济是社会主义市场经济发展的重要成果，是推动社会主义市场经济发展的重要力量，是推进供给侧结构性改革、推动高质量发展、建设现代化经济体系的重要主体，也是我们党长期执政、团结带领全国人民实现

'两个一百年'奋斗目标和中华民族伟大复兴中国梦的重要力量。"这一讲话充分肯定了非公有制经济的重要地位和作用，对于正确认识社会主义基本经济制度具有十分重要的意义。

《决定》提出的"两个毫不动摇"，即"毫不动摇巩固和发展公有制经济，毫不动摇鼓励、支持、引导非公有制经济发展"，对于正确处理公有制经济和非公有制经济的关系具有重要意义。党的二十大报告指出，"优化民营企业发展环境，依法保护民营企业产权和企业家权益，促进民营经济发展壮大"。从当前的情况来看，在重视国有企业高质量发展、大力治理垄断、优化营商环境的过程中，必须充分重视优化非公有制经济，特别是民营企业、小微企业的发展环境，同时也要促进民营企业守法合规经营，提升自身经营管理水平，还要鼓励和支持民营企业积极履行社会责任，支持有意愿有能力的民营企业通过社会公益和慈善事业参与第三次分配。

坚持农村基本经营制度，是我们党的三农政策的基石，也是乡村振兴的制度基础。这一制度的核心内容有三个方面：一是坚持农村土地农民集体所有制，这是坚持农村基本经营制度的基础；二是坚持家庭承包经营基础性地位，就是说，农民家庭是集体土地承包经营的法定主体，这是农民土地承包经营权的根本，也是农村基本经营制度的基础；三是坚持稳定土地承包关系，这是维护农民土地承包经营权的关键。从当前来看，主要任务有两个方面，一是深化农村产权制度改革，二是发展农村集体经济。

党的十八大以来，习近平总书记一直很重视农村产权制度改革，他在2013年召开的中央农村工作会议上指出，“要不断探索农村土地集体所有制的有效实现形式，落实集体所有权、稳定农户承包权、放活土地经营权”。在2014年9月29日召开的中央全面深化改革领导小组第五次会议上，他指出，要在坚持农村土地集体所有的前提下,促使承包权和经营权分离，形成所有权、承包权、经营权三权分置，经营权流转的格局，为农村产权制度改革进一步指明了方向。

《纲要》明确指出，“巩固完善农村基本经营制度，落实第二轮土地承包到期后再延长30年政策，完善农村承包地所有权、承包权、经营权分置制度，进一步放活经营权”，“深化农村集体产权制度改革，完善产权权能，将经营性资产量化到集体经济组织成员，发展壮大新型农村集体经济”。在当前和今后一个时期，发展和壮大新型农村集体经济具有重要的意义。一方面，有利于更好地利用农村和城镇的生产要素，特别是吸引城镇的生产要素有序流入农村，为乡村振兴注入新的活力。另一方面，通过发展新型农村集体经济，有利于更好地促进农村的共同富裕。近年来，在发展新型农村集体经济的过程中已经取得了不少好的经验，要通过加快农村集体产权制度建设，大力培养农村集体经济组织领导和管理人才，支持不同类型的新型农村集体经济的发展。

### （二）完善新时代社会主义收入分配制度

《决定》在收入分配制度上构建了初次分配和再分配的新格局，首先论述了初次分配在我国收入分配体系中的重要作用。初次分配主要是通过市场机制进行，即城镇劳动者和农民工的工资薪金受劳动力市场供求关系和企业经济效益的影响，而农民的农业经营收入则受农产品销售价格及农产品市场需求的影响。但是，政府应当而且能够通过制定包括最低工资制度在内的各种制度来调控初次分配的结构。目前我国初次收入分配体系具有以下特点：（1）政府通过行政手段、经济手段等保证居民享有参与初次分配的能力和机会，促进机会公平；（2）各种生产要素贡献收入基本通过市场机制实现；（3）通过最低工资政策和粮食价格保护政策，保障劳动者达到比较合理的收入水平；（4）逐步完善技术、资本等要素参与初次分配的保障及监管制度；（5）政府在初次分配中采用的经济手段具有多样性，包括价格政策、财政政策（补贴）、货币政策等。但由于初次分配中的机会不平等、要素不平等等原因导致初次分配差距过大，也必须完善各种生产要素在初次分配中获得合理报酬的机制，特别要努力提高劳动报酬在初次分配中的比重。

《决定》在生产要素内容中明确提出了“土地、知识、数据”等生产要素参与分配的原则，这一原则的提出与我国土地制度改革等新政策相协调，更符合我国目前劳动力市场的实际情况。首先，在土地要素层面，新修订的《土地管理法》于

2020 年 1 月 1 日起实施，加快了农村宅基地制度改革、农村集体土地直接入市等土地改革政策出台的步伐，这有利于提高农民财产性收入，因此将“土地”纳入我国分配要素与土地改革的步伐相适应，并从收入分配制度层面进一步推动了改革的进程。其次，实现经济高质量发展必须通过技术创新带来全要素生产率的提高。随着信息时代大数据技术的不断发展，“知识、数据”作为生产要素愈来愈起到重要作用，因此将“知识、数据”明确为生产要素有利于促进大数据行业、“互联网＋”行业、人工智能行业等高科技行业或数字经济的发展，促进技术不断创新，从而实现经济高质量增长。最后，随着我国全面建成小康社会，历史性地解决了绝对贫困问题，中等收入群体不断扩大，国民收入分配结构正逐步转向“橄榄型”。而中等收入群体则主要依靠知识、技术等生产要素，因此明确“健全知识、数据生产要素由市场评价贡献、按贡献决定报酬机制”也有利于进一步扩大中等收入群体，优化收入分配结构。

《决定》的一个创新点是首次明确了“第三次分配”在收入分配中的重要作用。除政府通过税收、社会保障、财政转移支付进行再分配之外，企业和社会组织在再分配环节发挥的作用亦愈来愈大，因此应当重视以社会组织和企业为主体进行的慈善事业在收入分配中的作用，这就是所谓的“第三次分配”。2021 年 8 月 17 日召开的中央财经委员会第十次会议指出，“要坚持以人民为中心的发展思想，在高质量发展中促进共同富裕，正确处理效率和公平的关系，构建初次分配、再分配、三次分配协调配套的基础性制度安排”，“形成中间大、两头小的橄榄型分配结构，促进社会公平正义，促进人的全面发展，使全体人民朝着共同富裕目标扎实迈进”。这就为充分发挥第三次分配在促进共同富裕中的积极作用提供了根本遵循。在当前和今后一个时期，我们一方面要通过税收优惠等制度安排鼓励企业和个人积极参与第三次分配，推进实现共同富裕；另一方面要为第三次分配创造宽松的友好的社会环境，避免在社会捐赠上出现互相攀比的不良局面。既要鼓励逐步提高第三次分配的作用，还要提倡企业和个人根据自身意愿和能力参与第三次分配，依法通过公益性群众团体进行公益慈善事业捐赠。

### （三）完善社会主义市场经济体制

完善社会主义市场经济体制要进一步处理好政府与市场的关系，明确在经济调节中政府与市场的界限，实现有效市场和有为政府的有机结合。

第一，在完善竞争制度方面，《决定》从市场准入与退出、加强反垄断和反不正当竞争两方面做出了明确要求，促进公平竞争，促进企业优胜劣汰，促进资源合理配置。

第二，在产权制度方面，通过完善产权制度，有效降低市场主体的交易费用，这是市场经济的重要基石。但当前在知识产权的保护方面还存在侵权盗版频繁发生、侵权赔偿标准低、科技创新成果转化率不高等问题，不利于我国技术创新与经济高质量发展。必须立足我国基本国情，完善知识产权制度设计，加强知识产权保护，完善高校等研究机构与企业、知识产权服务机构之间的创新成果转化孵化渠道，开展知识产权质押融资等政策，使得知识作为重要生产要素之一焕发市场活力。

第三，在完善科技创新体制机制方面，《决定》多处提到“加快建设创新型国家”，加大基础研究投入、加强关键核心技术攻关。正如党的十九大报告所提出的那样：“创新是引领发展的第一动力，是建设现代化经济体系的战略支撑。”经济的高质量发展必须依靠技术创新突破，解决关键核心技术“卡脖子”问题，必须加大财政科技投入、企业科技投入与高层次人才培养教育投入。要在政府不断加大财政科技投入力度的同时，加强科研资金的绩效管理，提高资金的使用效率。

第四，在推动区域协调发展方面，党的二十大报告指出，“深入实施区域协调发展战略、区域重大战略、主体功能区战略、新型城镇化战略，优化重大生产力布局，构建优势互补、高质量发展的区域经济布局和国土空间体系”。在新时代经济发展中，健全区域协调发展的财政政策、产业政策等宏观配套政策，通过城市群等“区域共同体”的构建以及对口帮扶机制，使得东部发达地区的技术进步、制度创新等能够传递到欠发达地区，强化东部发达省份对中西部欠发达省份收入分配的辐射带动作用，促进区域协调发展。此外，加强区域间连接性基础设施建设，有助于实现生产要素的充分流动。对于地方政府而言，中西部地区应当积极寻找自身的发展优势，主动探求与发达地区的战略性合作，学习引进发达地区的创新制度，推动地区内部产业结构升级，从而缩小与东部地区的收入差距。

## 三、提高国家经济治理能力

不断增强宏观调控能力是实现我国经济高质量发展的重要支撑。我国社会主义制度始终通过国家发展规划和战略这种中长期规划的方式明确制定国民经济建设、社会发展的目标及方向，引导我国市场主体的资源配置和生产建设。在新时代，坚持和完善国家治理体系和治理能力就要继续发挥国家发展规划、战略对我国经济发展的导向作用，并且进一步协调国家发展规划、战略与财政政策、货币政策等宏观调控政策，理顺发展规划与各种宏观调控措施之间的逻辑关系。

### （一）完善国家发展规划与战略制定

国家发展规划与战略始终是我国推动经济发展的重要抓手，也是实现“坚持全国一盘棋，调动各方面积极性，集中力量办大事的显著优势”的重要途径。新中国成立以来，我国于 1953 年开始编制第一个国民经济发展“五年计划”，对于奠定我国工业化基础发挥了不可替代的作用。改革开放以后，随着社会主义市场经济体制的确立，至“十一五”时期（2006—2010 年），我国首次将“五年计划”改为“五年规划”，并将经济社会发展的主要指标分成预期性指标和约束性指标。2005 年，国务院发布《关于加强国民经济和社会发展规划编制工作的若干意见》，规定我国发展计划分为“三级三类”，即国家、省和市县三级与总体规划、专项规划和区域规划三类。目前，一个以国家发展规划为统领，以空间规划为基础，以专项规划、区域规划为支撑，由国家、省、市县级规划共同组成，定位准确、边界清晰、功能互补、统一衔接的国家规划体系正在加快建立健全中。在国家发展规划和战略的编制和实施过程中，我国在“十五计划”时期首次引入中期评估，并在“十三五”规划时期开始引入年度监测，这有利于根据现实情况对“五年规划”及时做出动态调整。

“十四五”时期是我国全面建成小康社会、实现第一个百年奋斗目标之后，乘势而上开启全面建设社会主义现代化国家新征程、向第二个百年奋斗目标进军的第一个五年。2020 年 8 月 6 日，习近平总书记对“十四五”规划编制工作做出重要指示，强调编制和实施国民经济和社会发展五年规划，是我们党治国理政的重要方式。五年规划编制涉及经济和社会发展方方面面，同人民群众生产生活息息相关，要开门问策、集思广益，把加强顶层设计和坚持问计于民统一起来，鼓励广大人民群众和社会各界以各种方式为“十四五”规划建言献策，切实把社会期盼、群众智慧、专家意见、基层经验充分吸收到“十四五”规划编制中来，齐心协力把“十四五”规划编制好。2020 年 10 月召开的党的十九届五中全会通过的《建议》为编制“十四五”规划纲要指明了方向，提供了遵循。从党的十九届五中全会到2021年全国人民代表大会，党的主张通过法定程序转化为国家意志。《纲要》体现了“三个新”的主线——新发展阶段、新发展理念、新发展格局，即开启全面建设社会主义现代化国家新征程，贯彻创新、协调、绿色、开放、共享的新发展理念，构建以国内大循环为主体、国内国际双循环相互促进的新发展格局。《纲要》按照全面建设社会主义现代化国家的战略安排，确定了2035年远景目标和“十四五”时期经济社会发展主要目标。2035年远景目标是“我国将基本实现社会主义现代化”。具体的目标包括经济、科技、社会发展等主要方面，描绘了我国基本实现社会主义现代化的蓝图。“十四五”时期的主要目标是服务于2035年远景目标的。在“十四五”时期，经济社会发展的主要目标包括六个新方面，分别是“经济发展取得新成效”“改革开放迈出新步伐”“社会文明程度得到新提高”“生态文明建设实现新进步”“民生福祉达到新水平”“国家治理效能得到新提升”。《纲要》的内容全面系统，对我国今后一个时期的经济高质量发展将发挥十分重要的作用。

《纲要》在《决定》的基础上进一步提出了宏观经济治理体系的重要概念。《纲要》明确提出，“健全以国家发展规划为战略导向，以财政政策和货币政策为主要手段，就业、产业、投资、消费、环保、区域等政策紧密配合，目标优化、分工合理、高效协同的宏观经济治理体系”。明确了国家发展规划和财政政策、货币政策等主要宏观经济政策手段的关系。在宏观经济政策体系中，突出了财政政策和货币政策的作用，同时明确了就业政策、产业政策、投资政策、消费政策、环保政策以及区域政策等在宏观经济治理体系中的地位和作用。强调了国家发展规划对公共预算等政策的宏观引导、统筹协调功能。在经济增长、就业、价格、国际收支等调控目标上提出，“在区间调控基础上加强定向调控、相机调控和精准调控”。《纲要》对完善宏观调控政策体系提出了一系列要求和部署，对于今后我国的经济社会发展具有重要的指导作用。

### （二）建立现代财政制度

《决定》提出，建立现代财政制度应当“优化政府间事权和财权划分，建立权责清晰、财力协调、区域均衡的中央和地方财政关系，形成稳定的各级政府事权、支出责任和财力相适应的制度”。《纲要》深化预算管理制度改革，强化对预算编制的宏观指导和审查监督。加强财政资源统筹，推进财政支出标准化，强化预算约束和绩效管理。完善跨年度预算平衡机制，加强中期财政规划管理，增强国家重大战略任务财力保障。下面着重从现代预算管理制度和中央与地方财政关系方面对现代财政制度进行阐释。

#### 1. 建设与完善现代预算管理制度

党的十八大以来，我国在建立现代财政制度方面取得了显著的进展。2014 年全国人大常委会审议通过了《关于修改〈中华人民共和国预算法〉的决定》。新《预算法》于 2015 年 1 月开始实施，是我国建立现代财政制度的重要成果。新《预算法》增强了预算的完整性、科学性和透明度，强化了政府债务管理，完善了财政转移支付制度，规范了预算调整和执行，加强了预算审查监督。党的十九大报告提出，建立全面规范透明、标准科学、约束有力的预算制度，全面实施绩效管理。《决定》进一步强调，“完善标准科学、规范透明、约束有力的预算制度”。根据党中央、国务院关于预算管理的重大决策部署和新《预算法》的实施情况，国家对《中华人民共和国预算法实施条例》（以下简称《条例》）进行了修订，并于 2020 年 8 月 3 日公布修订后的新《条例》，自 2020 年 10 月 1 日起施行。新《条例》细化明确了新《预算法》的有关规定，对授权国务院规定的事项做出了具体规定；满足了预算管理的实际需要，对预算收支范围、转移支付、地方政府债务等事项做出了相应规定。新《预算法》和新《条例》为加强和完善财政管理提供了坚实的法律基础。

《纲要》明确提出了深化预算管理制度改革的具体要求和部署。“强化对预算编制的宏观指导和审查监督。加强财政资源统筹，推进财政支出标准化，强化预算约束和绩效管理。完善跨年度预算平衡机制，加强中期财政规划管理，增强国家重大战略任务财力保障。”对于进一步健全现代财政制度指明了方向。

财政部官网公开发布了 2019 年度、2020 年度和 2021 年度地方预决算公开度排行榜单，这一榜单包含了 31 个省、自治区、直辖市和 5 个计划单列市，覆盖省、市、县三级地方政府部门。这个榜单体现了政府财政部门在提升预算公开程度方面所做出的努力和成绩，也是贯彻落实新《预算法》和新《条例》，健全现代财政制度的重要内容之一，是深化预算管理改革的有效举措。

2. 合理划分中央与地方财政事权与支出责任

党的十八大以来，党和国家对于深化财税体制改革提出了一系列具有长远战略价值的原则和指导意见。2013 年，党的十八届三中全会指出，要“建立事权和支出责任相适应的制度”，拉开了新一轮中央与地方财政事权与支出责任划分制度改革的帷幕。2014 年发布《深化财税体制改革总体方案》明确了中央与地方政府之间的财政关系是财税体制改革的重点。2016 年，国务院颁发《关于推进中央与地方财政事权和支出责任划分改革的指导意见》。2017 年 3 月，国务院发布《关于印发“十三五”推进基本公共服务均等化规划的通知》，对我国涉及基本公共服务领域的中央地方财政事权和支出责任进行了明确划分。2017 年 10 月，党的十九大提出：“加快建立现代财政制度，建立权责清晰、财力协调、区域均衡的中央和地方财政关系。”此后，中央与地方财政事权与支出责任划分在教育、科技、交通等不同领域持续推进，取得了显著进展。

进一步合理划分中央与地方财政事权与支出责任应从以下几个方面持续推进。首先，逐步确立地方主体税种。在现行税制下，如何逐步形成地方主体税种，保证地方财政收入的稳定性与可持续性以充分调动地方政府的积极性是当前和今后一个时期需要重视的任务。要结合完善消费税制度、加快资源税改革、开征环保税等税制改革，按照税种属性，考虑地方政府履行职能的需要，加快培育地方税种，形成比较稳定的财源。其次，控制好地方政府债务规模。特别是对地方政府债务实行规模控制和分类管理，规模控制就是实行限额管理，地方政府不得突破限额。分类管理就是要对一般性债务和专项债务进行分类管理。更为重要的是，要对地方政府的债务管理建立严格的考核问责机制，各级地方政府都要承担应有的责任，而且必须落实到个人，政府主要负责人为第一责任人。通过严格考核问责机制，杜绝不顾客观条件随意举债，特别是不按照规定用途随意支出的乱象，筑牢地方债务风险防范机制。最后，要加快完善转移支付相关制度，实现转移支付的制度化和规范化。通过科学可行的转移支付制度，切实弥补地区间的财力不均衡，协调区域发展。2020 年，为了更加有力地抗击新冠疫情，我国建立了特殊转移支付机制，2 万亿（包括 1 万亿元抗疫特别国债）转移支付资金直达市县基层、直接惠企利民，主要用于保就业、保基本民生、保市场主体，包括支持减税降费、减租降息、扩大消费和投资等。2021 年国务院政府工作报告明确提出，建立常态化财政资金直达机制并扩大范围，将 2.8 万亿元中央财政资金纳入直达机制，规模明显大于去年，为市县基层惠企利民提供更加及时有力的财力支持。这个特殊的制度安排是创新宏观调控的重大举措，为稳住经济基本盘提供了重要支撑。实践证明，这项制度减少了中间环节，提高了效率，对于促进复工复产，支持市场主体恢复活力，统筹抗疫和经济增长发挥了重要作用，今后应进一步予以完善。

### （三）建设现代中央银行制度，加快货币政策制度改革

1. 建设现代中央银行制度

建设现代中央银行制度对于金融调控制度改革极具创新价值。建设现代中央银行制度就要发挥央行稳定金融体系的作用，持续完善宏观审慎管理政策，避免发生系统性金融风险。首先，中央银行作为发行的银行，必须结合当前数字化金融时代的趋势，尽快探索数字货币的相关发行制度，同时加强人民币跨境流通的相关制度建设等。其次，作为“银行的银行”，中央银行需要进一步加强宏观审慎管理，发挥稳定金融体系的作用。党的十九大报告已经明确了健全货币政策和宏观审慎政策双支柱调控框架。中央银行应当进一步丰富监管工具，强化监管协调，合理控制金融创新对金融系统带来的系统性风险。最后，作为“政府的银行”，中央银行应当加强货币政策与财政政策、产业政策等政策相协调，以实现人民币币值稳定并以此促进经济增长的货币政策目标。

2. 完善基础货币投放机制

完善基础货币投放机制是我国金融体系改革的重要内容，也是提高国家经济治理体系和治理能力的重要举措。首先，调控基础货币投放，就要保持货币增速与产出增速相匹配。调控广义货币余额（M2）与名义 GDP 增速处于合理区间的关键是调控基础货币投放规模。央行可以通过设置广义货币余额增速与名义 GDP 增速的“走廊”规则对货币量进行调控，进而通过锚定广义货币余额增速的方式使得广义货币余额增速与名义 GDP 增速始终保持在合理的调控范围内。其次，在 2008 年国际金融危机后，国内货币政策工具在结构上进行了许多创新。今后完善基础货币投放机制，应当继续合理延长投放基础货币的操作期限以提高基础货币投放的稳定性和长期性，降低基础货币投放成本以降低金融机构及企业的融资成本，切实解决实体经济流动性不足问题。

3. 健全基准利率和市场化利率体系

随着我国货币政策由数量型转向价格型，利率市场化改革不断深化，存贷款利率已经不再适合作为基准利率。利率市场化改革客观上需要建立基准利率体系。在利率市场化的进程中，中国人民银行已经建立了各种不同的基准利率，其中之一是贷款市场报价利率（LPR）。目前已经建立了贷款市场报价利率的发布制度。这一利率正在相应金融市场中发挥重要的基准作用，为观测市场运行、指导金融产品定价提供了较好参考。同时，可以通过加强货币政策透明性和有效沟通，强化央行政策利率体系的引导功能，引导利率市场预期，从而提升货币政策的有效性。

金融服务业必须进一步扩大开放，以开放促竞争、促改革。金融市场的开放要有序推进资本项目可兑换，以及人民币汇率形成机制等方面的市场化改革，相互配合，协调推进，在持股比例、设立形式、股东资质、业务范围、牌照、数量等方面对中外资金融机构给予同等的待遇和同样的监管标准。按照国际标准，持续推动债券市场、股票市场、金融衍生产品市场对外开放，扩大跨境投融资的渠道和途径，完善相关的制度安排。

## 四、参与国际经济治理体系建设

《决定》提出了一系列“建设更高水平开放型经济新体制”的制度、法律、政策和规则。通过制度和规则建设，实施更大范围、更宽领域、更高层次的全面开放。近两年来，我国加大“放管服”改革，不断改善营商环境，在外商外资制度建设方面迈出了新步伐。《中华人民共和国外商投资法》和《中华人民共和国外商投资法实施条例》已于 2020 年 1 月 1 日起施行。2021 年 12 月国家发展改革委、商务部发布的 2021 年版全国和自贸试验区外资准入负面清单分别减至 31 条和 27 条。商务部编制发布了《中国外商投资指引（2021版）》。2022年10月28日，国家发展改革委、商务部公开发布了《鼓励外商投资产业目录（2022年版）》。整合了中国投资环境、相关法律制度、投资办事流程等内容，为外资企业和外国投资者研究制定投资中国战略、开展投资经营活动提供便利。

随着区域全面经济伙伴关系协定（RCEP）于2022年1月1日起生效，全球人口最多、经贸规模最大、最具发展潜力的自由贸易区正式启航。RCEP的实施有助于降低东亚区域内贸易和投资的制度性交易成本，对于建设更高水平开放型经济新体制和加快构建新发展格局将发挥重要作用，必将进一步推动我国实现在规则、规制、管理、标准等领域的制度型开放。

我们还要在扩大对外开放的进程中进一步重视国家经济安全，处理好利用外资和国家安全的关系。《决定》在这个方面所提出的多项重要制度，包括外商投资国家安全审查、反垄断审查、国家技术安全清单管理、不可靠实体清单等制度，具有鲜明的现实价值，有的是结合近年来频发的国际贸易争端的需要及时建立的。这些制度有利于进一步扩大对外开放，也符合国际惯例，应在实践中不断予以完善。

党的二十大报告对推进高水平对外开放、加快建设贸易强国作出了规划与部署。随着我国的对外贸易和投资在世界经济中的地位和作用不断提高，积极参与国际经济治理体系建设，“推动建立国际宏观经济政策协调机制”，就成为完善国家经济治理体系和治理能力的重要任务。我们要积极参与国际经济治理规则的制定和完善过程，特别是在当前，要在维护和推进经济全球化的进程中发挥更大的作用，更好地和我国在世界经济和贸易中的重要地位相匹配，继续发挥推动世界经济和贸易增长引擎的作用，维护多元稳定的国际经济格局和经贸关系。

# 第十二章　新发展格局背景下的财政体制改革

孙玉栋

新中国成立70多年来，我国财税体制的变迁大致可以分成三个阶段：从新中国成立开始的统收统支到“一五”时期之后的统一领导、分级管理，再到20世纪70年代末，这是第一个阶段，可以归纳为“站起来”的时期；第二个阶段是20世纪80年代初实行的包干制体制，到1994年后实行分税制，再到党的十八届三中全会召开之前，可以归纳为“富起来”的时期；党的十八届三中全会召开以来可以算是第三个阶段，这一阶段逐步建立起现代财政制度，可以将其归纳为“强起来”的时期。如果把这三个阶段看作体制的变迁过程，可以明显地看出其鲜明的中国特色。

## 一、“站起来”：计划经济时期的财政体制

新中国成立之初，我国全面进入社会主义计划经济时期，

当时面临的主要矛盾是供给严重不足。所以一种必然的选择就是采取“全国一盘棋”的策略，反映在财税体制上，就是收入统一上交中央，支出再由中央统一安排。这就使得整个财政活动都是由中央来做统一规划，地方的权力相对来说非常小，并且在体制运行上采取的是动态调整的方式，收入与支出的上解或者拨付比例一年一定。这一体制大致贯穿了新中国的前30年。如果说这样的体制的优势是中央具有绝对的权威，可以从决策层面平衡各地区的差异，那么问题同样也很明显，那就是严重影响了地方的积极性。经济相对较好的地区，多收不一定多支，而经济相对落后的地区，少收未必少支。这种体制安排注重了公平，但影响了效率。当然这也和当时整个国家的政治、经济乃至国际环境有一定的关系，需要举全国之力恢复经济，发展生产。这一时期，虽然有着学习与模仿苏联的痕迹，但我国还是独立自主初步构建了较完备的工业体系，“大一统”这种财政体制的选择有其时代的必然性。

## 二、“富起来”：改革开放时期的财政体制

### （一）包干制体制的改革

伴随着党的十一届三中全会的召开，我国全面迎来了改革开放。包干制模式也被应用到财政体制改革中来。当时的突破点就是改变统收统支，实行“放权让利”和“分灶吃饭”两个

维度的改革。其中，“放权让利”立足于解决国家与企业的关系，经历了两步“利改税”以及“税利分流”的改革；“分灶吃饭”则着力解决中央与地方的财政关系，旨在充分调动地方的积极性。1980 年到 1984 年，第一次实行 5 年不变的“划分收支，分级包干”体制。1985 年到 1987 年，在完成利改税的基础上，尝试实行“划分税种，核定收支，分级包干”，有了分税的影子。但由于税制设计的问题，到了 1988 年，就演变为多种形式的“财政大包干”。这种大包干的实施凸显了包干制体制的问题，即形成了“诸侯经济”，阻碍了全国统一市场的形成，不利于国家产业结构调整、产业政策实施，而且带来预算外资金膨胀、土地财政兴起和中央财政职能弱化等后果。

这期间的改革，尝试的成分使得中国特色变得更为明显。这种体制适当地向地方进行分权，使得这段时期企业和地方比较活跃，但也影响了整个国家的总体战略安排。从“两个比重下降”的大讨论可以感觉到中央对财政包干制的反思。

### （二）分税制体制的改革

1992 年，党的十四大召开，我国建立了社会主义市场经济体制，为财政体制的改革提供了最大的宏观背景。分税制体制改革一步步推开，其中体现出的中国之治的具体表现为：

第一，这是以行政为主导完成的一次改革，政府的作用非常突出。当时我国并没有制定预算法，财税体制的法律规范仅是 1991 年实施的《国家预算管理条例》，这部条例并未就我国的财税体制进行制度性规定。所以，分税制的改革是在政府的强力推动下完成的。

第二，分税制的实行使得中央和地方在收入和支出的划分方面出现了非常具有中国特色的变化，实际上带有一定的体制矫正的属性。分税制开始实施的前后两年，即 1993 年和 1994 年，中央财政收入和地方财政收入占财政总收入的比重发生了显著的改变，如图 12－1 所示，出现了一个非常明显的“剪刀”。

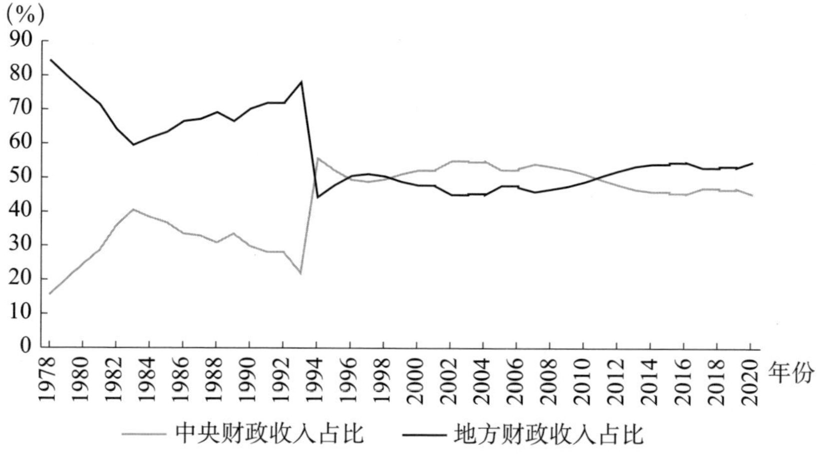


**图 12－1　1978—2020 年我国中央与地方财政收入的占比**

从图 12－1 可以看出，在分税制实施之前，地方财政收入占了大部分，中央财政收入只占小头，但分税制改革之后，中央和地方财政收入的比例大体相当，有些年份中央财政收入的比例还高于地方财政收入的比例。

再看中央财政支出与地方财政支出的占比情况，如图 12－2

所示。

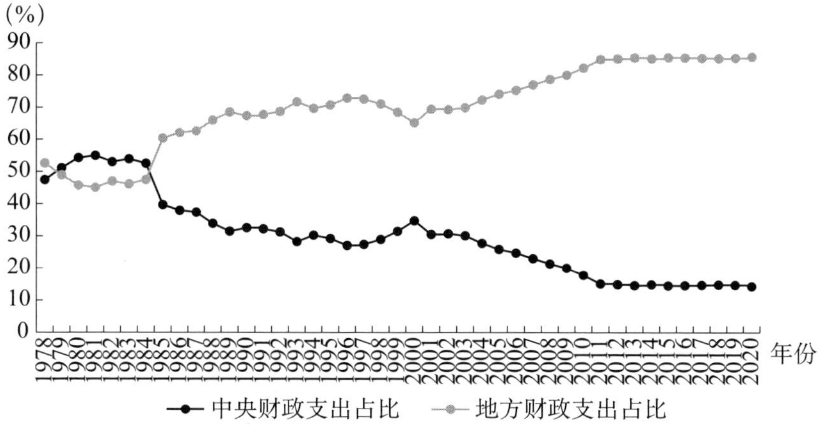


**图 12-2　1978—2020 年中央与地方财政支出的占比**

从图 12-2 可以看出，中央和地方财政支出的比例并没有随着财政收入占比的变化而变化，相反，地方财政支出的占比在 1994 年之后仍然不断增加。这就出现了地方财政收支的负缺口、中央财政收支的正缺口。当然，分税制体制一个很重要的制度安排是建立了纵向的转移支付制度，以实现各级财政的事权与财权的匹配。与包干制相比带来的最大变化是中央对地方调控能力的加强。同时，在税收体制方面实行国地税两套税务机构，并将 1994 年完成的税制改革的新一套税种划分为中央税、地方税和中央与地方共享税。可以把 1994 年完成的分税制改革概括为“分权、分税、分征、分管”，此举旨在调动中央和地方两方面的积极性。

自 1994 年分税制改革后，我国的财政收入从 1994 年的 5 218.1 亿元增长到 2020 年的 182 895 亿元，增长了 34 倍；财政支出由 1994 年的 7 529.7 亿元增长到 2020 年的 245 588 亿元，增长了 31.6 倍，财政收支增长的幅度非常明显（见图 12－3）。

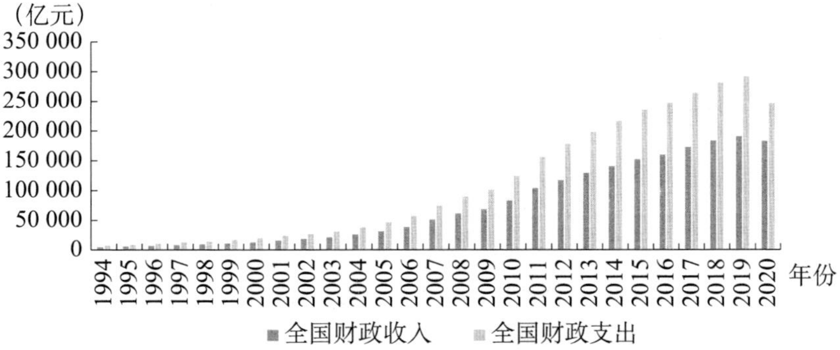


**图 12－3　1994—2020 年我国财政收支增长情况**

与之相伴的问题是我国的财政赤字同样有非常大的增长。图 12－4 是调整口径后在每年两会上报告的财政赤字与赤字率的情况。从预算安排的层面可以看出，财政赤字的安排与我国财政政策的周期存在极大的关联性。1998 年，为了应对亚洲金融危机，政府实施第一轮积极财政政策，赤字增长的速度开始加快。到 2003 年，财政政策由积极渐变为稳健，赤字规模也逐渐下降。但到了 2009 年，为了应对次贷危机引发的经济衰退，我国实施第二轮积极财政政策，财政赤字发生了突变性的增长，并且增长的幅度有加快的趋势。个别年份的赤字率接近国际警戒线。财政赤字不断增长，政府债务进一步增加，从这个角度看，分税制后财政的压力并没有减轻。

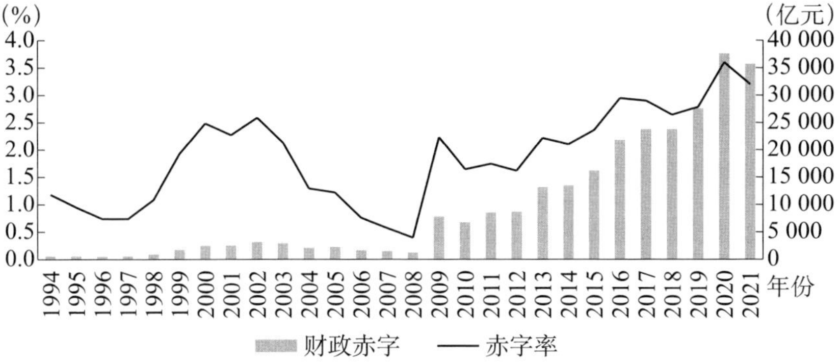


**图 12－4　我国 1994—2021 年财政赤字（预算口径）与赤字率情况**

从以上分析可以看出，我国这一时期的财政体制改革是一个不断放权的过程，但在这个过程中不断出现“一放就乱，一收就死”的问题，从而导致改革的实践与改革的最初设计方案渐行渐远。1994 年分税制改革的核心内容是财权与事权的匹配，但因为财权始终没能够到位，就改为事权与财力的匹配。但是事权与财力不是同一性质的，理论上是不能直接匹配的。因此后来又提出支出责任与财力相匹配，通过这一间接的方式达到匹配。

## 三、“强起来”：新时代的财政体制

党的十八届三中全会提出国家治理体系和治理能力现代化的概念之后，财政体制改革也开启了新的一页。十八届三中全会将财政体制改革的定位提到了极高的高度，全会决定指出：

“财政是国家治理的基础和重要支柱，科学的财税体制是优化资源配置、维护市场统一、促进社会公平、实现国家长治久安的制度保障。”有关财政体制的改革涉及三个层面，我们将这个逻辑框架界定为现代财政制度。这也是加快财政体制改革，推进国家治理体系和治理能力现代化的一个正确且必然的选择。

### （一）事权的划分与支出责任的匹配

1994 年分税制改革按照典型的分级分税体制做了事权的划分，但在这一制度执行的 20 余年间，事权下移和财权上移使央地收支越来越不匹配，“中央请客，地方买单”情况很普遍。越到基层，财政缺口越大，基层对上级依赖程度也越高。2008 年后，土地财政问题、地方政府融资平台问题和隐性债务问题越来越被理论界和相关部门所关注。党的十八届三中全会与“十三五”规划针对这些问题制定了具体的改革措施，其中包括：

1. 按照外部性、信息复杂性和激励相融三原则，改善中央和地方政府间的职能划分

中央政府集中一部分社会保障、公共卫生、教育、跨区域重大项目、社会关系和谐稳定等职能；建立事权和支出责任相适应的制度，适度加强中央事权和支出责任。2016 年，国务院印发的《关于推进中央与地方财政事权和支出责任划分改革的指导意见》已经有了初步的框架，后续的细化与落实就成为关键。

2. 适度调整政府间收入划分

根据税种属性特点，遵循公平、便利和效率原则，合理划

分税种，将收入周期波动性较大、具有较强再分配作用、税基分布不均衡、税基流动性较大、易转嫁的税种划为中央税或中央比例较高的共享税；将其余具有明显受益性、区域性特征、对宏观经济运行不产生直接重大影响的税种划为地方税或地方比例较高的共享税；结合税制改革，考虑税种属性，进一步理顺中央和地方收入划分，完善增值税划分办法。

3. 规范非税收入

逐步将土地资源类收入以及各种特许经营权收入纳入中央与地方收入划分范围。

4. 完善转移支付体系

强化一般性转移支付，促进基本服务均等化；完善中央对地方转移支付制度，规范一般性转移支付制度，完善资金分配办法，提高财政转移支付透明度。

5. 进一步完善省级以下财政管理体制

进一步调整和完善省级以下财政管理体制，均衡区域内纵向和横向财力，增强基层保障能力，优化区域内财力分配，健全省级以下财力分配机制。

### （二）税收制度的改革与完善

1994 年之后，通过分税制框架，设计了一套新模式，包括国地税分开，以及中央税、地方税、共享税的划分等。伴随着中央与地方事权与责任的重新划分，税制改革成为必须完成的重要任务。

在现代财政制度下，一个新的税制改革方向基本明确，其基本原则包括：按照优化税制结构、稳定宏观税负、推进依法治税的要求全面落实税收法定原则，建立税种科学、结构优化、法律健全、规范公平、征管高效的现代税收制度，逐步提高直接税比重。

可从以下方面来分析税收制度改革：

*1. 落实税收法定原则*

全国人大常委会法工委于2015年3月出台贯彻实施意见，要求必须按照法律规定设税、征税、治税，明确提出在2020年以前，将现行税收条例都上升为法律，实现所有税种的设立、征收、管理均由法律加以规范，并相应废止授权制定的条例与规章①。

目前我国共开征18个税种。在我国当前的税收法律制度框架中，税收实体法包括《个人所得税法》《企业所得税法》等12部，占全部需要立法税种的2/3。尽管其他税种仍然是以国务院行政法规的形式进行约束，但2018年以来，财政部先后发布了与增值税、消费税等相关的法律征求意见稿，说明在税收实体法方面加快了落实税收法定原则的进程，但要完成税收法定的改革目标，我国的关税、房产税（房地产税）、契税、城镇土地使用税等税种也需要加快立法步伐（见表12-1）。

---

① 王力．全面依法治国进程中的税收法制建设．国际税收，2015（6）：7-10.

**表 12-1　我国开征税种及其相关法律法规**

| 序号 | 税种 | | 现行法律法规 | 立法进程 |
|---|---|---|---|---|
| 1 | 流转税类 | 增值税 | 《中华人民共和国增值税暂行条例》 | 1993年12月13日公布，2008年、2016年和2017年修订。2019年11月27日，财政部发布《中华人民共和国增值税法（征求意见稿）》，2022年底发布《中华人民共和国增值税法（草案）》 |
| 2 | | 消费税 | 《中华人民共和国消费税暂行条例》 | 1993年12月13日公布，2008年11月5日修订。2019年12月3日，财政部发布《中华人民共和国消费税法（征求意见稿）》 |
| 3 | | 关税 | 《中华人民共和国进出口关税条例》 | 2003年11月23日发布，2011年、2013年、2016年和2017年修订 |
| 4 | 所得税类 | 企业所得税 | 《中华人民共和国企业所得税法》 | 2007年3月16日通过，2017年2月24日第十二届全国人民代表大会常务委员会第二十六次会议第一次修正，2018年12月29日第十三届全国人民代表大会常务委员会第七次会议第二次修正 |
| 5 | | 个人所得税 | 《中华人民共和国个人所得税法》 | 1980年9月10日通过，1993年、1999年、2005年、2007年、2011年和2018年7次修正 |
| 6 | 财产税类 | 房产税 | 《中华人民共和国房产税暂行条例》 | 1986年9月15日颁布，2011年1月8日修订 |
| 7 | | 土地增值税 | 《中华人民共和国土地增值税暂行条例》 | 1993年11月26日国务院第十二次常务会议通过。2019年7月16日，财政部发布《中华人民共和国土地增值税法（征求意见稿）》 |

续表

| 序号 | 税种 | | 现行法律法规 | 立法进程 |
|---|---|---|---|---|
| 8 | 财产税类 | 耕地占用税 | 《中华人民共和国耕地占用税法》 | 2018年12月29日通过 |
| 9 | | 契税 | 《中华人民共和国契税法》 | 2020年8月11日通过 |
| 10 | | 车船税 | 《中华人民共和国车船税法》 | 2011年2月25日通过 |
| 11 | | 城镇土地使用税 | 《中华人民共和国城镇土地使用税暂行条例》 | 1988年9月27日发布，2006年、2011年和2013年修订 |
| 12 | | 城市维护建设税 | 《中华人民共和国城市维护建设税法》 | 2020年8月11日通过 |
| 13 | 行为类税 | 船舶吨税 | 《中华人民共和国船舶吨税法》 | 2017年12月27日通过，2018年修正 |
| 14 | | 印花税 | 《中华人民共和国印花税法》 | 2021年6月10日通过 |
| 15 | | 车辆购置税 | 《中华人民共和国车辆购置税法》 | 2018年12月29日通过 |
| 16 | | 环境保护税 | 《中华人民共和国环境保护税法》 | 2016年12月25日通过 |
| 17 | 资源类税 | 资源税 | 《中华人民共和国资源税法》 | 2019年8月26日通过 |
| 18 | | 烟叶税 | 《中华人民共和国烟叶税法》 | 2017年12月27日通过 |

2. 实体税改革

2014年以来实体税的改革则聚焦于以下几点：

一是全面完成营业税改增值税改革，建立规范的消费型增值税制度，使得税收链条完全打通。

二是进行个人所得税的综合与分类所得税制的改革，实质性地影响税收意识，改变整个社会对个人所得税的认知，推进税收诚信体系建设。

三是完善消费税制度，调整纳税项目，改变消费税的征收环节，进一步增强消费税对消费领域的调节。

四是实施资源税从价计征改革，逐步扩大征税范围，同时开征环境保护税，使我国绿色税收体系初步建立。

五是推进房地产税立法。这是一项系统工程，涉及各方利益，需要做大量的前期工作，也将对房地产相关行业以及地方税体系的完善起到至关重要的作用。

3. 税收结构调整

经过实体税种的不断调整，我国直接税的比重呈现出不断上升的趋势（见表12-2），流转税的占比由2009年的54.2%下降到2020年的44.6%，所得税的占比则由2009年的26.1%上升到2020年的33.0%，这里还没有包括财产税的部分。直接税比重的不断提升，对减少税负转嫁、税收负担有积极作用。

表 12-2　2009—2020 年我国税收结构变化情况（%）

| 主要税种 | 年份 | | | | | | | | | | | |
|---|---|---|---|---|---|---|---|---|---|---|---|---|
| | 2009 | 2010 | 2011 | 2012 | 2013 | 2014 | 2015 | 2016 | 2017 | 2018 | 2019 | 2020 |
| 国内增值税 | 31 | 29 | 27 | 26.2 | 26.1 | 25.9 | 24.9 | 31.2 | 39.1 | 39.3 | 39.5 | 36.8 |
| 国内消费税 | 8 | 8.3 | 7.7 | 7.8 | 7.4 | 7.5 | 8.4 | 7.8 | 7.1 | 6.8 | 7.9 | 7.8 |
| 营业税 | 15.2 | 15.2 | 15.2 | 15.6 | 15.6 | 14.9 | 15.5 | 8.8 | — | — | — | — |
| 合计 | 54.2 | 52.5 | 49.9 | 49.6 | 49.1 | 48.3 | 48.8 | 47.8 | 46.2 | 46.1 | 47.4 | 44.6 |
| 企业所得税 | 19.4 | 17.5 | 18.7 | 19.5 | 20.3 | 20.7 | 21.7 | 22.1 | 22.3 | 22.6 | 23.6 | 23.6 |
| 个人所得税 | 6.7 | 6.6 | 6.7 | 5.8 | 5.9 | 6.2 | 6.9 | 7.8 | 8.3 | 8.9 | 6.6 | 9.4 |
| 合计 | 26.1 | 24.1 | 25.4 | 25.3 | 26.2 | 26.9 | 28.6 | 29.9 | 30.6 | 31.5 | 30.2 | 33.0 |

在税务机构的改革中，按照党的十九届三中全会的安排，完成了国地税两套税务机构的实质性合并，目标是完善税收征管方式，提高税收征管效能，并配合“放管服”改革，进一步优化税收环境。

### （三）建立现代预算制度

一个治理现代化的国家，必须是一个“预算国家”；现代财政制度框架下的预算制度改革，实际上就是要解决好法定预算问题、预算强约束问题和预算绩效问题。这就包括建立健全预算编制、执行、监督的相互制约、相互协调机制；完善全口径的政府预算体系，加大政府性基金预算、国有资本经营预算与一般公共预算的统筹力度，完善社会保险基金预算编制制度；实施跨年度预算平衡机制和中期财政规划管理，加强与经济社会发展规划的衔接；全面推进预算绩效管理；建立政府资产报告制度，深化政府债务管理制度改革，建立规范的政府债务管理及风险预警机制；建立权责发生制政府综合财务报告制度和财政库底目标余额管理制度以及扩大预算公开范围，细化公开内容等。

从总体上看，包干制改革调动了地方积极性，分税制之后中央的调控能力增强，现代财政制度的改革目标更多体现在如何重新调动和发挥中央与地方的积极性、在兼顾公平的同时提高财政运行的效率。

党的十九大报告对现代财政制度做了更加明确的规定。在央地关系的处理上，提到了权责清晰、财力协调、区域均衡几个方面。同时，在党的十九大报告中，在预算制度下加上了比《预算法》更细致的表述，就是在“全面规范透明”后面加上了“标准科学”和“约束有力”的限定，并单独提到了全面实施预算绩效管理，税收制度方面更多体现了税制的深化改革。

党的十九届四中全会通过的《中共中央关于坚持和完善中国特色社会主义制度 推进国家治理体系和治理能力现代化若干重大问题的决定》（以下简称《决定》）中关于现代财政制度改革的内容有更新的表述，中国之治的内涵开始包括更多协同治理的内容。主要有以下三个方面：

第一，《决定》提到“健全以国家发展规划为战略导向，以财政政策和货币政策为主要手段，就业、产业、投资、消费、区域等政策协同发力的宏观调控制度体系”。可以看出实际上是把财政和金融作为政策工具来协同应用，对投资、就业、消费、区域发展进行宏观调控，作为一个体系来建设，需要综合化。

第二，《决定》提到“健全以税收、社会保障、转移支付等为主要手段的再分配调节机制，强化税收调节，完善直接税制度并逐步提高其比重”。这一调节制度手段通过税收，包括社会保障和转移支付，解决再分配的公平问题，着力缩小收入分配差距、地区差距、行业差距，加强制度的调节作用。

第三，《决定》提到“优化政府间事权和财权划分，建立权责清晰、财力协调、区域均衡的中央和地方财政关系，形成稳定的各级政府事权、支出责任和财力相适应的制度”，“完善标准科学、规范透明、约束有力的预算制度”。这一表述承接了党的十九大报告的内容，也对未来的现代财政制度建设提出了新的要求：

（1）政府间财政关系法制化的问题，即在真正意义上把中央与地方的政府间关系以法制化的形式固定下来，包括是否制定财政基本法。

（2）政府间事权与财权划分，这个建议是重新提出的，有了事权与财力相匹配这一中国特色。财权划分问题非常值得关注和研究。

（3）事权、责任、财权相结合。党的十八届三中全会提出事权与支出责任相匹配，力图解决“中央请客，地方买单”的问题，即各级政府的权力必须对应各自的责任，同时强调财力要与之对应。这里的一个值得关注的问题是财力和财权如何进行界定，以及两者的关系该怎么处理。

（4）建立有效的转移支付资金的跟踪和监管机制。转移支付制度是调整中央与地方之间的收支缺口，以及地方相互之间区域差距的重要手段。在这个手段下，如何解决转移支付资金的规范性及有效性，也是非常重要的问题。

（5）预算制度的完善。尽管我国修订了《预算法》，但是还有很多问题需要讨论和完善。2018 年，《中共中央 国务院关于全面实施预算绩效管理的意见》发布，要求实行全面预算绩效管理，这构成今后的一个突破口。如何落地全口径、全覆盖、全过程的全面绩效管理架构，也需要深入讨论。

（6）税收制度的改革。2018 年进行的个税改革、2019 年的减费降税，跟财权的确定有直接的关联，同时也有税制结构的优化问题。2020 年个人所得税的征管会发生非常大的改变，以往单位代扣代缴的模式变成单位预扣预缴，纳税人需要在规定的纳期进行汇算清缴，这对居民的税收意识有非常大的影响。每一个人因为税改会有不同的感受。个税的改革告诉大家，税收的制度设计对整个税收环境、税收意识及其行动都会产生非常大的影响。2020 年新冠疫情的暴发使我国财政运行压力陡增。

从前面的数据图中可以看出，2020 年我国财政收支第一次出现了负增长，财政赤字无论是绝对值还是相对比率都创下了新高，我国的赤字率也首次突破了国际公认的警戒线。我国政府采取了强有力的各种举措，使经济尽可能地走向恢复性增长。

当前和今后一个时期，我国发展处于重要战略机遇期，“十四五”规划提出了要加快建设现代化经济体系，加快构建以国内大循环为主体、国内国际双循环相互促进的新发展格局。新发展格局战略是一种以我为主、与时俱进的调整，它要求现代财政制度的框架和内容要与新发展格局战略相匹配。与党的十九届四中全会做出的有关规定相比，在新发展格局下，财税体制的改革将会有以下几个方面的调整和延伸。

首先是央地关系的调整，包括建立权责清晰、财力协调、区域均衡的中央和地方财政关系，适当加强中央在知识产权保护、养老保险、跨区域生态环境保护等方面的事权，减少并规范中央和地方共同事权。同时，健全省以下财政体制，增强基层公共服务保障能力。完善财政转移支付制度，优化转移支付结构，规范转移支付项目。

其次是现代预算制度的改革与完善，包括五个方面：一是要强化对预算编制的宏观指导和审查监督；二是加强财政资源统筹，推进财政支出标准化，强化预算约束和绩效管理；三是完善跨年度预算平衡机制，加强中期财政规划管理，增强国家重大战略任务财力保障；四是完善权责发生制政府综合财务报告制度；五是建立健全规范的政府举债融资机制。

最后是现代税收制度的进一步改革与完善，主要包括五个方面：一是完善个人所得税制度，推进扩大综合征收范围，优化税率结构，以更好地发挥政府再分配的职能，调节不合理的收入差距；二是聚焦支持稳定制造业、巩固产业链供应链，进一步优化增值税制度，以加强税收制度对实体经济发展的支持力度；三是调整优化消费税征收范围和税率，引导绿色消费，推进征收环节后移并稳步下划地方，以充实地方税收收入、健全地方税体系；四是推进房地产税立法，以同时起到缩小收入差距和稳定地方财政收入两方面的作用；五是建设智慧税务，进一步推进税收征管现代化。

“十四五”时期至2035年是我国经济社会发展的重要阶段，财政体制改革很多问题亟待破解。减税降费的可持续性问题，地方隐性债务的化解与风险防范问题，专项债券的发行与使用效益问题，赤字率突破警戒线的问题，应对疫情影响和经济下行、实现共同富裕的目标等问题的解决，都要求保持稳增长和高质量发展的财政政策与工具组合不断实现突破和创新。

党的二十大报告对今后一段时期的财政体制改革提出了更高的要求。在中国式现代化的进程中，财政在国家治理体系中的作用也会越来越大。后疫情时期，财政政策要“加力”和“提效”，要与货币、产业、科技、社会政策协调配合，形成合力。随着改革的深化，财政体制将不断完善。

# 第十三章　社会保障治理现代化

胡宏伟

党的二十大报告指出中国式现代化是全体人民共同富裕的现代化，全体人民共同富裕是中国式现代化的重要特征和本质要求，并将完善分配制度、实施就业优先战略、健全社会保障体系与推进健康中国建设作为推进共同富裕的四大战略举措，为新时期我国社会保障体系改革发展指明了方向。习近平总书记多次指出，应“把更多人纳入社会保障体系，为广大人民群众提供更可靠、更充分的保障，不断满足人民群众多层次多样化需求，健全覆盖全民、统筹城乡、公平统一、可持续的多层次社会保障体系，进一步织密社会保障安全网，促进我国社会保障事业高质量发展、可持续发展”。在全面建设社会主义现代化国家的新征程中，社会保障制度需要继续发展、不断完善，社会保障领域需要不断加强治理体系和治理能力现代化建设，从而实现中国社会保障治理的现代化。本章回顾了新中国成立70多年来中国社会保障治理的成就与不足，并结合新征程的特征和要求，探索阐释新征程中社会保障治理的现代化之路。

# 一、中国社会保障治理的成就与不足

## （一）中国社会保障治理的成就

### 1. 社会保障体系基本建立

新中国成立之后，中国的社会保障体系建设迅速开展并逐步完善。1949 年，《中国人民政治协商会议共同纲领》明确规定，“革命烈士和革命军人的家属，其生活困难者应受国家和社会的优待”，以优抚制度的建立为开始，拉开了新中国社会保障体系建设的序幕。1951 年，《劳动保险条例》颁布，我国初步建立了城镇企业职工劳动保险制度，国家机关工作人员的退休、离职、医疗等相关法规也先后颁布施行，标志着中国社会保障体系的初步建立。同时，在农村地区试点合作医疗等制度的基础上，1956 年，我国政府确定了针对农村老弱病残等弱势群体的五保供养制度，农村医疗、养老等相关制度也相继建立实施。

改革开放之后，中国经济社会发展进入新的历史时期。20 世纪 90 年代是中国社会保障制度体系建设和发展的飞跃时期，中国当代医疗、养老等社会保障主体制度架构基本建立。进入 21 世纪，中国社会保障制度更是取得了突破性发展。2014 年，国务院发布《关于建立统一的城乡居民基本养老保险制度的意见》，将新农保和城居保两项制度合并，统一的城乡居民基本养老保险在全国范围内建立。2016 年《关于整合城乡居民基本医疗保险制度的意见》，要求城镇居民医保和新农合两项制度在覆盖范围、保障待遇、医保目录以及基金管理等方面进行统一整合。现阶段，城乡居民大病保险基本覆盖城乡居民，建立起比较完善的大病保险制度。以职工、城乡居民为主要目标群体的社会保障制度体系基本形成。社会保障基金的运营管理、养老保险基金中央调剂制度得以确立，养老保险和医疗保险的统筹层次不断提升、优化。失业保险、工伤保险以及生育保险制度取得了长足发展。最低生活保障制度、特困人员的供养、教育、医疗、住房救助制度也日益完善。经过 70 多年的发展，中国已经基本建立了覆盖全民、城乡统筹、多层次的社会保障体系，探索出了一条具有中国特色的社会保障建设发展之路。

2. 保障覆盖范围逐步扩大

全覆盖是中国社会保障治理的重要目标和价值取向，覆盖全面、共建共享是中国社会保障治理的重要发展理念。新中国成立以来，中国社会保障制度在覆盖人群与保障种类方面持续扩大，特别是党的十八大以来取得突出进步，基本实现了全覆盖。“十三五”之初，全国基本养老保险参保人数为 8.583 3 亿人、工伤保险参保人数为 2.143 2 亿人、失业保险参保人数为 1.732 6 亿人、生育保险参保人数为 1.777 1 亿人。截至 2020 年底，我国养老保险覆盖人数已经超过 9.98 亿人，基本医疗保险覆盖人数已经超过 13.5 亿人，基本实现全民参保。全国城乡基本养老保险参保率、职工基本养老保险待遇均有所提高。2020

年末全国参加失业保险人数为 2.168 9 亿人，工伤保险人数为 2.676 3 亿人，与“十三五”初期相比均实现了 25%左右的增长。目前，我国养老保险参保人数已占全球养老保障总人数的 1/3，这使得我国的养老保险制度成为世界上覆盖人数最多的养老保险制度。2020 年底超过 3 014 万贫困老年人按月领取基本养老保险待遇，其中建档立卡贫困老人 1 735 万人[①]。2021 年 7 月，国家出台了《关于维护新就业形态劳动者劳动保障权益的指导意见》，重点关注游离在社会保障之外的网约车司机、外卖配送员等 2 亿新就业形态劳动者权益保护问题。

纵观中国社会保障制度 70 多年的发展历程，其覆盖人群从国家机关、企事业单位工作人员到城市职工、集体所有制单位员工再到城镇居民、农村群体，以及现在的新就业形态劳动者；保障项目从单一的医疗保险、养老保险和工伤保险拓宽到生育保险、社会救助等补充保障项目，以及失能险、长期护理保险的试点，保障项目日益丰富[②]；同时，单项制度的覆盖内容也在不断丰富，例如，医疗保险的保障内容和范围不断扩展，门诊统筹试点、部分罕见病入保、关口前置关注预防等，都表明保障范围在扩展。总体而言，中国社会保障的制度种类覆盖范围、内容覆盖范围、

① 2020 年四季度新闻发布会答问实录．(2021－01－28)．人力资源社会保障部官网．

② 戴卫东．长期护理保险：中国养老保障的理性选择．人口学刊，2016，38 (2)：72－81.

人群覆盖范围不断扩展，正在走向真正意义上的全面覆盖、全民保障。截至 2020 年底，我国基本实现了对各行业、各人群社会保障制度的全覆盖，已经建成了世界上最大的社会保障体系。

3. 保障水平稳步提升

保障水平体现了社会保障制度的保障能力和深度，是社会保障领域治理成效的重要评价指标。改革开放以来，中国经济发展取得了举世瞩目的成就，创造了中国式经济增长奇迹。与经济发展和社会制度变革相适应，中国社会保障水平也随之稳步提升，在满足民众基本需要、提升生活质量方面发挥的作用日益明显。以养老保险为例，职工基本养老保险和城乡居民养老保险的保障水平近年来均持续稳步提升。企业退休职工养老金从 2015 年的月均 2 300 元左右，提高至 2020 年的 2 900 元左右。城乡居民医保筹资标准继续提高，截至 2020 年，人均财政补助标准新增 30 元，达到每人每年不低于 580 元[①]。医保报销额度持续增加，政策内报销比例方面，城镇职工医疗保险和城乡居民医疗保险分别达到了约 80%、70%。社会保障信息化平台建设取得突出成绩，当前，社会保障卡持卡人数超 13.4 亿，覆盖超过 95.4%的人口，电子社会保障卡领取人数超过 3.6 亿，并实现了对地级市的全覆盖[②]。

---

① 关于做好 2021 年城乡居民基本医疗保障工作的通知．(2021－05－27)．国家税务总局官网．

② 2020 年四季度新闻发布会答问实录．(2021－01－28)．人力资源社会保障部官网．

### （二）中国社会保障治理的不足

1. 治理体系尚不完善

（1）制度框架有待进一步健全。在中国特色社会保障制度的发展历程中，基于历史客观条件的限制，形成了许多具有时代特色的制度。其中有部分制度发展成为具有中国特色的治理制度，发挥了积极作用。但是，也有部分制度形成了路径依赖、难以变革，甚至降低了社会保障的治理水平，影响了制度公平和效能发挥。与此同时，制度的路径依赖效应以及伴生的既得利益群体，又阻碍了改革的再次推进。

制度碎片化也是我国社会保障治理中的突出问题。由于人群、城乡、地域而形成的碎片化问题，已经严重困扰当前主要社会保险制度的建设和发展。以医疗保险为例，分为城镇职工医疗保险、城乡居民医疗保险（2016 年由城镇居民医疗保险与新型农村合作医疗制度整合而成），而且不同地区形成了不同的统筹单元，还有少数地区未能完全落实医疗保险市级统筹（仍停留在市内调剂金阶段）。这些碎片的统筹单元严重削弱了医疗保险基金池，甚至在一定程度上限制了人员的流动，部分情况下影响了不同人群的医保待遇公平和社会公正。另外，制度碎片和冗杂影响制度效率、增加制度运行成本，不仅提高了政府相关部门的各项成本，而且在一定程度上增加了整个社会的直接成本和间接成本。此外，错综复杂的保险制度也影响了民众相关事务的办理体验，在一定程度上影响民众对于制度公正的评价，甚至会潜在地影响社会团结。

（2）组织框架有待进一步完善。大部制改革之后，社会保障的组织架构日益清晰。社会保险、救助福利等职责分属于人力资源社会保障部、民政部等，军人保障由退伍军人事务部负责，城镇职工和居民的基本医疗保险则由国家医疗保障局负责。然而，不同类型社会保障政策出自不同的部门，有可能造成政策之间的冲突或福利的重叠。此外，不同管理部门之间尚无法完全建立起有效的数据共享和信息交流机制，存在福利重叠、错保漏保、重复建设及资源浪费等问题，进一步增加了管理成本。另一个问题是社会组织发育不健全。在重大灾害救灾中，许多民间力量发挥了重要作用。然而，由于缺乏长效的引导机制，民间自发且分散的力量很难持续。慈善组织不规范现象同样突出，各种组织鱼龙混杂，降低了慈善事业的公信力。

（3）治理理念方式有待进一步改进。法律支撑不足、法治治理不足是当前社会保障发展的重要挑战。现阶段，我国基本的社会保障法律体系已经建立，初步摆脱了无法可依的局面，尤其是《社会保险法》《军人保险法》《慈善法》等法律的颁布，使社会保障主要领域都有了基本的法律①。但是，应该看到，社

① 杨思斌．我国社会保障法治建设四十年：回顾、评估与前瞻．北京行政学院学报，2018（3）：38－45.

会保障法律体系不够完善、法治支撑不足，特别是专业领域专门法律缺失的问题严重，仍然困扰着我国社会保障治理体系建设。比如，当前仍然缺乏更为专业的养老保险法、医疗保险法、养老服务立法、救助立法等具体法律，部分领域仅仅以部门规章或暂行办法等形式来维系领域内的活动运行。

法治建设相对滞后导致相当多的领域依靠政府文件和部门规章来执行，这在一定程度上弱化了社会保障领域的法治性和规范性，带来地方政策执行的选择性和非同步性，导致组织和个人对制度的遵从性不足，影响了社会保障的稳步发展，甚至带来区域、行业、人群社会保障待遇差距过大问题。比如，我国有必要进一步完善有关基本养老服务政策和养老服务津补贴的相关政策，进而规范各地的基本养老服务地方政策制度设计，避免或最大限度地减少制度设计的随意性，提升地方制度设计的质量，促进区域之间的公平公正。

2. 治理能力有待提升

（1）决策与执行能力有待提升。

首先，部分地方政策文件的科学性不够，少数地区社会保障相关政策制定时缺乏充分调查和论证，导致政策执行困难，甚至出现潜在不良后果，未能实现政策目标，甚至影响制度的公平性。以城乡居民医疗保险整合为例，不少地方政府在推动制度整合时，对基金总额、待遇水平等缺乏科学判断，盲目采取待遇取并集、缴费自选等级的方式，为地方居民医疗保险基金穿底风险埋下了隐患。地方政府在社会保障相关政策方面的决策能力和制度创新能力不足，已经成为影响我国社会保障治理能力提升的重要因素。当然，日益复杂的社会经济发展现实增加了制度创新的难度，对地方政府政策创新提出了更高的要求。比如，平台经济和新业态的发展，对传统社会保障制度和政策创新提出了新要求，福利服务的发展也为地方政府厘定基本和非基本服务提出了新要求，医疗领域的复杂博弈要求地方政府政策设计要兼具科学性和动态性，等等。

其次，社会保障经办能力不足是关键问题。经办能力是社会保障治理能力的重要组成部分，经办能力影响社会保障制度的效率和服务质量。一方面，统筹经办的层级还需要优化，比如，养老保险仍然处于省级乃至市级层面统筹层次，与全国统筹相去甚远。又如，医疗保险统筹层级还相对较低，部分地区仍然未能充分落实市级统筹。另一方面，基层社会保障经办和服务工作团队薄弱、工作能力弱化问题较为普遍，特别是在农村地区，保险、救助等服务经办能力不足，信息化、规范化水平相对较低。

（2）信息化与变革能力有待提升。当前社会保障治理面临信息化方面的诸多局限。一方面，信息碎片化、分割化问题仍然严重，重复收集、填报问题普遍存在，这不仅增加了基层数据收集的负担，也降低了数据资料的利用效率。信息系统间“烟囱林立”问题并未得到充分解决，如何进一步整合信息平台、协调信息端口是当前社保信息化和数字化治理的重要挑战和任务。另一方面，信息协调、协同的机制还不完善，有诸多影响信息衔接、互动的体制机制障碍需要破除，特别是部门之间应当秉持共享共治的数据理念，积极参与数据协同共享，消除影响数据共享的“隐性门槛”。

社会保障制度的变革能力不足也是当前社会保障治理应当考量的重要问题。一方面，制度惯性和利益格局的逐步形成与固化，必然会在一定程度上抑制制度变革和利益再调整，在这样的背景下，既有制度的变革和新制度建立就会遇到各类阻碍。同时，一些新生的诉求也会形成影响制度变革的力量，制度创新者的创新环境可能会受到各方面的影响，这是社会保障制度变革和治理优化需要考虑的重要现实。另一方面，经济和社会发展对社会保障的政策创新和执行能力提出了更高要求，但是，社会保障的政策创新者和执行者（特别是地方）在能力和视野方面仍然有一定局限，在现实中会影响部门或地方相关社会保障制度设计的科学性和可执行性，甚至可能会产生公平性不足的后果，进而影响社会保障治理的整体质量。

3. 治理成果不够均衡

第一，群体失衡。首先，不同职业群体的保障水平差异过大。例如，国家公务人员、企业职工与普通居民（尤其是数亿农民工）之间，仍然存在较大的待遇水平差异。更好地维护社会各群体的利益，特别是脆弱群体的社会保障利益，是社会保障治理改革的重要取向。其次是城乡待遇失衡问题。这是中国经济社会发展的重要特征，也是影响制度设计和运行公平性的重要挑战，更为根本的是城乡人口流动导致的人户分离、缴纳与享受分离的问题，要求社会保障制度加快改革和完善，从而适应这种人口流动的现实。

第二，区域失衡。经济社会发展与地方社会保障待遇水平互相关联，在一定程度上导致社会保障制度成为地区福利差异的重要原因，社会保障在促进区域公平方面发挥的作用仍然较为有限。比如，当前较为突出的区域养老负担问题，在养老保险基金和医疗保险基金方面体现得较为明显。由于经济社会发展和人口年龄结构方面的问题，我国东北等传统重工业地区养老负担过重，抚养比过高，养老保险和医疗保险收支穿底风险大，而在东部和沿海部分城市，大量青年劳动力涌入，区域内人口结构年轻，保险筹资压力小，企业和个人负担较轻。社会保障区域不均衡已经在一定程度上影响了区域经济发展平衡问题。

第三，代际失衡。均衡、可持续的代际分担，是现收现付制保险制度长期存在的基础，而损害代际均衡关系则必然会损害社会保险的长远发展，特别是在老龄化程度不断加深的背景下，老龄化带来的筹资人数少、支出人数多、保障支出增长，本质上不同程度地加大了青年人的负担。以养老保险为例，转轨债务衍生的“空账”问题仍然有待解决，这也是社会保障领域内重要的代际关系焦点①。

## 二、新征程中社会保障治理现代化的宏观挑战

### （一）经济下行压力增大

只有经济水平不断提高，社会保障事业才能获得更充足的资金支持，否则，将是无源之水、无本之木。新冠疫情突然暴发并迅速在全球蔓延，对经济社会产生了巨大而深远的影响。在后疫情时代，整个社会仍需要一定时间进行调整恢复。另外，近年来美国无端挑起贸易战，对中国出口商品加征关税，制裁华为、中兴等企业，对我国出口贸易造成了一定程度的影响。此外，在疫情之前，中国经济增长速度出现趋缓态势，这也符合世界范围内国家经济发展的规律。近年来中国积极投身“碳达峰与碳中和”建设，发展绿色经济，进一步淘汰落后产能，推进产业结构调整，短期来看，这很有可能在一定程度上减缓经济增长速度，给福利资金筹措带来更大的约束。总体而言，现阶段我国经济下行压力的存在，将会影响社会保障的整体经济投入能力，这是社会保障治理现代化的首要挑战之一。

### （二）人口形势加速转变

社会保障的筹资、待遇、经办等都围绕人展开，人口规模、

---

① 郑秉文．中国社会保险“碎片化制度”危害与“碎片化冲动”探源．社会保障研究，2009（1）：209－224．

结构及变动趋势都将显著影响社会保障政策的设计和参数调节。第七次人口普查数据显示，2020年底，我国人口数量为14.1亿，65岁以上人口占比达到13.5%，总和生育率仅为1.3，维持在较低水平，老龄化社会加速到来。在某种意义上，老年人的身心健康往往更加脆弱，需要更多的医疗、养老资金等，而人口结构老化则意味着社会可以筹集的养老资源较为有限，社会保障的治理优化应当积极适应人口结构的变动趋势。如何增强制度的韧性和适应性，如何通过制度优化更好地发挥释放消费、调整供求、促进公平、增进福祉等方面的作用，是新征程中我们面临的重要问题。

此外，居民生育意愿不高、出生率持续下降，人口红利渐失，人口结构可能很快走向人口负债，这也将显著影响社会保障治理。2020年总和生育率仅为1.3，远低于2.1的人口均衡替代率水平，近10年，15～59岁劳动力人口占比下降了6.79个百分点。出生率下降、家庭规模小型化趋势呈现不可逆转的特征，家庭在养老和服务提供方面的作用不断下降，子代和父代的冲突在社会保障筹资、待遇设计方面逐步显现。另外，人口流动及其衍生的人户分离问题，对基于户籍属地治理的社会保障惯性模式提出了严峻挑战，社会保障如何适应流动性是新时代中国社会保障发展的重要议题。

### （三）发展不均衡不充分

城乡、区域发展不均衡是中国未来亟待解决的问题。2020

年，全国居民人均可支配收入为 32 189 元，其中，农村居民人均可支配收入为 17 131 元，城镇居民人均可支配收入为其 2.56 倍①。农村的医疗水平、教育水平及基本公共服务水平与城市依然存在一定的发展差距，当前诸多保险制度实施二元化的制度框架也是经济社会发展现实所决定的。此外，由于我国地域辽阔，区域发展不平衡现象同样突出。比如，东北地区人口流失严重，养老金不足，如要建立更加公平、高效、可持续的养老金统筹体系，需要在国家层面加快推进养老保险全国统筹工作。另外，我国经济发展还有较大的人群差异，人群的贫富差距仍然相对较大。2020 年我国已经全面建成小康社会，人均 GDP 也突破 1 万美元，但我国仍然存在大规模的中低收入人群，依然是世界上最大的发展中国家，人群的收入差异问题仍然较为突出。因此，社会保障制度发展不充分、待遇不均衡的问题亟待解决，这也是未来中国社会保障制度改进和完善的主要内容。

**（四）历史遗留问题较多**

实验治理和渐进改革是中国政策创新与改进的重要方式，但是制度惯性和路径依赖会在一定程度上影响后续的制度创新，在历史进程中的一些制度和改革，或者固定化的关系格局、利益架构也可能会抑制后续的制度创新。特别是特殊时期的制度安排，例如养老金的双轨制度等，这些制度设计在特定的历史

① 2020 年居民收入和消费支出情况．(2021－01－18)．国家统计局官网．

条件下有其合理性和必要性，但是现在部分制度已成为具有固定性质的制度安排，改革的难度比较大，需要破除既有的利益架构。尽管渐进式改革是现阶段改革的一种温和的方式，在基本不触碰既有利益的格局下进行增量改革，但是受制于既有的条件及各种力量的博弈，渐进式改革也很容易偏离最初设想的方案与政策的初衷①。另外，在改革过程当中形成了特定的利益受益群体和受损群体，这些群体的诉求将来都可能在一定程度上影响政策创新，需要国家加强和完善顶层制度设计，综合考虑各个群体的利益诉求。

### （五）数字时代的新挑战

数字时代已经悄然来临，对政府舆情应对能力、政务公开能力、经办能力等提出了更高的要求。尤其是对于社会保障治理而言，信息的处理能力、事务的经办能力有必要进一步提升。社会保障治理还涉及全体公民个人信息的数据保护问题，确保信息的安全尤为重要。另外，数字时代产生了数字经济，数字经济催生了许多新的就业方式。外卖配送员、网约车司机等新形态就业群体的社会保障制度亟须跟进。信息化对人的生活方式和就业等方面的影响将是全方位的、持续的，很可能会从根本上改变人们的就业关系架构，也改变个体的从业方式，这对

① 郑功成．中国社会保障改革：机遇、挑战与取向．国家行政学院学报，2014(6)：24-32.

新时代社会保障关系建立和新时代社会保障治理都提出了新的要求。

## 三、新征程中社会保障治理现代化的发展路径

综合考虑现阶段社会保障治理的宏观挑战及目标要求，要实现社会保障治理现代化，应当确立新的指导理念，调整社会治理体系架构，优化治理手段方式，从而提升社会保障治理能力。

### （一）确立新的社会保障治理理念

在新时代，社会保障发展的战略定位应从提高人民生活水平、免除后顾之忧的工具性定位，转向满足人民日益增长的美好生活需要与展示中国特色社会主义制度优势的战略定位[①]。促进社会保障自身高质量发展，同时满足和提升人民对于美好生活的向往，这应当是未来社会保障发展战略和理念的重要取向。因此，社会保障治理的重要目标应当是构建一个架构完整、制度公平、权责清晰、科学合理、功能有效、共建共享、发展可续的制度体系，在新时代实现社会保障高质量发展。

首先，要坚持国家主导和共建共享。社会保障本质上反映了国家、个人、家庭、社会和市场等多方主体的关系格局。从

---

① 鲁全．“十四五”时期社会保障制度的战略定位与重点任务．山东社会科学，2021 (3)：146－150.

现代社会保障的建立和发展来看，国家在社会保障治理过程中扮演着重要角色，处于社会保障的主导性地位，是现代社会保障制度体系的建立者和维护者。与此同时，社会保障本质上也是体现各方权利和责任的关系组合，因此，共建共享也应当成为社会保障制度体系的重要治理理念。要让个人、家庭承担重要的社会保障责任，要合理配置个人与单位之间的筹资结构，进而科学地分配不同主体的责任。特别是在老龄化的背景下，个人和家庭是福利服务责任的首要供给者，国家和社会则应承担家庭之外的基本服务和福利责任。在新时代，不同主体的权责关系要进一步重构和优化，从而形成权责明确、贡献与待遇相统一、可持续的社会保障治理格局。要积极发挥共治共享的价值，重视共治理念，政府更多地发挥大方向的引导作用，鼓励多方参与治理，协商共治，不断完善各方治理主体参与机制，从而达到治理更具效率、更公平以及利益最大化的理想状态，最终实现社会保障的善治。

其次，要继续秉持实事求是的治理理念。中国改革开放和社会发展成功的重要经验就是尊重国情、实事求是。在社会保障治理领域充分尊重国情，实事求是地探求社会保障发展的路径，是确保中国社会保障事业平稳健康发展的关键[①]。要结合中

① 郑功成．面向 2035 年的中国特色社会保障体系建设：基于目标导向的理论思考与政策建议．社会保障评论，2021，5（1）.

国的国情以及地方的实际情况来制定和确立制度，既要坚持顶层设计，最大限度地减少制度的碎片化和不公平问题，也应当充分尊重地方实际情况，给予地方一定的自主选择权，确保社会保障制度在地方实施过程中有一定的弹性。要注重平衡区域的适宜性和区域间的公平性，既要防止不顾地方实际简单地一刀切，也要认识到社会保障是平抑地区间差异和群体间差异的重要制度工具，社会保障本身就应当具有缩小地区差距、群体差距的作用，确保制度的动态平衡是至关重要的。

最后，要秉持依法治理的理念。依法治国是适应社会主义市场经济发展的客观需要，也是实现国家长治久安的重要保障。在实现我国社会保障治理体系和治理能力现代化的过程中，必须发挥法律的统领作用。当下，我国社会保障治理法治意识明显提高，但是依然存在人情与法治的博弈，必须严格遵守法律，做到有法必依，以法治思想为指引，用制度管人管事。如前所述，我国社会保障体系的法治化治理进程还处于初级阶段，社会保障体系的法治化及依法治理水平还相对较低，尚不能满足社会保障法治化发展的需要。一方面，要加快社会保障法律体系建设进程，加快社会保障主体和专门法律的立法工作；另一方面，要增强各部门和各主体的依法治理能力，为社会保障法治化发展奠定组织和队伍基础。

### （二）加快推进社会保障治理体系和治理能力现代化

第一，推动社会保障制度体系进一步整合，实现高质量发展。制度是关于治理的具体安排，当前社会保障治理体系改革的任务之一就是制度整合，制度整合是整个治理体系发挥合力的重要前提。首先要解决制度的碎片化问题，制度的碎片化抬高了整体性治理成本，弱化了社会保障制度民生保障作用的效果和效率。应理顺治理框架，处理好既有制度和新制度之间、不同制度之间及制度内部的关系，必要情况下应合并一批相似制度、废除一批落后制度、完善一批不合理制度，在统筹、整合、融合的基础上解决社会保障制度体系碎片化问题，提升社会保障制度的整体效应。要大力推进养老保险全国统筹，积极推进实现医疗保险省级统筹，合理控制既有各类补贴、福利服务制度在区域间的差异，兼顾顶层设计和地方适宜化调整，等等。

第二，将依法治理落到实处。法治是治理能力现代化的首要要求，实现治理能力的现代化必须实现治理方式从人治到法治的转变。要在法治的轨道上推进社会保障建设，用法律规范治理主体、治理行为以及相关制度安排。法治的前提是有法可依，有必要在我国社会保障法律体系初步建立的基础上，继续在薄弱领域发力，加快立法工作，补齐短板，同时要紧跟实际，立足长远，对现有法律及时做出调整，以适应社会保障治理的新形势。在“十四五”时期，应当重点推动医疗保险法、养老服务法、社会救助法等相关法律落地。同时，要积极提高相关部门依法行政、依法服务的意识和能力，对全民进行社会保障法治化教育，针对骗保等社会保障违法行为加大法律治理力度，提升社会保障整体法治水平。

第三，优化治理环境和条件支撑。首先，要高度重视治理机构的建设和完善。治理过程需要一定的整体环境营造和条件支撑，提升社会保障整体治理水平需要具备社会保障治理的硬件和软件条件，其中很重要的是加强机构建设，包括进一步理顺社会保障相关领域的部门关系和权责分野，建立更切实有效的府际协调治理体系，并完善相应的组织基础。其次，要高度重视数据共享和信息平台建设。要从体制和机制上为数据共享提供条件和环境支撑，相应的数据共享和交换机制需要建立，相应的环节要衔接得更加紧密。与此同时，区域之间和部门之间的信息化建设要有更加科学合理的整体化设计，信息化系统和基础设施建设要做好顶层设计，做好区域资源共享和协同。要重视建立区域性的大数据中心和平台，改变地方和部门的烟囱式数据格局。要高度重视超越部门限制的区域性信息平台建设和数据库建设，在做好信息保密和安全工作的同时，做好部门之间的共享和交互接口建设。最后，要高度重视社会化建设，基于信息化推动资金筹集和发放的社会化建设。推动经办和服务工作的互联网化，减少群众负担，提升办事效率，继续践行和完善“一门受理、一窗办理、一网到底”的服务创新，通过加强社会保障信息平台和经办服务平台建设，让数据多跑路、群众少跑腿。

第四，综合提升社会保障治理能力。社会保障治理能力的提升可以从决策、执行、协同等方面展开。在民主决策与科学决策的基础上，要有序扩大群众参与、利益相关者参与，在制度设计和参数调整方面，要高度重视各方的共同治理，充分尊重社会各界的合理利益诉求，在决策和政策制定阶段最大限度实现共建共享。要着力提高执行能力，尤其是政策执行能力。要高度重视社会保障队伍，特别是基层队伍的建设工作，不断推动社会保障工作队伍的结构优化。要提升社会保障工作队伍的工作能力和规范程度，利用信息化等多种途径，提升工作质量和工作效率。同时在基层要高度重视社会保障工作和其他相关民生工作的整合，进一步提高社会保障治理的协同能力。纵向府际间、横向部门间及系统内外的衔接与协同，是社会保障高质量运行的重要条件。不论是在资金的筹集环节，还是在待遇的发放环节，或者服务的递送环节，都离不开各方的协调和衔接。此外，还应当重视社会力量在社会保障生产和递送中的积极作用，通过服务购买、鼓励培育等多种方式，促进各主体之间的协同互动。

# 第十四章　健康中国建设的高质量发展

王虎峰

党的十九届四中全会明确了全面深化改革的总目标——完善和发展中国特色社会主义制度，推进国家治理体系和治理能力现代化；习近平总书记“七一”重要讲话与党的十九届五中全会则是从宏观的角度进一步论证了健康中国建设战略作为我国现代化建设的一个重要组成部分，并指出了健康中国高质量发展的方向；党的二十大全面部署了新发展阶段卫生健康工作的新布局、新框架、新思路。这些重大会议精神是我们党站在“两个一百年”奋斗目标历史交汇点对发展前景所做出的重要规划，深刻理解我们党关于健康中国建设的最新精神，对于进一步完善国家健康治理体系具有重要现实意义。

## 一、中国特色民生体系及健康中国建设的重要地位

### （一）中国特色民生体系的思想渊源与形成

“民惟邦本，本固邦宁。”人民是国家和社会的基础，而民生问题是人民的根本利益问题。解决好民生问题，是实现国家富强、民族复兴伟大目标的重要基础和条件。民生思想既是串联马克思主义理论体系的一条重要线索，又是马克思主义理论体系的重要组成部分[①]。

100年来，中国共产党坚持把马克思主义与中国具体实际相结合，开拓创新，创造了一系列关于民生的新思想、新办法和新路径，形成中国特色民生体系。中国特色民生体系的建设，在不同时代体现出不同的功能定位、角色使命，也在推动中国社会发展的同时，实现了自身的不断完善。在社会主义革命、建设和改革的每一个重要历史阶段，老一辈革命家在党的第一代中央领导集体、第二代中央领导集体和第三代中央领导集体的领导下，开拓性地解决党和国家面临的重大民生问题，推动社会不断进步和完善，中国特色民生实践和民生理论不断丰富

① 李楠，周建华．90年来中国共产党解决民生问题的基本经验．学术论坛，2011，34（5）：1-5.

完善。进入21世纪以来，民生事业快速发展，党的民生政策体系愈加完善。从党的十六大第一次将“民生”这个词写入报告，再到党的十七大、十八大逐步构建了以教育、就业与再就业、社会保障、收入分配和医疗为主要构成的民生体系，党的十九大报告对此进一步丰富和完善，之后，“民生”一词展现出内涵更广、范围更大、内容更丰富、影响更深远的特征，在共建共治共享方面，实现了由多元到系统的重大飞跃。党的二十大进一步强调“增进民生福祉，提高人民生活品质”，形成了教育、就业和收入、社会保障、脱贫、健康中国建设这样一个内涵更加丰富的民生体系，进而使得民生工程内容更加丰富。包括医改在内的健康中国建设已经成为我国民生体系的重要组成部分。

### （二）健康中国建设战略的重要地位

党的十八大以来，我国提出了健康中国建设的战略目标，把健康中国建设上升为国家战略，把健康置于优先发展的位置。自此，新时代的卫生健康事业明确了指导思想、方针原则、主要目标、现实困难和阶段成果，健康中国建设战略也逐渐在实践中凝练出新思想、新方向、新观念和新成绩。2016年8月，全国卫生与健康大会在北京召开，习近平总书记出席会议并发表重要讲话。他强调，健康是促进人的全面发展的必然要求，是经济社会发展的基础条件，是民族昌盛和国家富强的重要标志，也是广大人民群众的共同追求。没有全民健康，就没有全面小康。要把人民健康放在优先发展的战略地位，加快推进健康中国建设。党的十九大报告在此基础上再一次明确了“人民健康是民族昌盛和国家富强的重要标志”的论断，提出实施健康中国战略，“要完善国民健康政策，为人民群众提供全方位全周期健康服务”。党的二十大报告明确要求“把保障人民健康放在优先发展的战略位置”。所谓优先发展，就是要把健康纳入国家规划的范畴当中，在政策制定中将健康作为重要考量内容，在具体实践中将健康放在重要地位。这是一个重大的标志，意味着健康中国建设战略是国之大计，各行各业、社会各界都应将健康融入具体实践当中，将健康同各领域、各方面的工作相结合。健康中国建设战略具有更加深刻的内涵和更加重要的战略地位。

### （三）健康中国建设及治理目标

1948 年，世界卫生组织在其成立之初确定的《世界保健大宪章》中就给予健康明确的定义，即“健康不仅是没有病和不虚弱，而且是身体、心理、社会功能三方面的完满状态”。由此可见，健康不仅是指躯体健康，还包括心理、社会适应、道德品质的相互依存、相互促进和有机结合。半个多世纪以来，国际社会关于“健康”的定义不断拓展：1978 年，《阿拉木图宣言》提出了“健康社区”，强调健康是政府和居民共同负有的责任，强调通过实施“初级卫生保健”来促进居民的健康，以实现“人人健康”的目标，这是第一次提出在一定组织层面构建促进健康的环境。1998 年，联合国基于世界卫生组织的全球健康发展战略，进一步强调世界各国都应该致力于建立“健康家园”“健康学校”“健康社区”“健康城市”，乃至“健康国家”。“健康国家”概念的提出推动了健康国家的研究和实践，适应了人们对健康的需求，更反映了健康治理适应全球治理变革的趋势①。

随着有关健康的定义的不断完善和发展，健康从最初的一种状态，转变成了一种资源和国家软实力，从而逐步成为国家治理的重要命题。与西方国家不同，在中国独特的治理体系中，中国共产党作为最高的核心领导力量，一开始就将健康事业摆在重要位置。建党之后的十多年间，中国共产党带领人民逐渐认识到疾病在削弱革命力量方面的破坏力，领导发动了一系列广大群众参与的卫生运动，以此来减少疾病，增强国力。新中国成立以后，中国特色的卫生建设道路逐步形成，提出卫生工作的方针为面向工农兵，预防为主，团结中西医，卫生工作与群众运动相结合。改革开放以后，各地的爱国卫生运动更为丰富多彩，在“人民城市人民建”理念的指引下，共建共治共享的卫生运动理念开始初现雏形，为新时代的卫生建设和健康中国建设事业奠定了良好的基础。

新时代的健康中国建设更体现出了继承与创新相结合的全新特色。2016 年全国卫生与健康大会指出要“以基层为重点，

---

① 王虎峰．健康国家建设：源流、本质及治理．医学与哲学，2017，38（3）．

以改革创新为动力，预防为主，中西医并重，将健康融入所有政策，人民共建共享”，为新时代健康中国建设奠定了主基调，并从多个角度逐一传递了新时代健康中国建设的指南。首先是对优良传统的继承：一是继续重申预防为主的重要思想，进一步树立大卫生、大健康的观念，把以治病为中心转变为以人民健康为中心。二是继续坚持中西医并重，维护中医的重要地位。中医药不仅是民族的文化瑰宝，而且在疾病预防、慢性病康复调理等方面具有独特优势。特别是在急性和慢性病的综合防治方面，中医发挥着不可替代的作用。其次是根据新情况新问题进行创新，主要体现为“四个创新”：第一，工作重点由农村转向基层，以此打破二元经济，适应城镇化发展和基本公共服务均等化的治国理念。第二，以改革创新为动力，将医改和健康工作结合起来，从而解决要不要改、能不能改的问题。第三，健康融入各项政策。未来在健康中国实践中，各部门工作、项目都要和健康相适应。健康逐渐由边缘附加条件转变为“金标准”。第四，充分实现人民共建共享。健康的本质意味着健康既是一项权利也是一项责任，因此人民的全过程和全周期参与尤为重要。

2016 年全国卫生与健康大会将“健康”置于“改革之道”“发展之道”的高度，将健康工作作为党和政府，特别是主要领导亲自抓的重要工作，纳入整个深化改革的框架当中。大会审议通过的“健康中国 2030”规划纲要对健康中国建设进行了系统部署。首先是创造性地提出了“健康优先”，把健康摆在优先发展的战略地位，将促进健康的理念融入公共政策制定实施的全过程。这意味着中国民生发展进入了新阶段。其次，纲要进一步承接了继承和创新相结合的理念，将改革创新的理念明晰化，更加凸显了治理的核心思想，强调要坚持发挥在推进健康中国建设进程中政府的主导作用和市场机制的调节作用，加快关键环节改革步伐，清除体制机制障碍。这表明政府认识到健康产业对治理改革的影响，不再将健康视作简单的卫生问题和投入问题，而是转而关注健康领域所涉及的新兴产业、经济转型和改革发展的关键环节，从而引导和支持健康产业发展，形成具有中国特色、促进全民健康的制度体系。

## 二、党的十九届四中全会以来关于健康中国的最新精神

党的十九届四中全会后，党的重要决议和报告对健康中国建设提出了系统要求，党的二十大更是从制度建设、结构布局、工作重点等方面，为落实健康中国战略和中国式现代化提供了“路线图”和“施工图”。在这些会议精神的指导下，政府制定了相关规划进行落实。以下具体分析阐述相关精神和内容。

### （一）党的有关决议体现的最新精神

2019 年 10 月召开的党的十九届四中全会通过了《中共中央

关于坚持和完善中国特色社会主义制度 推进国家治理体系和治理能力现代化若干重大问题的决定》（以下简称《决定》）。《决定》在第八部分提出，坚持和完善统筹城乡的民生保障制度，满足人民日益增长的美好生活需要。在健康领域，《决定》提出，强化提高人民健康水平的制度保障。坚持关注生命全周期、健康全过程，完善国民健康政策，让广大人民群众享有公平可及、系统连续的健康服务。深化医药卫生体制改革，健全基本医疗卫生制度，提高公共卫生服务、医疗服务、医疗保障、药品供应保障水平。加快现代医院管理制度改革。坚持以基层为重点、预防为主、防治结合、中西医并重。加强公共卫生防疫和重大传染病防控，健全重特大疾病医疗保险和救助制度。优化生育政策，提高人口质量。积极应对人口老龄化，加快建设居家社区机构相协调、医养康养相结合的养老服务体系。聚焦增强人民体质，健全促进全民健身制度性举措。《决定》的重要内容包括以下四点：第一，“坚持关注生命全周期、健康全过程”。生命周期是一个广泛使用的概念，其基本含义可通俗地理解为“从摇篮到坟墓”的整个过程，这一概念说明我国目前更加注重生命健康方面的人文关怀。第二，“让广大人民群众享有公平可及、系统连续的健康服务”。这又是一个进步。对比 2009 年“新医改”方案和“十三五”医改规划，过去的提法是“公平效率”，现在是“公平可及”。“系统连续”也是第一次讲，过去讲“分级诊疗是连续性医疗服务”，现在讲“系统连续的健康服务”。第三，“深化医药卫生体制改革，健全基本医疗卫生制度，提高公共卫生服务、医疗服务、医疗保障、药品供应保障水平”。《决定》把“深化医药卫生体制改革”作为起始句，紧接着提“健全基本医疗卫生制度”。2009 年，“新医改”方案和“十三五”医改规划中的提法是“建立健全覆盖城乡居民的基本医疗卫生制度”，而现在是“健全”，说明自“新医改”以来，卫生健康体系已经有一定的基础，地基已经打好，现在是进一步完善。提高公共卫生服务、医疗服务、医疗保障、药品供应保障水平又是按照 2009 年“新医改”方案中的四个领域来讲的，说明将中国医改分为四个领域是有其内在逻辑，并经得起时间检验的。第四，“加快现代医院管理制度改革”。这表明了现代医院管理制度改革这项工作的重要性。

2020 年 10 月举行的党的十九届五中全会审议通过了《中共中央关于制定国民经济和社会发展第十四个五年规划和二〇三五年远景目标的建议》。全会强调要准确把握国家治理的关键和根本，也就是党的领导和中国特色社会主义制度。事实证明，中国共产党的领导在健康中国建设中发挥了举足轻重的作用，实践层面上更是取得了决胜全面建成小康社会的决定性成就：中国建成了世界上规模最大的社会保障体系，正向全覆盖、保基本、多层次、可持续的目标迈进，这为进一步的医改奠定了坚实的基础。此外，中国还实现了基本医疗保险覆盖超过 13 亿人，基本养老保险覆盖近 10 亿人，生育保险依法覆盖所有用工单位及职工。会议提出了一个新的阶段性目标，即要在2035年基本实现社会主义现代化远景目标中要求构建的健康中国，这一目标强调要改善人民生活品质，提高社会建设水平，因此健康就成为重中之重。这里的健康不仅指躯体的健康，更包括心理、社会的多重健康。只有实施积极应对人口老龄化国家战略，健全基本公共服务体系，才能实现人人健康，只有健全多层次医疗保障体系，完善共建共治共享的健康中国建设，才能够实现人人全面发展，社会全面进步，才能不断增强人民群众获得感、幸福感、安全感。

2021年7月1日，中国共产党迎来百年华诞，习近平总书记在纪念中国共产党成立100周年大会上发表重要讲话，回顾了党的奋斗历程和伟大成就，展望了未来中华民族伟大复兴的美好前景。在这次讲话中，关于健康中国建设的精神可以归纳为“一个中心”和“两个重点”。“一个中心”是指健康中国建设需要始终以人民为中心。在新时代新征程中，我们必须依靠人民去创造历史，支持人民的中心立场，尊重人民的首创精神，坚持健康与卫生事业建设始终全心全意为人民。当前人民群众健康面临的两个重大威胁就是慢性病和传染病，所以需要着力解决这两个人民群众急难愁盼的问题。“两个重点”，一是指需要把握社会发展新阶段带来的新的机遇和挑战，二是需要明确党的领导的核心地位，并在党的领导下打造更为完善的制度保障，更为坚实的物质基础，更为主动的精神力量。目前我国已全面建成小康社会，中华民族伟大复兴正在经历世界百年未有之大变局，因此必须要意识到国内社会主要矛盾变化和错综复杂的国际环境对健康中国建设带来的双重影响。例如，党的十九届四中全会强调要“优化生育政策，提高人口质量”，对于生育政策，没有再提“计划”二字，这表明了人口政策的调整。因此在具体的健康中国实践和建设中，需要由过去重点的控制人口数量，逐步转为鼓励生育、提高人口质量。

### （二）“十四五”规划有关最新精神

2021 年 3 月《中华人民共和国国民经济和社会发展第十四个五年规划和 2035 年远景目标纲要》发布，在规划中，专门有一章部署“全面推进健康中国建设”，主要精神如下：

第一，推进健康中国建设，全方位提高健康治理效能。为落实“把人民健康放在优先发展的战略地位”，要求从多个方面关注健康中国建设的关键内容，坚持预防为主的方针，深入实施健康中国行动，完善国民健康促进政策，织牢国家公共卫生防护网，为人民提供全方位全生命期健康服务。一方面，要持续关注社会公平正义，要巩固好 13 亿人民享有医疗保险的阶段性成果，更要走好应保尽保、中等偏下收入家庭健康医疗条件有效改善的重大攻坚之路。同时还要完善公共卫生服务项目，扩大国家免疫规划，强化慢性病预防、早期筛查和综合干预。完善心理健康和精神卫生服务体系。另一方面，强调持续完善国家健康治理体系，政府作用需要得到更好发挥。建立分级分层分流的传染病救治网络，建立健全统一的国家公共卫生物资储备体系。要使防范化解重大风险体制机制不断健全，突发公共事件应急能力显著增强。构建强大公共卫生体系，这一体系包括预防、监测、检验、处置等多个环节。规划强调要建立稳定的公共卫生事业投入机制，改善疾控基础条件，落实医疗机构公共卫生责任，创新医防协同机制。

第二，深化医药卫生体制改革，重点关注基本医疗卫生事业的公益性、质量和效率。在公益性方面，强调以公立医疗机构为主体、非公立医疗机构为补充，扩大医疗服务资源供给。加强公立医院建设，加快建立现代医院管理制度。特别是要重点关注治理结构、人事薪酬、编制管理和绩效考核改革等关键内容。在质量和效率方面，重点关注资源布局、药品设备、人才培养。一是加快优质医疗资源扩容和区域均衡布局，加强基层医疗卫生队伍建设，完善城乡医疗服务网络。加快建设分级诊疗体系，积极发展医疗联合体。加强预防、治疗、护理、康复有机衔接。二是推进药品和耗材集中带量采购使用改革，完善审批从而推动高端类别、临床急需类别和罕见病类别的医疗设备和药品的创新与发展。三是提升医护人员培养质量与规模，例如扩大短缺的儿科医师、全科医师等的规模，稳步扩大城乡家庭医生签约服务覆盖范围，支持社会办医等。

第三，健全全民医保制度，实施全民健康保障工程。在全民医保制度建设方面，规划高度注重稳定和可持续建设，因此筹资机制、待遇调整机制、医保缴费参保政策、医疗保障待遇清单制度、基本医疗保险省市级统筹、基本医疗保险门诊共济保障机制等，都需要进一步优化完善。在医保支付方面，规划指出要健全重大疾病医疗保险和救助制度，完善医保目录动态调整机制，推行以按病种付费为主的多元复合式医保支付方式。另外，还要高度关注互联网医疗在医保方面的效用发挥，将符合条件的互联网医疗服务纳入医保支付范围，扎实推进医保标准化、信息化建设，提升经办服务水平。除了全民医保建设以外，规划还强调了其他健康保障工程建设的重要性，包括疾病预防控制中心、国家医学中心、区域医疗中心、县级医院、全民健身场地设施建设等内容，同时将中医药发展纳入全民健康保障工程中。强调要推动中医药传承创新，坚持中西医并重和优势互补，大力发展中医药事业，健全中医药服务体系，发挥中医药在疾病预防、治疗、康复中的独特优势。

## 三、健康中国建设的高质量发展思路

党的二十大提出，高质量发展是全面建设社会主义现代化国家的首要任务，卫生健康领域也应根据我国既定方针，结合国际经验，推动健康中国建设的高质量发展。

### （一）健康系统治理是健康高质量发展的基本策略目标

从世界卫生组织推动健康工作的脉络可以清晰地看到，健康工作需要动员全社会参与，纵向到底，横向到边，即综合运用纵向治理和横向治理的经验，只有“合纵连横”才能对付健康的强大“敌手”。从“将健康融入万策”的角度看，健康不仅关涉一个个体的生活行为习惯，同时也是一项制度安排和普遍性的政策，只有所有政策都体现和运用了健康理念，支持性的健康环境才能建立起来。健康问题不仅仅是卫生部门或者哪几个部门的事情，而是全社会的重要事情，在一些情况下，健康关乎国运，关乎个人命运，必须高度重视和认真对待。从治理方向上看，在纵向治理，即自上至下地进行健康治理上我们已经有了一定的基础。但当前的突出问题是横向治理不够，健康政策很难触及卫生领域以外的其他方面，而健康问题又不单单存在于卫生领域，所以出现了政策制定和实行的悖论，从而导致了横向不协同、纵向不顺畅、政策难落实、问题难回应的困境。即便在系统内，在上下层级之间、不同地区之间也多有不协调和衔接不畅之处，这就是学者提出的“解辖域化”问题。不打破这些关卡隘口，健康政策始终是“碎片化”和“补丁化”的，无法做到系统化和网络化。因此，建立政府部门之间的合作机制是当务之急，“打通关节”也是势在必行。缺乏系统性的合作机制，我们将难以有针对性地解决影响健康的多元因素问题。

**（二）织牢国家公共卫生防护网是健康高质量发展的基础保障**

国家公共卫生防护网的建设作为一项系统性工程，涉及体制、机制、管理、服务等多个维度和层面的变革。织牢国家公共卫生防护网具体可以从以下三个方面入手：一是要发挥制度优势，精准施策。确立国家公共卫生“健康”的共识性目标，并基于此推进纵向和横向上的协同，以做好突发性公共卫生事件的预防、处置等工作，健全及时发现、瞬时研判、快速处置、精准反馈、有效救治的常态化防控机制，从政策层面上指导和支持国家公共卫生防护网的搭建。二是要发挥集中优势，释放合力。政府行政部门和医联体都需要树立健康治理的观念，既要重视不同级别医疗机构之间的纵向整合，又要关注医疗服务方面的协同，还要在“健康”的导向下，进一步在横向上进行拓展。要集中信息资源、人才资源、专家资源、群众资源，提高对突发性事件的捕捉能力、反馈能力和风险研判能力，充分使用大数据、互联网、人工智能等新兴技术，建立全国实时更新的公共卫生信息网，保障信息的安全性、时效性。三是要发挥中医与西医、理论与实践的互补优势，做到预防为主，中西医结合。在国家公共卫生防护网的搭建上，要充分鼓励科研攻关和临床检验，用理论指导实践，更要大力支持防控演练、学习教育，用实践检验理论。

### （三）合理配置卫生资源是健康高质量发展的必备条件

合理配置卫生资源是健康中国建设战略实施的关键任务。从完善政府职责的角度看，主要应做好以下四个方面的工作：第一，建立有利于健康的支持性环境。当前，空气、水、土壤的保护和食品卫生安全保障是重中之重，从中长期看，这也是健康基础的决定性影响因素。第二，抓紧研究制定健康领域的产业规划、行业标准和质量标准。健康无小事，缺乏规划和质量标准，宏观调控和加强监管就没有依据。第三，完善统计和信息披露。健康问题是居民都关心的问题之一，也是关系国计民生的大事，应该根据社会发展节奏及时进行统计和信息披露。第四，抓紧建立适应新形势的监管体系。过去的监管条款、内容及手段可能落后于现实的发展，应该抓紧制定和完善。在社会团体发展方面，要抓紧补上短板，保障 14 亿人的健康，仅仅靠政府提供全部服务是难以实现的。我国健康类非政府组织数量较少、基础较差、参与国际合作少①。我们应该响应世界卫生组织号召，借鉴国际经验，推动健康领域的社会组织发展，同时再造健康行业原有的社会组织机构。盘活这些资源将为推动健康国家建设获得取之不尽用之不竭的动力源泉。在发挥市场机制活力方面，重点是鼓励产业融合，规范竞争，充分发挥市场机制。将政府、社会、市场三方面的力量有机结合起来，就可以产生巨大的能量，在突发公共卫生事件爆发时，才能从容应对，健康国家建设才能走上可持续发展的快速路。

**（四）更好地处理健康同医改的关系**

健康中国战略是一项艰巨复杂的长期系统工程。“新医改”

---

① 张明吉，侯志远，钱熠，等. 中国全球健康相关非政府组织的发展策略浅析. 中国卫生政策研究，2016，9（11）.

启动以来，通过一系列有力的改革措施，人民群众看病难、看病贵等问题得到了一定程度的缓解，但也要清醒地看到当前医改存在的一些矛盾和问题：医疗资源配置的“倒三角”问题；中心城市大医院“虹吸”患者现象虽然有所减少，但并未完全消除；公共卫生领域治理薄弱，风险迭出。国家明确了在“十三五”期间医改要重点建立“五项制度”，即分级诊疗制度、现代医院管理制度、全民医保制度、药品供应保障制度、综合监管制度。从中国的具体实践来看，健康中国建设带动了整个健康领域的发展，同时也难得地撬动了“五项制度”改革。具体表现为，以健康中国建设为增量，以增量带动存量，有力推动“五项制度”改革。因此要把这两大任务统筹考虑，通盘安排，以增量改革带动存量改革，“有堵有疏”“有保有压”“有进有退”，这样才能顺利完成各项改革发展任务。整合并优化配置卫生和社会服务各领域的健康相关资源，特别是结合药品生产流通使用的综合治理，应该有序转移产业布局、就业方向，鼓励和扶持高科技产业和新兴融合产业，推动新服务模式的创新发展。由于影响健康的因素主要是社会因素，而医改重点针对医学因素，因此，未来关于健康的重点工作是社会经济政策的调整和对人群的干预，医改方面则要稳步推进改革，同时要注意两方面的联动和协调。目前中国的医改已经由体制型改革转向管理型改革，而管理型改革与健康中国建设战略是紧密相连的，可以使二者之间有更好的衔接，实现联动和协同。

### （五）统筹规划是健康中国建设战略实施的重要内容

统筹规划中的“统筹”是指需要统筹基本医疗卫生服务、医疗卫生机构和人员、药品供应保障、健康促进、资金保障等方面内容，而“规划”是指需要通过一系列的制度安排实现“保基本、强基层、促健康”理念。新时代的卫生健康工作方针提出“将健康融入所有政策”，这是非常正确的，是与国际共识相一致的，应进一步落实。第一，在社会政策方面，对教育、就业、收入分配更加强调其公平、可及，这些因素中长期来看对健康有重大影响，当前实施的健康扶贫同脱贫攻坚结合起来，有助于公平、可及的实现。第二，对生活环境的改善也非常重要，这包括空气、水、土壤等方面的治理。这些共识对我国当前的宏观政策也具有很强的指导性和针对性，应着力将社会经济因素、生活环境因素作为重点因素进行干预。第三，教育层面的统筹规划也必须同步跟进，坚持不懈地开展健康教育和健康宣传，提高居民的健康素养。对于医疗人才而言，落实各种强基层举措，让基层医疗卫生机构人才留得住、用得好是当务之急。根据人口健康需要，确定优先投入的领域和具有成本效益的干预措施；重新划分卫生健康领域的财权和事权，建立新的筹资机制；根据不同类别的健康卫生教育机构重新确立财政税收和监管体系，使健康中国教育取得应有的成效。第四，统筹规划必须回应当今中国卫生领域的重大问题，积极应对人口老龄化，加快建设居家社区机构相协调、医养康养相结合的养老服务体系。从中长期来看，医养康养相结合是养老服务发展的方向，是未来工作的重点。

**（六）全周期服务与全社会参与相结合**

个人健康是全民健康的基础，更是反映全民健康的重要标志，是实现全民健康的重要支撑。因此，构建全周期的医疗卫生服务体系就显得尤为重要。就卫生系统发展来讲，根据文本分析的结果，关注度由高到低依次为公平、可及、质量、效率、反应性。因此，卫生服务的核心任务就是建设公平、可及的医疗环境，依据不同地区的特殊情况，调整机构设置、整合服务职责、明确服务边界、划定服务流程。同时，需要在全周期的服务中更加注重服务质量和效率，不管从国际经验还是从国内现状来看，质量应该是放在效率之前的。因此，狠抓质量是下一阶段的工作重点，不能因为效率牺牲质量。可以依托全周期的健康信息平台，推动不同周期的分级诊疗、分阶段诊疗、双向转诊、远程会诊，更可以搭建区域协同机制，整合推进区域医疗资源共享，引导优质医疗资源下沉，形成科学合理的就医秩序，构建“小病在社区、大病进医院、康复回自家”的新就医格局。

此外，还需要强调的是全社会的参与。就健康参与主体来看，政府是第一主体，受关注程度远远高于其他参与主体。“新医改”以来，我国政府不断强化筹资、规划和监管方面的作用，但是在社会方面关注度不够高，需要重点加强。具体而言就是要大力发展社会组织，充分发挥其作用，充分挖掘和动员社会力量，在基层构建促进健康的网络和基石。同时，要进一步研究个人在健康中的作用，完善政策。健康既是权利，也是义务，更是责任。目前的政策普遍强调居民、患者的获得感，但是对责任和义务提及不够，同国际共识有明显的差距。未来在立法和宣传上还要追求发挥个人作用的完整性，将权利、义务和责任结合起来，这才是符合国际共识和发展规律的做法①。

随着我国全面建成小康社会，人民生活水平稳步提升，多层次、多样化的健康服务需求将进一步增长。健康中国建设要求我国卫生医疗工作要从以治病为中心转变为以人民健康为中心，未来医改更要重视方案的制定、配套措施的实施和政策的落实，更加注重提高效率、保证质量，横向治理与纵向治理相结合，着力打造有利于居民健康的社会环境，为提高人民健康水平、服务健康中国建设夯实基础②。

---

① 王虎峰．全球健康促进 30 年的共识与经验：基于全球健康促进大会宣言的文本分析．中国行政管理，2019（12）：126－132.

② 潘锋．七十年医改攻坚路，以人为本探求世界难题：访国务院医改专家咨询委员会委员、中国人民大学王虎峰教授．中国医药导报，2019（24）：1－6.

# 第四部分

# 生态、安全与全球治理

# 第十五章　生态文明制度建设

张占录

2019 年 10 月，党的十九届四中全会强调坚持和完善生态文明制度体系，促进人与自然和谐共生，并提出生态文明制度体系建设的四大内容，具体包括：实行最严格的生态环境保护制度；全面建立资源高效利用制度；健全生态保护和修复制度；严明生态环境保护责任制度。

2020 年 10 月，党的十九届五中全会提出，“十四五”时期我国经济社会发展的主要目标之一，就是在生态文明建设方面实现新进步：国土空间开发保护格局得到优化，生产生活方式绿色转型成效显著，能源资源配置更加合理、利用效率大幅提高，主要污染物排放总量持续减少，生态环境持续改善，生态安全屏障更加牢固，城乡人居环境明显改善。在新时代新征程中，党和国家将生态文明建设工作摆在极其重要的位置。

2022 年 10 月，党的二十大提出：从现在起，中国共产党的中心任务就是团结带领全国各族人民全面建成社会主义现代化强国、实现第二个百年奋斗目标，以中国式现代化全面推进中华民族伟大复兴。人与自然和谐共生的现代化是中国式现代化的重要特征。党的二十大进一步提出，城乡人居环境明显改善，美丽中国建设成效显著，这是我们未来五年的主要目标任务之一。广泛形成绿色生产生活方式，碳排放达峰后稳中有降，生态环境根本好转，美丽中国目标基本实现，这是到 2035 年我国发展的总体目标之一。

当前，在推进中国式现代化的过程中，如何在坚持生态文明制度体系的基本脉络上顺应新时代要求，实现生态文明建设的新进步，已成为我们无法回避的重要议题。

## 一、生态文明建设的新时代背景

仅仅将生态文明建设理解为环境保护是远远不够的，事实上，新时代强调生态文明建设是适应当前深刻变化的时代背景做出的重大发展方式转型决策，与整个社会经济系统运行逻辑的改革与转型筋脉相连。新冠疫情作为冷战结束以来最严重的突发性全球危机之一，给全球经济带来的冲击程度远超 2008 年全球金融危机，国际经济交流遭受重创。在这样的背景下，2020 年中央政治局常务委员会会议提出，要充分发挥我国超大规模市场优势和内需潜力，构建以国内大循环为主体，国内国际双循环相互促进的新发展格局。而生态文明建设恰恰昭示着政府作为我国重要经济主体，在国内大循环中挖掘的投资新方向、新空间，它前承脱贫攻坚，后接乡村振兴，是强化国内大循环、稳经济、渡难关、推动发展方式进一步转型的重要战略。

不仅如此，在新时代强调生态文明建设也是为过去的发展模式带来的环境问题买单的现实需要。我国过去相当长一段时期以来的工业化、城市化进程，不仅带来了资源和人口的集中，同样也带来了污染的集中。以往通过强调技术投入可有效治理点源污染，却无法有效作用于随城市带、工业带叠置而来的面源污染，日益严峻的污染及其新特点要求发展方式的深刻变革。党的十九届四中全会通过的《中共中央关于坚持和完善中国特色社会主义制度 推进国家治理体系和治理能力现代化若干重大问题的决定》(以下简称《决定》)，在党的十九大之后，再次重申“生态文明建设是关系中华民族永续发展的千年大计”，生态环境的基础性地位正在不断强化，环境不能作为低价的生产要素被忽视，也不能仅仅作为支撑发展的承载条件①。这是因为，一方面，生态环境已经成为稀缺资产，需要高标准的保护；另一方面，优质生态产品本就是发展的有机内涵，加强生态环保工作就是推动高质量发展。

## 二、新征程中的生态文明建设制度化挑战

### (一) 国际挑战与双碳目标

在全面建设社会主义现代化国家的新征程中，生态文明制

① 吴舜泽．“中国制度”十三讲．中央广播电视总台—中国之声，2019-11-18.

度建设面临的新挑战，既有来自国际的，也有来自国内的。从国际视角来看，全球环境恶化的趋势不容乐观，有研究显示，2019 年的全球平均气温比工业化前高出了 1.1℃，全球气候变化已成为人类面临的共同挑战。在全球政治经济生态联系日益紧密的今天，仅靠一国一地区的局部环境治理无法有效应对全球性环境恶化，这在客观上要求我们加强国际合作，高举构建人类命运共同体的旗帜，积极承担大国责任。在这一背景下，2021 年全国两会首次将“碳达峰”“碳中和”写入政府工作报告。习近平总书记在第七十五届联合国大会一般性辩论上承诺：中国将提高国家自主贡献力度，在 2030 年前实现碳达峰，2060 年前实现碳中和。双碳目标不仅是中国积极承担全球责任的信号，也是我国转型高质量发展、走中国式现代化道路的必然要求。中国式现代化是人与自然和谐共生的现代化。作为全球最大的发展中国家，我国的现代化建设不能沿袭发达国家走过的高耗能、高排放的老路，否则资源环境难堪其负，必须走出一条绿色低碳循环发展的新路，既要创造更多物质财富和精神财富以满足人民日益增长的美好生活需要，也要提供更多优质生态产品以满足人民日益增长的优美生态环境需要。

“十四五”时期是确保中国未来顺利实现双碳目标的重要时期。二氧化碳的生命周期较长，实现双碳目标客观上要求我们提早进行能源结构转型，这也是党的十九届五中全会中提出将生产生活方式绿色转型列为“十四五”时期我国经济社会发展的主要目标之一的原因。在新征程中，我们需要紧紧抓住“十四五”减污降碳协同增效的窗口期，在制度建设方面，把碳达峰、碳中和纳入生态文明建设整体布局，把降碳摆在更加突出和优先的位置，加快推动形成绿色发展方式和生活方式，走生态优先、绿色发展之路，让良好生态环境成为经济社会持续健康发展的支撑点。

控制城镇碳排放是实现双碳目标的关键。城镇作为人类活动密集的空间，是碳排放的主要源头，也是未来减碳控碳政策的主要着眼点。过去40多年来，我国实现了全球最大规模的城镇化，城镇化率从1978年的17.9％增长到2020年的63.89％。高速的城镇化进程支撑了我国经济在过去一段时间以来的高速发展，实现了乡村中国向城市中国的变迁。与此同时，依赖高资源能源消耗、高碳排放实现的快速发展也带来了一系列“城市病”，人居环境严重恶化。据中国城市规划设计研究院对中国城镇化高点的预判，2035—2050年中国的城镇化率将达到75％～80％，其中2035年是城镇人口峰值与碳排放峰值叠加的关键时期。2035年前是减碳降排的重要窗口期，亟须将绿色目标融入制度建设的各个方面，尤其是在国土空间规划和用途统筹协调管控制度方面，推动城镇绿色低碳发展。目前，在构建生态优先绿色发展的新城镇格局的制度探索中，京津冀地区走在国内实践的前头。以雄安新区为例，其在规划中以打造顺应自然的城市形态为目标，计划形成“蓝绿空间”不低于其规划范围

70%的人与自然和谐共生的新空间。以天津为例，中新天津生态城总体规划强调建立节约、高效、循环的能源系统，注重废弃物收集和资源化利用，在新一轮规划中采用绿色升级版指标体系。

### （二）国内挑战与生态补偿机制

立足国内来看，在新征程中，生态文明制度建设的新挑战集中于：如何将绿水青山转变为金山银山？习近平总书记很早就用金山银山、绿水青山做比喻，生动形象地阐明了经济发展与生态环境保护之间的辩证关系，提出了“绿水青山就是金山银山”的重要理念，为我们建设生态文明、建设美丽中国提供了根本遵循。处理金山银山和绿水青山的关系，归根到底就是正确处理经济发展和生态环境保护的关系。这是实现可持续发展的内在要求，是坚持绿色发展、推进生态文明建设首先必须解决的重大问题。有人说，发展不可避免地会破坏生态环境，因此发展要宁慢勿快，否则得不偿失；也有人说，为了摆脱贫困必须加快发展，付出一些生态环境代价也是难免的、必要的。这两种观点都把生态环境保护和经济发展对立起来了。

绿水青山和金山银山不是对立的。绿水青山是人民幸福生活的重要内容，是金钱不能代替的，一些地方生态环境资源丰富又相对贫困，更要通过改革创新，探索一条生态脱贫的新路子，让贫困地区的土地、劳动力、资产、自然风光等要素活起来，让资源变资产、资金变股金、农民变股东，让绿水青山变金山银山。经济发展不应是对资源和生态环境的竭泽而渔，生态环境保护也不应是舍弃经济发展的缘木求鱼，而是要坚持在发展中保护、在保护中发展[①]。

党的十八届三中全会以来，我们通过编制自然资源资产负债表、建立市场化和多元化生态补偿机制等一系列举措，致力于探索生态产品价值的实现方式。在新征程中，进一步完善生态补偿机制是探索绿水青山变成金山银山的制度路径的现实要求。生态补偿通常以经济手段为主调节相关者利益关系，从而实现保护和可持续利用生态系统服务功能的目的。其主要内容包括对生态系统本身保护产生的成本或遭受破坏带来的损失进行补偿，以及对个人或区域因保护生态系统而放弃发展机会的经济补偿。进一步探索和完善生态补偿机制是深刻理解与贯彻“绿水青山就是金山银山”理论的关键。当前，我国在探索生态补偿机制的道路上取得了初步经验，同时也存在补偿主体有限、补偿标准过低、补偿方式单一等一系列问题。在新征程中探索和完善生态补偿机制仍需找准发力点，加快建立环境财政、完善税收政策、探索市场化模式。

2021 年 9 月 12 日，中共中央办公厅、国务院办公厅印发《关于深化生态保护补偿制度改革的意见》（以下简称《意见》）。

① 中共中央文献研究室．习近平关于社会主义生态文明建设论述摘编．北京：中央文献出版社，2017：56.

《意见》强调生态环境是关系党的使命宗旨的重大政治问题，也是关系民生的重大社会问题。生态保护补偿制度作为生态文明制度的重要组成部分，是落实生态保护权责、调动各方参与生态保护积极性、推进生态文明建设的重要手段。《意见》提到，要充分发挥市场机制作用，加快推进多元化补偿；研究发展基于水权、排污权、碳排放权等各类资源环境权益的融资工具，建立绿色股票指数，发展碳排放权期货交易；加快建设全国用能权、碳排放权交易市场；将具有生态、社会等多种效益的林业、可再生能源、甲烷利用等领域温室气体自愿减排项目纳入全国碳排放权交易市场。碳排放权交易市场是以碳排放权为标的资产进行交易的市场，遵循"总量控制交易"的原则，由政府确定稳定或逐步降低的碳排放总额，并给各排放主体分配碳排放配额，代表各排放主体每年能够无偿排放的二氧化碳上限，1 单位的配额代表 1 吨二氧化碳排放量。各排放主体实际碳排放量须低于配额，否则须在市场上购买碳排放配额，而排放低于配额的排放主体也可以将过剩的额度拿到市场上交易。

我国在碳交易市场上的制度探索已有 10 多年。2011 年，国家发展改革委发布《关于开展碳排放权交易试点工作的通知》，启动北京、上海、天津、重庆、湖北、广东和深圳七省市开展碳交易试点工作。截至目前，试点市场已经完成五个履约周期，成为仅次于欧盟的全球第二大碳市场，也为全国碳市场建设积累了丰富经验。2012 年，为进一步探索全国统一碳市场的建设，国家发展改革委出台了《温室气体自愿减排交易管理暂行办法》，形成了规范的碳市场管理机制。2014 年，国家发展改革委发布《碳排放权交易管理暂行办法》，首次明确全国统一的碳市场总体框架。2017 年年底，国家发展改革委印发《全国碳排放权交易市场建设方案（发电行业）》，标志着全国碳排放交易体系完成了总体设计并正式启动，形成了要素完善、特点突出、初具规模的地方碳市场。2021 年 7 月 16 日，全国碳市场启动仪式于北京、上海、武汉三地同时举办，备受瞩目的全国碳市场正式开始上线交易。此外，在碳交易市场上发展起来的“碳金融”也成为近年的热频词。碳金融是服务于降低碳排放的各种金融交易活动与金融制度安排，包括碳排放权及其衍生品的交易与投资、低碳项目开发的投融资及其他相关金融中介活动，是法律体系和政策正在逐步实现的市场设计，目前尚处于探索阶段。

## 三、生态文明制度体系

生态文明建设不是单纯的对环境的保护和对已被破坏生态环境的修复和恢复，而是立足当前，面向未来全新发展模式的重要表征[①]。将生态文明制度建设作为中国特色社会主义制度建

---

① 马峰．坚持和完善生态文明制度体系．浙江日报，2019－12－23（9）．

设的一项重要内容和不可分割的有机组成部分，是由中国特色社会主义制度的内在要求决定的。习近平总书记强调："我们要建设的现代化是人与自然和谐共生的现代化，既要创造更多物质财富和精神财富以满足人民日益增长的美好生活需要，也要提供更多优质生态产品以满足人民日益增长的优美生态环境需要。"生态文明建设是关系中华民族永续发展的千年大计和根本大计，必须不断深化认识坚持和完善生态文明制度体系的重大意义。同时，生态文明建设是一项长期任务，为保障生态文明建设的长效化、制度化、规范化，需要把党的十八大以来生态文明建设的经验和做法进行归纳、总结，形成制度，并对制度加以坚持和完善，同时严格执行，这是建设美丽中国的必然要求。

党的十八大以来，以习近平同志为核心的党中央推动全面深化改革，加快推进生态文明制度体系顶层设计和建设，相继出台《关于加快推进生态文明建设的意见》《生态文明体制改革总体方案》，制定了40多项涉及生态文明建设的改革方案，修订《环境保护法》，从总体目标、主要原则、重点任务、制度保障等方面对生态文明建设进行全面系统部署。我国生态文明制度体系加快形成，已建立起生态文明制度的"四梁八柱"，生态文明体制中源头严防、过程严管、损害赔偿、后果严惩等基础制度框架初步建立。这一系列制度建设涵盖了生态文明从源头、过程到后果的全过程，包括环境治理、空间管制、资源节约等多个方面，具有很强的系统性、整体性、协同性和操作性，推动我国生态文明建设取得重大进展，生态环境保护发生了历史性、转折性、全局性变化①。这些制度成果来之不易，经验弥足珍贵，需要继续坚持，不断巩固，持续深化。

### （一）实行最严格的生态环境保护制度

生态文明制度体系始于实行最严格的生态环境保护制度，而最严格的生态环境保护制度的起点仍然是“坚持人与自然和谐共生，坚守尊重自然、顺应自然、保护自然”。人与自然是生命共同体，人与自然的关系构成生态文明制度体系的逻辑起点，生态文明的核心就是坚持人与自然和谐共生。

2013 年，习近平总书记指出：“我们的生态环境问题已经到了很严重的程度，非采取最严厉的措施不可，不然不仅生态环境恶化的总态势很难从根本上得到扭转，而且我们设想的其他生态环境发展目标也难以实现。”党的十九届四中全会《决定》强调“实行最严格的生态环境保护制度”，生态环境保护制度重在“最严格”，它体现出一种红线思维，要用最严格的制度和最严密的法治来保护生态环境，解决工业文明带来的负外部性问题。《决定》明确提出“生态保护红线”“永久基本农田”“空间管控边界”“海域保护线”等内容，就是绝对不容践踏的“最严制度”。在加强生态环境保护的过程中，要牢固树立底线思维和

① 穆虹．坚持和完善生态文明制度体系．经济日报，2019－12－16（9）．

生态保护红线意识，将自然环境承载能力作为经济社会发展过程中的底线和红线，对于任何逾越生态保护底线和红线的行为，都能依据“最严制度”实行严肃处理。用最严格的制度、最严密的法治保护生态环境，加快制度创新，强化制度执行，让制度成为刚性的约束和不可触碰的高压线。

据此提出的一系列具体要求，既包括从源头预防到责任追究的全过程生态文明制度体系，又包括“多规合一”的国土空间规划、《土地管理法》中规定的土地用途管制等制度，还包括以排污许可制为核心的固定污染源监管制度体系等。其中，加快建立健全国土空间规划和用途统筹协调管控制度，是实行最严格的生态环境保护制度的一个重要方面。扎实有效推进国土空间规划体系建设，要求全面落实党中央重大决策部署，体现国家意志和国家发展规划的战略性，自上而下编制各级国土空间规划，落实国家安全战略、区域协调发展和主体功能区战略，明确空间发展目标，优化城镇格局、农业生产格局、生态保护格局，确定空间发展策略，高标准绘制全国国土空间开发保护“一张图”，尽快将主体功能区规划、土地利用规划、城乡规划等空间规划融入国土空间规划，真正实现“多规合一”，解决好各类规划不衔接、不协调的问题。此外，在耕地保护方面，2021 年 9 月，自然资源部在对政协委员《关于进一步加强农村耕地保护的提案》的答复中表示，自然资源部正会同有关部门积极推动耕地保护法起草工作，将进一步推进耕地保护制度化、规范化。

### （二）全面建立资源高效利用制度

资源利用方式的改变是转变经济发展方式、推动可持续发展的抓手。我国当前面临的生态环境问题，归根结底是长期以来在快速城镇化工业化进程中粗放使用、过度开发自然资源留下的恶果。资源高效利用的前提是产权明晰。《决定》提出全面建立资源高效利用制度，推进自然资源统一确权登记法治化、规范化、标准化、信息化，健全自然资源产权制度和自然资源监管体制。这是加强生态环境保护、促进生态文明建设的一项重要的基础性制度。党的十八大以来，我国自然资源资产产权制度逐步建立，在促进自然资源节约集约利用和有效保护方面发挥了积极作用。但同时还存在自然资源资产底数不清、所有者不到位、权责不明晰、权益不落实、监管保护制度不健全等问题，导致产权纠纷多发、资源保护乏力、开发利用粗放、生态退化严重等问题，迫切需要进一步健全自然资源资产产权制度。

《决定》为解决资源利用的体制性障碍提供了制度工具。聚焦资源利用的重点领域，通过建立起有偿使用、总量管理、全面节约和循环持续的资源利用制度体系来提高资源利用效能，将普遍实行垃圾分类，资源化利用制度和清洁低碳、安全高效的能源体系纳入议程。

### （三）健全生态保护和修复制度

人是自然界的一部分，人类社会的存续和发展是建立在生态系统基础之上的。生态系统是各要素相互依存、有机整合的循环链条。因此，建立生态系统保护和修复的制度体系，也应当注重制度建设的整体性和协同性[①]。生态保护一体两面，生态保护和污染防治是密不可分、相互协同的，即《决定》提出的健全生态保护和修复制度，二者关系更加密切。习近平总书记强调："要用系统论的思想方法看问题，生态系统是一个有机生命躯体，应该统筹治水和治山、治水和治林、治水和治田、治山和治林等。"当前对生态文明制度体系的系统性、整体性和协同性的需求越来越高，《决定》提出的统筹山水林田湖草一体化保护和修复、健全国家公园保护制度、加强大江大河生态保护和系统治理、开展大规模国土绿化行动、全面禁止围填海等，体现了我们在生态治理上加强制度建设的有益探索，从系统性和完整性角度加强保护和修复。在新征程中，要统筹兼顾、整体施策、多措并举，全方位、全地域、全过程开展生态文明建设，要注重从末端治理转向源头预防，从点源治理转向流域、区域综合治理，从局部治理转向全过程治理，从个别问题整治转向山水林田湖草全覆盖的综合性治理。

**（四）严明生态环境保护责任制度**

制度的生命力在于执行。生态环境保护责任制度是过去生态文明建设或生态环境保护工作问题所在，也是未来着力点所

① 郝栋．以制度利器助推生态文明建设．经济日报，2019－12－31（15）．

在，更是最能充分发挥中国特色社会主义制度的优势所在[①]。责任制度兜底体现了对以上三方面制度的统筹促进作用。《决定》提出的严明生态环境保护责任制度，将此前生态文明建设目标评价考核办法纳入制度化管理轨道，就是要通过建立生态文明建设目标评价考核制度，强化约束性指标管理，以严格落实企业主体责任和政府监管责任。已有的环境保护制度已经初步形成了体系，但在实施过程中仍难见成效，归根结底是因为实施力度不够，对环境行为主体违法行为的处理不够严格。因此，必须坚持源头严防、过程严管、后果严惩重罚的基本原则，加强在环境监管、环境执法、环境管控、环境司法过程中的刚性和力度，形成严密的环境保护网，将最严格的要求落到实际中去，坚决解决违法成本低、守法成本高的问题。

中央生态环境保护督察制度建立后，国家实现了对 31 个省（区、市）环境保护督察的全覆盖，及时发现并督促解决了各地区存在的大量生态环境问题，有效促进了各地生态环境质量的提升，得到人民群众广泛认可，取得了较好的工作效果。实践证明，中央生态环境保护督察制度能够推动各级党委和政府层层压实环保责任、形成自上而下和自下而上的环保合力，是一项经过实践检验行之有效的制度安排。推动中央生态环境保护

① 吴舜泽．以生态文明制度体系化推动生态文明建设自觉化．中国环境报，2019－11－12 (3).

督察不断向纵深发展，需要拓展督察内容，从单方面的督察生态环境保护向促进经济、社会发展与环境保护相协调延伸，指导督促加大省级生态环境保护督察力度，从着重纠正环境保护违法向纠正违法和提升守法能力相结合转变，指导地方全面提高生态环境保护能力。

## 四、坚持、完善、创新生态文明制度体系

当前我国生态文明制度建设已经到了深化阶段，即从法规制定到责任落实的阶段。党的十八大以来，中国生态环境保护从认识到实践发生了历史性、转折性、全局性变化，生态文明建设取得显著成效，中国生态文明建设和生态环境保护进入成效最好的时期，在思想认识程度、污染治理力度、制度出台频度、监管执法尺度和环境改善速度等多个方面发生了巨大的变化，为进一步推动生态文明建设工作奠定了基础。虽然生态文明建设稳中向好，但成效并不稳固，正处于压力叠加、负重前行的关键期，已进入提供更多优质生态产品以满足人民日益增长的优美生态环境需要的攻坚期，也到了有条件有能力解决生态环境突出问题的窗口期。党的二十大提出，十年来，我们坚持绿水青山就是金山银山的理念，坚持山水林田湖草沙一体化保护和系统治理，全方位、全地域、全过程加强生态环境保护。未来，推进生态文明建设，就是要在坚持、完善并坚决执行好

这些制度的基础上进一步推进制度创新，更好地满足人民群众对生态环境改善的需求。

一要坚持生态文明建设。生态文明建设是一场思想观念、理念的深刻革命，也是一个生产方式和生活方式的绿色转型过程。生态文明制度建设已经成为生态文明的标志，生态文明制度改革释放的红利对生态文明建设工作至关重要。从这个意义上讲，制度建设既是“五位一体”总体布局补短板、强弱项的关键，也是美丽中国建设的关键。中国特色社会主义制度是过去中国发展进步的根本保证，也是未来取得更大发展进步的根本保证。

二要完善生态文明建设体系。生态文明建设作为需要深化改革的重要领域，要坚决破除一切妨碍科学发展的思想观念和体制机制弊端，构建系统完备、科学规范、运行有效的制度体系。《决定》以最严格的生态环境保护制度开头，以严明生态环境保护责任托底，把党的十八届三中全会提出的国土空间开发内容归并到生态环境保护制度或生态保护与修复中，把《生态文明体制改革总体方案》八个领域的改革重构为四个方面，对行之有效的中央生态环境保护督察制度等突出强调，把中央深改组审议推行的若干生态环境监测质量控制等改革任务拓展深化为生态环境监测和评价制度，把多项党委政府责任制度与规范性文件要求浓缩为目标评价考核、约束性指标管理和政府监管责任。与以前40多项生态文明建设制度改革的单项突破相比，

《决定》对生态环境保护制度、资源高效利用制度、生态保护和修复制度、生态环境保护责任制度四个方面进行了梳理，形成了一个环环相扣的制度体系，更加强调制度的系统集成、协同增效，体现了总结历史和面向未来的统一，着力推动生态文明制度更加成熟、更加定型①。这既是理论上的突破，也将共同推进生态文明建设的实践发展。生态文明制度建设的四个方面在内容上有机联系，逻辑上相互贯通，实践中相互关联。将环境、资源、生态和政府责任有机地联系在一起，在实践中具有可操作性。

三要创新生态文明建设制度。在新征程中，必须加快制度创新、增加制度供给，构建面向未来发展的生态文明制度体系。结合政府职能的整合调整，以问题为导向，各个部门既要有职责分工，又要相互协作，在坚持和完善原有制度的基础上，根据形势需要增加新的工作安排，兼顾当前和未来的发展需要，保证政策的连续性和执行力，积极探索适应新形势的制度性安排。

与市场失灵一样，制度失灵也会对生态文明建设产生重要影响。系统总结我国生态文明建设中的经验做法，构建面向未来发展的生态文明制度体系，坚决打赢污染防治攻坚战，是满

① 吴舜泽．以生态文明制度体系化推动生态文明建设自觉化．中国环境报，2019-11-12（3）.

足人民对优美生态环境需要的必然之举，也是推动走一条人与自然和谐共生的中国式现代化道路的重要制度保障①。正如习近平总书记所指出的，保护生态环境必须依靠制度、依靠法治。未来，我国将进一步依靠制度、依靠法治，因此，必须加快制度创新、增加制度供给、完善制度配套、强化制度执行，让制度成为刚性的约束和不可触碰的高压线，从而实现建设美丽中国的目标。

① 郝栋．以制度利器助推生态文明建设．经济日报，2019－12－31（15）．

# 第十六章　中国特色应急管理体制完善之策

王宏伟

2021 年，在建党百年之际，我国全面建成了小康社会，完成了脱贫攻坚任务，实现了第一个百年奋斗目标，开启了全面建设社会主义现代化国家的新征程，正在阔步向第二个百年奋斗目标迈进。2022 年，党的二十大提出，从现在起，中国共产党的中心任务就是团结带领全国各族人民全面建成社会主义现代化强国、实现第二个百年奋斗目标，以中国式现代化全面推进中华民族伟大复兴。

进入新发展阶段，中华民族即将通过中国式现代化实现伟大复兴的历史跨越，需要同时增强机遇意识和忧患意识：一方面，中华民族伟大复兴进入了一个不可逆转的进程，时与势十分有利；另一方面，中华民族伟大复兴又不会在敲锣打鼓中顺利实现，在百年变局与世纪疫情交织影响下，必然面临着更多的重大风险挑战。应急管理作为国家治理体系和治理能力的重要组成部分，承担着防范化解重大风险、应对处置突发事件的使命。进入新发展阶段，我国应面向新发展阶段的形势任务，在总结党在百年奋斗历程中应对重大风险挑战的经验，统筹发展和安全，不断完善中国特色应急管理体制，持续提升为民造福、保民平安的能力。

## 一、完善应急管理体制任重道远

2018 年 3 月公布的《深化党和国家机构改革方案》提出，应“推动形成统一指挥、专常兼备、反应灵敏、上下联动、平战结合的中国特色应急管理体制”。2019 年 10 月，党的十九届四中全会提出，应“构建统一指挥、专常兼备、反应灵敏、上下联动的应急管理体制”，其中对中国特色应急管理体制的表述删除了“平战结合”四个字。我们认为，这是因为“平战结合”容易引发歧义，也是因为人们对中国特色应急管理体制的认识在不断深化。通常，“平战结合”有两层含义：一是应急管理部门要将常态管理与非常态救援结合起来，同时做好日常风险监管、防控与应急处置工作，即“平灾结合”；二是把应急与应战统筹起来，做到“平时应急，战时应战”。综观世界，许多国家的应急管理都起源于第一次世界大战之后诞生的民防，承袭了民防血脉。例如，俄罗斯紧急情况部拥有 1.1 万人的民防部队，民防队员掌握排雷等技术，甚至配备一定的轻武器，履行国际人道主义救援的义务。美国的联邦应急管理署更是起源于民防组织。我国虽然早在 1992 年就加入了国际民防组织，但中国的民防即人民防空工作的主要使命是长期准备以应对可能面临的战争威胁。2018 年，在党和国家机构改革中，许多地方曾经更名为“民防”的人防部门又改回“人防”的称谓。这符合“军是军，警是警，民是民”的改革总体原则。在党对军队绝对领导的体制下，我国军事力量参与巨灾应对不存在什么障碍，因此不需要在应急体制的表述中突出强调。

我国构建的应急管理体制的目标被描述为四个方面，即统一指挥、专常兼备、反应灵敏、上下联动。2018 年启动的应急管理体制改革取得了巨大成效，但距离所设定的目标还存在一定的差距。换个角度看，这是进入新发展阶段后我国应急管理体制接续完善、持续改进的意义和动力所在。

第一，“统一指挥”意味着实现各种应急力量和资源的有机整合，避免多头管理、九龙治水，防止出现彼此掣肘、冲突。特别是在重大突发事件应对的过程中，政府、军队、企业、社会组织、志愿者等多元力量短时间内在事故灾害现场汇集，彼此之间互不隶属，合作困难。统一指挥可以让应急管理活动相互协调，避免“各吹各的号，各唱各的调”，防止无序与混乱，进而提高应急管理的整体效率。

作为一个社会主义国家，我国最大的制度优势是坚持党的集中统一领导。同时，我国是一个单一制国家。每当重大突发事件来临，国家可以调动全国范围内的各方面资源，做到集中力量办大事。此外，党领导下的人民军队发挥着突击队的重要作用，成为应对突发事件的“最后一道防线”。

在应急管理改革中，我国将国家防汛抗旱指挥部、国务院抗震救灾指挥部、国家减灾委员会、国家森林防火指挥部、国务院安全生产委员会办公室都整合到应急管理部，加大了统一指挥的力度。为了提升自然灾害防治能力，应急管理部牵头建立了自然灾害防治工作部际联席会议制度。此外，应急管理部还与 32 个部门建立了合作关系，完善了与军队、武警协同应对重大突发事件的机制，提升了社会力量参与应急救援的能力。在突发事件处置过程中，应急管理部摸索出后方多部门联合会商、前方派出联合工作组指导的工作机制，实现了应急指挥的整合化和扁平化。国家应急指挥总部已经建成，六个国家区域应急救援中心全面进入建设阶段。每个国家区域应急救援中心都配备一定数量的“尖刀”和“拳头力量”，由应急管理部统一调度，以提升快速动员和应急响应能力。

我国应急管理体制改革将常见的自然灾害与安全生产事故应对以及应急救援的职责整合进应急管理部，客观上形成了以应急管理部、国家卫生健康委、公安部为“三驾马车”的应急管理格局。如果说这是支撑国家应急管理体系的三根“立柱”，那么我国应急管理目前尚缺少一根“横梁”。2020 年新冠疫情暴发后，应急管理的无边界性与应急管理部职责有边界性之间的矛盾充分显现，只能由党中央组建疫情防控领导小组。如何在统筹发展和安全的背景下，更加有效地、综合性地应对各类突发事件，实现统一指挥，这是需要进一步探讨的体制性问题。

第二，“专常兼备”的含义可以从两个角度理解：我国建立以风险防范、突发事件应对为主责的应急管理专业部门，卫生、公安、交通、气象等其他涉灾部门乃至非涉灾部门在日常管理、运行过程中要防范突发事件的发生并维系必要的应急管理能力，以便在重大灾害事故发生时协助应急管理部门进行处置。从这个意义上说，应急管理部门为“专”，其他部门为“常”。同时，新组建的应急管理部门也是完善中国特色应急管理体制的支撑部门，整合了原国务院办公厅的应急管理职能，负责各类突发事件的综合性防抗救。对于不在自身管辖范围的突发事件发生时，应急管理部门应该协调各方面资源与力量，督促、协助卫健、公安等相关主责部门做好风险防范、应急准备、突发事件应对等工作。从这个意义上说，相关主责部门为“专”，应急管理为“常”。这是真正意义上的大应急管理，需要全政府、全社会共同参与、协同应对。

突发事件有着发生、演进的过程，其防与救形成了一个难以断然切割的链条。处理好防与救的关系不能简单化、绝对化地厘清责任，而必须做好相关责任的无缝衔接。2019 年，在中央政治局第十九次集体学习会议上，习近平总书记强调，要发挥应急管理部门的综合优势和其他部门的专业优势。但是，目前应急管理部只能依托国家减灾委、国务院抗震救灾指挥部、国家森林草原防灭火指挥部、国家防汛抗旱指挥部、国务院安委会等五个高层次议事协调机构对自然灾害与事故灾难两大类突发事件进行艰难的协调。

防与救职责的衔接并非一个自然而然的过程，必须要更新观念，打破部门利益的藩篱。应急管理部门作为综合协调部门必须找准自身的定位，不能越位，也不能缺位。就现状来说，应急管理部门职能在灾害事故应对方面应理顺防救关系。例如，作为国家防汛抗旱指挥部办公室，防汛抗旱司要致力于外洪与内涝的协调，而不能取代水利部的水旱灾害防御司的职责，更应强调综合性。对于灾害事故之外的突发事件，包括灾害事故可能引发的公共卫生突发事件、社会安全事件，应急管理部门则主要在处置响应环节予以配合。

此外，在应急救援方面，“专常兼备”一方面要求按照“全灾种、大应急”的原则打造国家综合性消防救援力量，使其与安全生产救援队伍一起，形成常备的综合救援力量；另一方面，其他部门也要打造各有专长的专业救援队伍，以提升科学处置的能力。那种认为“防”为全社会共同职责、“救”为应急管理部门职责的观点，是值得商榷的。“综合”是指全面发挥作用，并不是“包打天下”。专业性与综合性的要求并非总是完全一致的，有时存在着内在的张力。“全”与“大”都是相对单一灾种应对而言的，是有限度的。按照“专常兼备”的原则，应急管理部门和相关部门在应急救援的职责定位与机制磨合上还存在需要清晰、完善的问题。国家综合性消防救援队伍作为主力军和国家队，与安全生产救援队伍及其他专业救援队伍的联演联训制度也有待加强和完善。

第三，“反应灵敏”是我国应急管理体制的一个新表述。在迈向后工业社会的今天，我们面对的突发性事件的复杂性、不确定性、耦合性、关联性、新奇性特征明显。以简单应对复杂、以确定应对不确定、以经验应对未来、以不变应万变的思路难以为继。新的应急体制要求反应灵敏，即对突发事件具有敏锐的感知力，并灵活、快速地调度、整合应急资源和队伍，对突发事件进行及时、有效的应对。

构建国家区域应急救援中心是针对我国幅员辽阔的现实，为提升对危机反应灵敏性而采取的一项重要举措。应急管理部组建后，始终注重以信息化推动应急管理现代化，运用大数据、云计算、人工智能、区块链等新技术，综合研判、快速报送风险信息，实现精准预警发布，及时采取行动。例如，在危化品监管方面，应急管理部开始在全国推行“互联网＋监管”的模式，旨在预防重大危化品安全生产事故发生。每当重大突发事件预警信息发布后，应急管理部门都要及时预置队伍和资源，这提升了其快速响应能力。

但是，应急反应只有更快，没有最快。对敏捷性的追求是一个没有止境的过程。我国应急管理体制最大的弱点是对没有经验可循的极端事件应对低效，风险感知能力较弱。当意识到危机发生时，其产生的严重后果已经难以挽回。特别是，地方和基层应急管理能力相对薄弱，“关键少数”对风险捕捉和研判能力低下，不能做到将突发事件遏制在萌芽状态。应急决策是一门科学，也是一门艺术。再先进的技术充其量也只能辅助而不能代替人的研判。同时，预置资源和队伍来源于可以预判的行动，做好可以预见的风险的应对。针对难以预见的风险，我国还应提升应急资源的机动部署能力，积极打造航空应急救援体系，并探索利用高铁系统来提升应急队伍机动和物资投送能力，以真正实现“反应灵敏”。

第四，“上下联动”即中央与地方、上级与下级协同配合，形成一体化应急能力。自雅安芦山地震以来，我国救灾模式发生了重大变化：从原来中央政府的大包大揽，变成以地方为主、中央提供支持、社会广泛参与。当灾害超越地方应对能力时，中央政府果断出手。这种模式既避免了地方政府有意夸大灾情以博取中央救助的冲动，也能增强反应的灵敏度、提升应急行动的针对性，值得推广。毕竟，地方政府具备应对灾害所需的在地知识，可以在第一时间判断、行动。

上下联动要求发挥中央与地方积极性：中央层面发挥统筹协调的作用，同时压实地方党委和政府的责任。各类突发事件应对都要落实党政同责、一岗双责、尽职免责、失职追责。但是，追责要建立在科学的调查评估基础上，要致力于产生学习效应，避免情绪化问责。同时，还要避免压实责任过程中“层层加码”，不能“只给渡河的指令，不给渡河的舟船”。如何发挥中央、上级的指导作用并调动地方、下级的积极性，这是实现上下同欲、上下联动的关键。

目前，我国应急管理存在一个资源和能力的“倒三角”结构。改革越是向基层延伸，“事多人少责任重”的问题越突出。这主要是因为许多地方改革过程中出现了“事转编未转，编转人不转，转人不转专业人”的现象。许多地方应急管理部门的能力被多样化职责所摊薄。不仅如此，地方干部的风险治理能力和突发事件应对能力薄弱，没有明察秋毫、见微知著的本领。未来，我国应进一步完善分级响应机制：在突发事件应对中，中央应急管理部门给予地方必要的指导。当地方应急能力难以有效应对时，中央应急管理部门予以援助、支持。当然，我国不同于美国等联邦制国家，当敏感性突发事件发生时，应急管理部可以主动干预、超前介入。

党的二十大报告设立专章阐述“推进国家安全体系和能力现代化，坚决维护国家安全和社会稳定”，并将应急管理置于“提高公共安全治理水平”下进行阐述，要求“坚持安全第一、预防为主，建立大安全大应急框架，完善公共安全体系，推动公共安全治理模式向事前预防转型”。未来，我国应在贯彻落实总体国家安全观、着力提升公共安全治理水平的视角下探索完善应急管理体制的路径。

## 二、新发展阶段带来新要求与新挑战

2019 年 11 月 29 日，习近平总书记在主持中央政治局第十九次集体学习时强调，应急管理是国家治理体系和治理能力的重要组成部分，承担防范化解重大安全风险、及时应对处置各类灾害事故的重要职责，担负保护人民群众生命财产安全和维护社会稳定的重要使命。在新发展阶段，我们要完整、准确、全面贯彻新发展理念，构建新发展格局，推动高质量发展，实现高质量发展与高水平安全的动态互动、良性互动。这对完善应急管理体制提出了新要求和新挑战。

新发展理念引领完善应急管理体制的新行动。创新发展的理念要求应急管理体制锚定可能迟滞或影响中华民族伟大复兴历史进程的高度复杂性、深度不确定性风险和非常规突发事件，不断增强响应性、适应性；协调发展的理念要求应急管理体制统筹上下左右的关系，打破部门分割、条块分割、地域分割、军民分割的界限，形成综合应对各类突发事件的合力；绿色发展的理念要求应急管理体制尊重自然、顺应自然，特别是在应对自然灾害风险方面实现人与自然相和谐，实现抵御自然灾害能力现代化；开放发展的理念要求应急管理体制促进国际应急管理合作，服务于打造人类命运共同体、构建新型全球治理格局；共享发展的理念要求应急管理体制妥善处理政府与社会关系，与构建共建、共治、共享的社会治理格局的要求相统一。

在新发展阶段，我国构建的新发展格局以国内大循环为主体、国内国际双循环相互促进。国内大循环是大国标配。构建新发展格局是党中央着眼于百年变局和世纪疫情相互交织所做出的一项重要战略决策，也是我国形成新的国际竞争优势的关键举措。从本质上看，这一战略将资源与市场两个重要的环节向国内适当收缩，改变了以往资源和市场“两头在外”的局面，形成国内外资源与国内外市场相互备份、彼此补充，必然会带来经济社会以及风险图谱的新变化，加大了做好应急管理工作的重要性和完善应急管理体制的紧迫性。在新发展格局构建过程中，防止重大突发事件干扰中央决策部署是应急管理必须胸怀的“国之大者”。

高质量发展是我国立足社会主要矛盾发生深刻变化、贯彻新发展理念、适应经济发展新常态、构建现代化经济体系的战略选择。应急管理要以高质量应急服务推动国家高质量发展：一方面筑牢安全发展的底线和红线，另一方面为高质量发展创造良好的环境和条件。例如，2021 年，应急管理部门在确保煤矿安全生产的同时，积极释放优质产能，提高煤炭产量，以确保群众温暖过冬。这说明，构建新发展格局要统筹发展和安全，实现高质量发展与高水平安全之间的互动，对应急管理工作提出了更高的要求。

在新发展阶段，完善应急管理体制首先要着眼提升统筹发展和安全的能力。习近平总书记强调，要牢牢守住安全发展这条底线，“这是构建新发展格局的重要前提和保障，也是畅通国内大循环的题中应有之义”①。在推进国家治理体系和治理能力现代化过程中，发展与安全要实现动态平衡，这是党中央稳中求进工作总基调的必然要求。2020 年 4 月 10 日，在中央财经委员会第七次会议上，习近平总书记在论述国家中长期经济发展战略重大问题时说：“国民经济要正常运转，必须增强防灾备灾意识。天有不测风云，人有旦夕祸福。要大力加强防灾备灾体系和能力建设，舍得花钱，舍得下功夫，宁肯十防九空，有些领域要做好应对百年一遇灾害的准备。”5 月 23 日上午，他在看望全国政协十三届三次会议的经济界委员并参加联组讨论时指出，要牢固树立安全发展理念，加快完善安全发展体制机制。7 月 17 日，中共中央政治局常务委员会召开会议，研究部署防汛救灾工作。习近平主持会议并发表重要讲话。会议强调，要全面提高灾害防御能力，坚持以防为主、防抗救相结合，把重大工程建设、重要基础设施补短板、城市内涝治理、加强防灾备灾体系和能力建设等纳入“十四五”规划中统筹考虑。7 月 30 日，中央政治局召开会议，强调“要抓好应急管理，强化安全生产”。

---

① 习近平．论把握新发展阶段、贯彻新发展理念、构建新发展格局．北京：中央文献出版社，2021：16.

党的十九届五中全会通过的《中共中央关于制定国民经济和社会发展第十四个五年规划和二〇三五年远景目标的建议》（以下简称《建议》）设置专门篇幅，讨论“统筹发展和安全”，并对应急管理工作提出要求：“完善和落实安全生产责任制，加强安全生产监管执法，有效遏制危险化学品、矿山、建筑施工、交通等重特大安全事故……提升洪涝干旱、森林草原火灾、地质灾害、地震等自然灾害防御工程标准，加快江河控制性工程建设，加快病险水库除险加固，全面推进堤防和蓄滞洪区建设。完善国家应急管理体系，加强应急物资保障体系建设，发展巨灾保险，提高防灾、减灾、抗灾、救灾能力。”以此观之，构建新发展格局将会给应急管理带来新的机遇。

进入新发展阶段，伴随着新发展格局的构建，应急管理事业将面临新的风险挑战。党的二十大报告明确提出，我国发展进入战略机遇和风险挑战并存、不确定难预料因素增多的时期，各种“黑天鹅”“灰犀牛”事件随时可能发生。我们必须增强忧患意识，坚持底线思维，做到居安思危、未雨绸缪，准备经受风高浪急甚至惊涛骇浪的重大考验。新发展格局下，原材料自给程度势必会提升，煤炭、油气、有色金属等产品的生产与储存量加大，安全生产的要求更高。从市场环节看，新发展格局必然要保障充分就业、拉动消费，发展旅游、养老等第三产业。从业人员素质的不达标、经营场所的不安全，都可能引致新的风险。新发展格局势必要甩掉粗放制造的帽子，促成企业设备更新和技术改造，并发展新兴产业。新材料、新工业、新技术、新产品在研发制造过程中可能会伴随、滋生全新的风险，挑战既有的安全生产、应急管理经验。为了畅通国内大循环，关键基础设施的互联互通与供应链的安全可靠，都要求应急管理具有应对复杂性、系统性风险的能力。

在新发展阶段，构建新发展格局要加强重大项目的建设和储备，如川藏铁路、国家水网、雅鲁藏布江下游水电开发、输电送气、重大引调水等，以拉动内需。这些重大项目的影响大，一旦发生安全生产事故或遭遇自然灾害，势必会造成巨大的财产损失和舆论压力。新发展格局也是一个让市场在资源配置中发挥更大作用的过程，必然要以体制改革激发各类市场主体的活力。例如，能源、铁路、电信、公用事业等行业的竞争性环节将引入市场化机制。在体制改革的过程中，这些关系国计民生的部门要防止因安全监管措施的削弱而面临重大的风险。

农业农村现代化本身容易遭受自然灾害和农业病虫害的干扰。在构建新发展格局过程中，围绕县域经济，发展特色农业与农产品加工和乡村旅游，可能会加大农村安全生产和旅游安全风险，因为传统的农业人口相对而言更缺少安全素养与安全知识。在水电气热和物流等基础设施与公共服务向农村延伸的过程中，现代社会的风险与农村的脆弱性叠加是一个特别值得注意的问题。

新发展格局要求进一步推进区域协调发展，推动京津冀协同发展、长江经济带发展、粤港澳大湾区建设、长三角一体化发展、黄河流域生态保护和高质量发展等重大战略走深落实。区域经济社会的融合使得跨界风险的流动更加便捷，必须辅之以高效的区域应急联动机制。

在“十四五”时期，我国将从轻度老龄化社会向中度老龄化社会转型。风险社会与老龄化社会重叠，如同“青春期遭遇更年期”，新的风险挑战将随着社会结构、社会行为的变化而呈现出来。

构建新发展格局要实现国内国际双循环的相互促进。今天的世界进入了一个动荡变革期，影响我国发展的不稳定、不安定、不确定因素明显增多。国际产业链、供应链、价值链外部受到的扰动，可能会加剧国内大循环运转的负担，甚至产生连锁反应。这也是我国应急管理必须思考的一个重大问题，决不能以置身事外的超然态度对待国际风险演变为国内风险的可能性。

## 三、从党百年奋斗经验中汲取完善应急管理体制的智慧

回顾百年奋斗历程，党在革命、建设、改革各个时期，始终不忘为中华民族谋复兴、为中国人民谋幸福的初心使命，将应急管理工作紧紧地放在心上、牢牢地抓在手上，战胜了一次

次来自自然界和人类社会的重大挑战。党的十八大以来，以习近平同志为核心的党中央把应急管理作为国家治理体系和治理能力现代化的重要方面，对应急管理体制进行了整体性、系统性的重塑，组建了全新的应急管理部，开创了我国应急管理工作的新局面。

历史与实践证明，应急管理是能够体现中国共产党人初心使命的一项重要工作，对于确立党的执政地位、稳固党长期执政的根基都起到了十分重要的作用。在全面建设社会主义现代化国家的新征程中，汲取党应对重大风险挑战的宝贵经验启示，可以激励我们更好地统筹发展和安全，完善应急管理体制，有效防范化解重大安全风险，进而为中华民族的伟大复兴保驾护航。

第一，坚持加强党的领导。历史昭示我们，中国共产党是中国人民战胜重大风险挑战的“定海神针”。巨灾大难最能检验党的领导力、政府执行力、国家动员力、民族凝聚力。我们依靠中国共产党领导的政治优势和社会主义集中力量办大事的制度优势“应变局、平风波、战洪水、防非典、抗地震、化危机”。在百年未有之大变局加速演进背景下，当今世界面临的突发事件高度复杂性与高度不确定性突出，应对风险挑战要打破常规和各种壁垒，实现横向与纵向整合。党的组织形成“横向到边、纵向到底”的网络，可以跨越各种藩篱与界限。加强党在应急管理工作中总揽全局、协调各方的作用，是我们战胜各种艰难险阻的法宝。因此，可以考虑在中央国家安全委员会下面设立应急管理分委员会，以统筹国家安全与公共安全工作，并加强党对应急管理的领导。

第二，坚持人民至上。中国共产党是一个没有一己私利的政党，以全心全意为人民服务为宗旨。党领导下的应急管理为了人民，又依靠人民，遵循生命至上、人民至上的理念。进入新时代，应急管理在防灾减灾救灾领域，要“坚持以防为主、防灾抗灾救灾相结合，全面提升综合防灾能力，为人民生命财产安全提供坚实保障”；在安全生产领域，要恪守遏制重特大事故的底线与红线，强调发展决不能以牺牲人的生命为代价；在应急救援方面，要在人民最需要的时刻，救民于水火、助民于危难、给人民以力量。我国在完善应急管理体制的过程中，要更加注重构建应急管理的人民防线，加强政社协同，为社会力量的参与预留更大的制度空间。

第三，坚持全国一盘棋。我国社会主义制度可以协调、调动各方面的资源和力量，集中力量办大事，表现出资源统筹、力量整合、社会动员的非常能力。作为一个单一制国家，中央与地方之间不存在权力制衡关系，可以上下联动、左右协同、相互配合，实现“一方有难，八方支援”。在完善应急管理体制的过程中，我们要坚持“全国一盘棋”的优势，真正实现统一领导、专常兼备。同时，要着眼上下联动，进一步厘清并衔接好中央与地方的责任，注重夯实地方和基层的应急管理能力基础，使资源下沉、力量下倾、重心下移，提升地方和基层干部的突发事件治理能力，使其具有“草摇叶响知鹿过，松风一起知虎来，一叶易色而知天下秋”的本事，“知道风险在哪里，表现形式是什么，发展趋势会怎样，该斗争的就要斗争”。

第四，坚持党对军队的绝对领导。通常，军队是一个国家应对重大突发事件的最后一道屏障，这也是世界各国的惯例。党领导下的军队是人民子弟兵，与人民同呼吸、共命运、心连心。与西方国家不同，军事与民事的界限对于我国应急管理而言并非一道难以逾越的鸿沟。当风雨来临时，人民军队闻令即动，是抢险救灾的突击队。我国已经制定了《军队参加抢险救灾条例》。在完善应急管理体制的过程中，要注重实现更加高效、顺畅的军地协调联动，使军民融合深度发展。

第五，坚持国际合作。在全球化背景下，突发事件风险使自身安全与共同安全的界限模糊。在非传统安全挑战面前，没有任何一个国家可以置身事外。中华民族伟大复兴的进程不可逆转，作为一个负责任的大国，中国日益走近世界舞台中央。在构建人类命运共同体理念的指导下，中国全方位地参与全球灾害治理，全面、深入地加强国际应急管理合作。2023 年 2 月 6 日，土耳其和叙利亚发生强震，中国政府派出救援队，并给予物资援助，这是提升大国影响力、感召力的必然举措。特别是，在推动共建“一带一路”高质量发展的过程中，应急管理要“走出去”，在防范化解海外重大安全风险中起到更加重要的作用。建议我国发挥中央外事工作领导小组的作用，将外交、应急、国际发展合作、国资、卫健等部门的国际应急管理合作职能加以有效整合。

突发事件是随着社会形态的变更而不断演化的。应急管理改革只有进行时，没有完成时，需要不断进行理论创新、实践创新。习近平总书记强调："制度更加成熟更加定型是一个动态过程，治理能力现代化也是一个动态过程，不可能一蹴而就，也不可能一劳永逸。"① 应急管理制度改革也是如此，不可能毕其功于一役。他还明确指出："完成组织架构重建、实现机构职能调整，只是解决了'面'上的问题，真正要发生'化学反应'，还有大量工作要做。"② 完善应急管理体制是一场脱胎换骨、重塑再造的运动，需要压茬推进、接续奋斗。改革创新是守正创新，要善用先进技术，特别是大数据、云计算、物联网、人工智能、区块链等新兴技术，实现应急管理跨越式发展，其目的是将制度优势更多地转化为治理效能，更好地以制度优势应对风险挑战，助力中国式现代化建设，推进中华民族伟大复兴。

① 习近平．习近平谈治国理政：第3卷．北京：外文出版社，2020：127.
② 同①106.

# 第十七章　迈向人类命运共同体的全球治理

刘　伟

党的十九届四中全会指出，要积极参与全球治理体系改革和建设，强调要“高举构建人类命运共同体旗帜，秉持共商共建共享的全球治理观，倡导多边主义和国际关系民主化，推动全球经济治理机制变革”。党的十九届六中全会在《中共中央关于党的百年奋斗重大成就和历史经验的决议》中总结了“十个明确”，其中包括“明确中国特色大国外交要服务民族复兴、促进人类进步，推动建设新型国际关系，推动构建人类命运共同体”。党的二十大强调，中国始终坚持维护世界和平、促进共同发展的外交政策宗旨，致力于推动构建人类命运共同体。在新征程中，参与构建面向人类命运共同体的全球治理体系，提升全球治理能力，成为重要的政策议题。

## 一、全球治理的困境

今天，地球上拥有合法身份的主权国家有190余个。作为星球上最重要的行动体，每一个国家似乎都呈现了独具一格的特色。尽管各不相同，但在同一个星球上共存，这些国家彼此之间不可避免地产生了千丝万缕的联系。而其中一些事项或问题超出了具体一国甚至两国的边界，由此，诞生了国与国之间的公共领域，也催生了这个星球上的公共问题。

全球性的公共问题古已有之。为了应对和解决这些跨越国家之间政治与行政分割的问题，学者们提出了"治理"这一概念①。当一国边界之内尚在讨论"统治"问题时，"治理"已经成为全球问题的通用话语。"治理"强调主体的多元化、结构的网络化、工具的非命令化、过程的透明化。这完整地契合了全球公共领域的特点——全球范围内既不存在高于一切权力的政治权威，也没有能掌管各种事务的世界政府。全球治理理应成为治理的良好范本，但遗憾的是事实并非如此。当世界各国纷纷完成现代化进程之后，特别是人类进入21世纪以来，全球范围内的治理困境凸显。为了解决这些困境，人类也进行了种种

① ROSENAU J N. Governance without government：order and change in world politics. Cambridge，UK：Cambridge University Press，1992.

艰辛的尝试，这些尝试有成功也有失败。

要谈论全球治理的困境，首先要明确全球治理的客体是什么。当国家之间的交往频率得以提高，交往程度不断加深的时候，各个国家之间的相互依赖程度也会不断提升。这其中必然会出现一些问题，表征着现实和理想的差距。这些全球性问题就是全球治理的客体，它们既是公共的，也是共同的。同时，它们超越了某一单一主权国家的边界，无法凭借任何单一国家的努力而得以充分解决，需要通过全球治理的途径来解决。

当国与国之间开始了货物的传递，就有了跨境的货物运输和检疫问题；当一条河流在若干国家中蜿蜒穿行，就有了河流的跨域治理问题；当所有的临海国家都开始渔业捕捞和深海石油钻探，就有了经典的公共池塘问题。这些问题尽管在短时间内不会直接威胁到国家的存亡，但会对国家的发展和人类的福祉产生深远的影响。学者们将这种威胁称为“非传统安全”。它不是由某个国家制造的，不是被某一个国家所认知，也不能由一个国家应对，而是需要国家群体乃至全人类携手共同面对。这类非传统安全问题是全球治理的重要客体。

当下的全球治理困境也正表现在这些全球性问题及其解决之道上。从问题端来看，随着新千年的到来，科学技术的发展推动着人类的交往达到了前所未有的广度和深度，这使得全球公共空间的领域被极大地延展了，来自非传统安全领域的威胁也加大了，从而使得治理的盲点增加。1995 年，全球治理委员会发布了研究报告《天涯成比邻——全球治理委员会的报告》，罗列了新旧世纪交错时人类所面临的威胁，包括军火贸易、暴力行为的普遍化、持续贫困、环境脆弱等[①]。2017 年成立的全球风险基金会在其年度报告中总结了全球所面临的八大威胁，包括气候变化、大规模杀伤性武器、生态危机、人工智能、行星撞击、疾病大流行、地球工程、超级火山喷发。中国社会科学院发布的《全球政治与安全报告（2020）》，罗列了人类在 2008 年金融危机和 2020 年全球新冠大流行之后所面临的新的威胁，包括网络安全、太空安全、极地开发与利用、人工智能等新问题[②]。除了这些新的衍生问题，早已有之的非传统安全问题在人类日益密切的相互依赖中，也愈发凸显与严重。食品安全、公共卫生、跨国刑事犯罪等问题越来越多，海洋权益、空间资源的争夺日趋激烈。

从问题的解决之道和治理机制这一端来看，当前全球治理存在着严重的“治理赤字”。首先，民族国家自利性与非传统安全问题的公共性的矛盾导致全球治理中的责任错位。如前所述，国家是我们谈论全球问题的基本单元，但也正是由于“国家”自我认知的不断强化，全球问题被刻意地忽视甚至纵容了。在国家处理非传统安全问题时，零和博弈的思维占据了上风，甚

① 卡尔松．天涯成比邻——全球治理委员会的报告．北京：中国对外翻译出版公司，1995.

② 张宇燕．全球政治与安全报告（2020）．北京：社会科学文献出版社，2020.

至出现了全球性与地域性、国家利益与全球利益、民族价值观与全球价值观之间的割裂。换句话说，部分国家会为了一己私利而不惜损害全人类的福祉，导致全球治理中推卸责任、逃避责任的现象频发。近些年来部分西方国家出现的“逆全球化”潮流就是这种割裂的典型表现。其次，当前全球治理的措施复杂，手段交叉重叠甚至相互矛盾，不同区域的行动者缺乏协调，在机制上呈现了碎片化和多中心的特征[1]。例如，在气候变化领域，仅在联合国的框架之下就有政府间气候变化专门委员会、开发计划署、环境规划署、世界银行等行动机构参与，众多参与者凸显了气候变化议题的重要性。从另一个角度看，气候变化是一项系统工程，关涉贸易、人口、粮食、生态、金融等多个领域，如果没有一些负责统筹的牵头机构或组织，将可能会导致减缓气候变化的各类政策措施遭遇“无政府主义的低效率”问题[2]。

表征并不等同于原因。那么，当前全球治理困境出现的原因在哪里呢？具体来说有两点。

第一，传统全球治理体系的基础是国际关系理论中的无政府假设，这种无政府假设使得全球治理体系支离破碎，各个国

① ORSINI A，MORIN J F，YOUNG O. Regime complexes：a buzz，a boom，or a boost for global governance. Global Governance，2013：27.

② 赫尔德，扬，朱旭．有效全球治理的原则．南开学报（哲学社会科学版），2012（5）：1－11.

家之间或形成零和博弈，或缺乏长期协作。经典的国际关系理论，无论是现实主义还是自由主义，都假设全球体系是处于无政府状态，而国家在这一状态之下的基本行动逻辑是自助（self-help）[①]。现实主义理论关注传统安全问题，在一定程度上忽视了非传统安全，认为世界是霸权国家的权力场。霸权国家会利用其权力对全球事务进行安排，建立符合其自身利益的全球治理机制。这种机制事实上是无效的，是为少数国家利益服务的。新自由制度主义（neoliberal institutionalism）虽然认同非传统安全的存在，承认全球机制的作用，但其整体的理论阐述依然是建立在全球无政府的基础之上。这导致国家在自助的驱动之下，追求自身利益和短期利益。尽管国家会尝试着解决关涉全球的非传统安全问题，但这种努力仅仅止步于“问题解决”。这会造成全球治理理念的缺失和治理规则的不完善。在新自由制度主义的理论框架中，国际组织虽不是霸权国家的工具，但它们成了救火队队员，难以在根源上解决全球治理赤字的问题。因此全球治理机制是短期的、不可持续的。当全球范围内出现复杂问题时，全球治理失灵问题便会凸显。

第二，传统的全球治理体系忽略了当前全球范围内的权力格局，导致在遇到新问题时出现治理真空。在冷战结束之后，

---

① WALTZ N K. Theory of international politics. Addison-Wesley，2005；WALT S M. International relations：One world，many theories. Foreign Policy，1998：29－46.

特别是21世纪到来之后，全球权力格局出现了较大的变化，权力的分布从集中趋向扩散①。原先集中于两个超级大国的权力开始向两个方向流动：新兴经济体和非国家行为体。进入21世纪以来，新兴经济体强势崛起，以“金砖国家”为代表，在21世纪的头10年中，“金砖四国”的平均经济增长率超过了8%，远高于发达国家2.6%的水平。除此之外，大量的非国家行为体也在兴起，包括政府间倡议网络、跨国公司、非政府组织、跨国行业协会等。当前，新兴经济体和非国家行为体都开始以各自的方式影响全球治理的议程。如果忽视这部分新的诉求，使得传统的全球治理体系成为一个地道的“老人俱乐部”，那就无法应对这个变化多端的新世界。

## 二、全球治理的中国方案：人类命运共同体

地球是浩瀚星河中目前唯一已知有高等智慧存在的星球，而人类是高等智慧的拥有者。人类懂得运用语言、可以制造工具，同时又拥有复杂的情绪与思想。一方面，共情感和同理心使人类超越简单的生物本能，以村落或部落的形式群居，相互协作扶助，成为社会共同体。另一方面，人性中的自我认知和

① STRANGE S. The retreat of the state：the diffusion of power in the world economy. Cambridge University Press，1996.

自私的基因又导致各种边界的诞生——人类会区分“你的”“我的”。这种原初的个体认知与山川海洋等地域间隔叠加，与共同体中的权力更替交织，与思想礼法的思辨传播勾连，推动着社会共同体随着时间的推移而演化成为政治共同体——国家。有关国家的起源，学者们有大量争论。但今天一个无可辩驳的共识是：当我们谈到人类所共同栖居的星球时，国家是一个最为重要且无法回避的存在。国家成为我们谈论全球问题的基本单元。17 世纪的《威斯特伐利亚和约》进一步强化了理论上的认知，在事实上建立起了一个由主权民族国家构成的国际体系。

在当今世界百年未有之大变局之下，政治多元化、经济全球化、文化多样化的潮流不可避免。全球治理正面临着困境，非传统安全问题接踵而来。无论人们身处何地、依附何种政治与社会环境、隶属哪个党派或组织、拥有什么信仰，都无法逃开。这意味着，人类实际上已经处在一个命运共同体之中了。

自党的十八大报告中首次明确提出“人类命运共同体意识”以来，习近平总书记已经在多个国际场合强调过中国在全球治理问题上的立场，倡导人类命运共同体意识，在追求本国利益时兼顾他国合理关切。2015 年，习近平出席第七十届联合国大会一般性辩论并发表讲话，强调各国“相互依存、休戚与共”，进一步向国际社会传递了“人类命运共同体”的理念。2017 年 1 月 18 日，习近平在瑞士日内瓦万国宫出席“共商共筑人类命运共同体”高级别会议，发表主旨演讲《共同构建人类命运共同体》。

人类命运共同体呼吁各国摒弃零和博弈的思维，强调各国在追求本国利益时可以兼顾他国合理关切，在谋求本国发展的过程中也能够促进各国共同发展。国际社会日益成为一个你中有我、我中有你的命运共同体。在全球治理面临困境的时候，人类命运共同体是我国基于对历史和未来、理论和实践的深入思考，为寻求人类共同利益和共同价值的新内涵给出的“中国方案”。

人类命运共同体本身体现了多层含义。

首先，它强调人类是一个利益共同体。在各个主权国家相互依赖程度不断深化的当下，不同国家和地区形成了一荣俱荣、一损俱损的关系。从经济发展来看，一个国家内原材料的供应可能会影响整条产业链，一个国家内部的汇率变动也可能会影响全球金融市场；从公共卫生来看，一个国家内如果暴发了传染性疾病，疫情会很容易随着人员和货物的流动输入其他国家。在这种情况下，没有哪个国家能独善其身，只能树立共同体意识，合作共赢。

其次，它强调人类是一个价值共同体。价值共同体的存在并不排斥价值多元，但“即使是在纷繁复杂的文化多样性之中，也有统一性的存在”[①]。诚然，不同国家和民族的价值观有差异，

---

① 联合国教科文组织．文化多样性与人类全面发展：世界文化与发展委员会报告．广州：广东人民出版社，2006.

甚至还可能有不同程度的冲突，但人类仍然拥有基于人性的、超越冲突的共同价值。同时，在人类的交流互动中，一些具有普遍性的价值也会得到认同，比如和平共处的需要、普遍的道德准则、伦理规范等。习近平 2015 年出席第七十届联合国大会一般性辩论，在讲话中提到，“和平、发展、公平、正义、民主、自由”是全人类的共同价值。

再次，它强调人类是一个责任共同体。在全球治理的语境下，共享利益也就意味着共担责任。全球性的问题需要各个主权国家建立整体性思维，从全球视野出发，把应对非传统安全作为各国共同的责任。如果抱着以邻为壑的心态，采取隔岸观火的策略，甚至面临全球性威胁时随意“甩锅”，那么别国的威胁迟早会变成自己的挑战。

最后，当前不同制度、不同类型、不同发展阶段的国家相互依存、利益交融，形成了命运共同体。“人类再也承受不起世界大战，大国全面冲突对抗只会造成两败俱伤。”从人类命运共同体的视角出发，人类要以同舟共济、合作共赢的新理念，寻求多元文明交流互鉴的新局面，寻求人类共同利益和共同价值的新内涵，寻求各国合作应对多样化挑战和实现包容性发展的新道路。

## 三、全球治理的推进原则：共商、共建、共享

党的二十大报告强调“中国践行共商共建共享的全球治理

观”，这正是全球治理的核心要义。对“共商共建共享”的坚持，也体现了全球治理的推进原则与实现路径。“共商共建共享”分别回应了如何完善全球治理，谁来参与全球治理，全球治理成果如何分配的问题。

### （一）共商：如何完善全球治理

所谓“共商”，即属于大家的事，由大家商量着办。通过协商以避免矛盾激化，寻求各方都满意的解决方案与路径。

要实现全球治理中的共商，需要有与之契合的理论土壤。经典的西方国际政治理论普遍认为全球处于无政府状态，唯有“权力”是硬通货。在一个充斥着权力政治的星球上，“共商”是不可能实现的。这种高度简约的理论事实上是现实的失真。一方面，国家是全球体系中最重要的单元，我们不可能脱离国家而空谈永久和平；另一方面，国际体系也并非原始丛林，其中是可以有基本的秩序存在的。例如，国际关系中的建构主义学派就强调，无政府状态并非全球体系的真实逻辑起点，它是现实主义者刻意描画的。在国际交往互动中，以“无政府”这一人为预先设置的断言作为全球状态的基本假设，其实加剧了国与国之间的分歧和冲突[①]。中国学者也提出，无政府状态并不是国际体系的常态，除了无政府状态，国家之间还存在着弱政

① WENDT A. Social theory of international politics. Cambridge University Press, 1999.

府状态或半政府状态的体系，这一点在中国传统的“天下体系”中就有充分的论述和投射①。这种半政府状态在古代东亚国际体系中有一定的历史原型，在当代多元文明条件下的区域治理中有越来越多的呈现。在半政府状态之下，国家的行动是建立在普遍承认的道义原则基础上的。任何国家都难以逾越基本的道义观，都不可以践踏基本秩序。在半政府状态之下，分散的国家能够就某一议题进行协商，也能够产生扶助行为。

因此，共商意味着在承认国家拥有不同立场和不同见解的条件下，也拥有共同利益和共同价值，各方可以通过协商求同存异，解决问题，实现善治。

要在现实中实现共商，首先就需要充分利用现有的全球治理机制，坚持联合国在全球治理中的核心地位，以联合国为核心确立半政府体系。联合国是整个战后秩序的核心，也是当今最具世界代表性的国际组织，在国际事务中，联合国具有广泛的影响力。因此，共商应以联合国为核心，发挥联合国及其成员国的主导作用，通过联合国的既有平台，摆脱无政府状态的影响，建立令所有国家都能遵从的基本秩序，并让各个国家都能发出自己的声音，表达自身的利益。

其次是要对现有的协商平台和协商机制进行改革，对包括

---

① 郭树勇．人类命运共同体面向的新型国际合作理论．世界经济与政治，2020（5）：23－50.

联合国在内的国际组织进行改革，以实现这些平台和机制的民主化。在当前传统安全和非传统安全交织，全球性问题的根源愈发复杂和多样的背景下，联合国系统的机构设置、权力分配机制和管理体制已经远远落后于现实需要。体系碎片化削弱了联合国工作的整体性，发展资金供给结构失衡破坏了传统的多边主义特征，南北国家的分野日趋严重。在联合国系统的改革中，中国一方面要立足于发展中国家的身份和出发点，另一方面也要积极履行大国责任，承担应有的国际义务。

最后要创新共商机制。当前在联合国系统之外，也存在多层次的全球政府间和非政府间组织，如国际能源署、国际原子能机构、二十国集团等。但这些联合国系统之外的国际组织往往面临两个难题——要么依旧是在西方发达国家的主导之下，成为部分西方国家的工具（如七国集团）；要么由非西方国家主导，但由于受到部分西方国家的阻挠和反对而行动不力。在这种情况下，作为发展中大国的中国就需要担负起更多的责任。创新共商机制并不容易，也需要时间，但持续的努力仍然是有意义的。例如，我国发起设立的亚洲基础设施投资银行、“一带一路”倡议已开始在全球治理中发挥作用。涓滴成河，秉持多边主义和共商的原则，才能逐步推进协商机制的创新，推动全球善治。

### （二）共建：谁来参与全球治理

所谓“共建”，即美好的世界要靠大家共同建设。在人类命运共同体的宏大命题之下，地球上的行动者也都应该是建设者。

作为全球事务的基本单元，国家成为全球治理毫无争议的参与者。在共建的原则下，发展中国家不应缺席全球治理，尤其是作为新兴经济体的发展中国家。新兴经济体的经济比重在全球不断增长，它们对全球治理的需求也随之增长，这种需求最终会转化为全球治理中的谈判磋商能力和制度影响力。在共建的框架之下，包括中国在内的新兴经济体一方面可以通过发挥领导作用推动“南南合作”的深化，另一方面可以进行区域的联盟与合作，最终将新兴经济体的区域影响力扩散到全球。

在共建的原则之下，另一个逐步崛起的全球治理参与者是非政府行动者，包括非政府间国际组织、跨国公司、跨国倡议网络和跨国社会运动、专业组织等。综观全球，近 20 年来，政府和非政府行为体已经在地方上试验“对话政治”，这些试验是未来全球治理的地方基石，也为联系全球治理和普通公众提供了可能性。这些组织越来越多地拥有了参与全球治理的权利。同时，面对 21 世纪全球治理领域所出现的新问题，它们可以以灵活、务实的姿态迅速行动，填补全球治理网络中的空白。同时，它们的存在也在一定意义上削弱了国家在全球治理中的排他性和独占性，推动着全球治理的正当化和民主化，彰显着治理的本质。

全球治理的共建要关注大国协调、大国合作、大国带头。全球治理要在半政府的体系中建立和维持基本的秩序，要在全球范围内提供公共物品，要建设和完善全球治理机制，这些工作的完成必须依靠强大的政治权威和经济体量。因此，哪怕在一个国家不分大小强弱一律平等的地球村里，我们也必须认可大国的作用。以往的经验告诉我们，大国合作往往是全球治理取得进展的关键所在。因此，在共建的全球治理原则下，大国也要建立和完善新型关系。新型大国关系的内涵是不冲突、不对抗，相互尊重、合作共赢，这也应当是全球治理的条件。不冲突、不对抗是大国生存的必要条件；相互尊重是国家之间合作的基础，没有相互尊重就很难谈合作；合作共赢是大国合作的目标，合作既是手段，也是目标。过去 70 多年中，我国的国力明显上升，但我国的实力、经验和影响力还不是很强，承担维护国际秩序的任务艰巨。在这一背景下构建新型大国关系，通过大国合作来加强全球治理、维护国际秩序就显得尤为重要。

### （三）共享：全球治理成果如何分配

所谓“共享”，即各国平等发展、共同分享发展的机会和发展的成果。这里的共享有两层含义。一层含义是发展要在全球范围内实现普遍的公平和正义。坚持公平，就要求“所有国家主权一律平等，反对任何国家垄断国际事务”[①]。国家无论大小贫富，都拥有国际社会成员的平等身份，都应得到国际社会的

---

① 习近平．弘扬和平共处五项原则 建设合作共赢美好世界：在和平共处五项原则发表 60 周年纪念大会上的讲话．光明日报，2014－06－29（2）.

尊重，其参与国际社会的权利和机会也是平等的。一国的安全不应该以其他国家的安全为代价，在非传统安全威胁越来越多的当下更是如此。在经济发展领域，共享发展的成果意味着各国应当摒弃贸易保护主义、转嫁危机的意图和做法，使发展的成果、科技进步的成果更多地惠及世界人民。

另一层含义是发展要实现代际公平，要秉持可持续的发展观。地球不仅是我们这一代人的家园，也是子孙后代的家园。无论是东西方国家，还是南北方国家，都面临着人类可持续发展的问题。联合国出台的《2030 年可持续发展议程》就是着眼于代际公平。维护代际公平，才能使得后代人也同享发展的成果。坚持可持续的发展观，就要处理好科学与政治的关系，把握好发展与消费、意愿和能力的平衡。要倡导绿色、低碳、循环、可持续的生产生活方式，平衡推进《2030 年可持续发展议程》，不断开拓生产发展、生活富裕、生态良好的文明发展道路。